현대시조 창작지침서
정형(定型)의 매력

현대시조 창작지침서

정형의 매력

엮은이 金興烈

定型

도서출판 조은

시조(時調)를 쓰는 작가라면 시조가 천여 년의 전통을 지닌 우리 민족의 고유한 문학 장르라는 것쯤은 다 알고 있는 사실이다.

현대시조를 쓰는 우리는 이 시조를 어떻게 이해하고, 어떻게 그 전통을 유지 발전 시켜야 할 지 고민해야 하는 의무가 있다고 생각한다. 왜냐하면 우리는 시조를 잘 갈고 닦아서 시조의 품격을 향상시킴은 물론 세계화를 이루어 나가야 하기 때문이다. 이에 필자는 그동안 공부해 온 바를 정리하여 올바른 현대시조의 작법을 제시하고자 한다. 전통(傳統)이란 어떤 집단이나 공동체에서 과거로부터 이어 내려오는 바람직한 사상, 관습, 행동 따위가 계통을 이루어 현재까지 전해지는 것인 만큼 현재를 살고 있는 우리는 그 숭고한 전통을 바꾸려 하면 안 된다는 생각을 늘 가지고 있다. 이 전통이 무너지는 순간 유산(遺産)이란 말도 유산(流産)이 되고 만다.

모든 시인들은 정형의 틀을 옳게 이해하고 창작에 임해야 한다. 문제는 몰라서 안 쓰는 게 아니라 알면서도 자꾸 본질에서 벗어나려 한다는 점이다. 말하자면 무슨 실험이라도 하듯이 여러 형태의 글이 쏟아져 나오고 있어 앞서 말한 전통이 깨지지 않을까 우려하지 않을 수가 없다. 전통은 이어 받아 지키고 발전시키는 것이다.

이 책을 내는 목적은 개개의 시조 작품 내용이 옳고 그름을 밝히는 것도, 잘 쓰고 못 씀을 밝히는 것도 아니다. 어떤 시조든(자유시라 할지라도) 그 글을 쓴 작가 나름대로 최선을 다해 가치와 의미를 담아낸 고뇌의 산물이기 때문이다.

필자는 이 책에서 주로 형식과 실험삼아 쓴 시조를 논의의 대상으로 삼았으며 정형(定型)시조와 비교해서 어떤 미적(美的) 차이가 있는지, 표현기법은 어떻게 할 것인지를 주로 다루었고 내용을 논하지는 않았다. 대신 많은 예문을 제시하여 독자 스스로 그 차이점을 살펴보고 시조의 매력과 맛과 멋을 느끼도록 하였다.

그리고 시조는 3장 6구 12마디로 짜여진 전통시임에도 불구하고 일부 작가들이 시도하고 있는 외형이나 내용의 새로운 진화욕구에 대한 문제의식(問題意識)을 다루었다.

아울러 다양한 외래사조의 영향으로 시조의 영역에까지 생경한 외국어가 거침없이 들어오고, 통사론적 또는 문법적으로 볼 때 나누어 쓸 수 없는 말도 무심코 분리해서 글자 수를 맞추기에 급급한 일부 작품의 문제점을 짚어 보면서 시조의 형상화 과정과 낯설게 하기를 이해하기 쉽도록 설명하였다.

시조창작은 수학 공식이나 물리학처럼 계산기를 두드리면 답이 튀어 나오는 학문이 아니라 작가 스스로 실을 뽑고 천을 짜는 역할을 해서 만들어 내는 개성 있고 특색 있는 우수한 품질의 예술성 높은 문학 제품을 생산하는 것이다.

이 책은 지난 수년간 일상 김광수(一常 金光洙) 선생님으로부터 듣고 배운 시조 창작요령을 근간으로 삼았으며 어디까지나 일반적이고 공통적인 기본에 충실하려고 노력하였다.

여러 학자들 간의 공통분모를 찾아 그 공감대의 폭을 넓혀 많은 이들이 그 폭 안에 머물도록 하였으며 예시한 작품가운데는 좋은 작품도 있는 한 편 정형을 벗어나거나 이질성이 두드러진 작품도 없지 않다.

여러 용어들은 표준국어대사전을 참고하였고 국립국어원의 한글 맞춤법과 외래어 표기법을 기준 삼았다. 고시조의 예문은 '고시조대전' 에서 주로 인용하였다.

비록 완벽하지는 못하나 이 책은 시조를 배우는 초보자들에게 좋은 길라잡이가 되고 시조를 짓는 모든 이들에게 반면교사가 되었으면 한다.

2015년 5월

中石 김흥열

목차

♠ 별표 440

♠ 〈알아두기〉 일람표

제 1 장

일반론과 사례

1

시조의 기본 형태

"시조는 정형시이다." 라는 견해(見解)에 반대할 시조시인은 아마 없을 것이다. 그런데 왜 파격이니 변격이니 하는 말이 나오는 것일까?

시조는 자유시가 아니라 정형시라는 점은 시조시인이라면 누구나 아는 상식임에도 불구하고 현실적으로 정격을 벗어난 작품들이 지상에 넘쳐나며 그런 작품들이 왜 찬사를 받는 것인지 알 수 없는 일이다.

정형이라는 점에서는 중국의 한시나 일본의 하이쿠와 마찬가지이다. 정형시이기 때문에 일정한 격식과 틀이 있다. 시조는 3장 6구 12절(마디)의 형식을 지키게 되어 있다. 그래서 초장, 중장, 종장 이라는 형식을 가지게 되며 각 장은 2구씩 총 6구를 이뤄야 하고 각 구마다 두 마디로 총 12마디(節)로 짜여야 한다는 점은 반드시 지켜야 할 형식이며 규칙(rule)이다. 그래서 시조를 3장(章)시라고도 한다.

만약에 주어진 조건이나 형식을 안 지켰을 때는 시조가 아니다. 물론 시조의 형식을 놓고 음수를 주장하는 학자, 음보를 주장하는 학자, 음량을 주장하는 학자 등 여러 학설이 있기도 하지만 아직 확실히 정리된 이론은 없다.

음수를 주장하는 학자들은 이러한 율격을 지키기 위하여 초장 3434, 중장 3434, 종장 3543의 기준 음수율을 정해놓은 것이라 주장한다. 음수론에 있어서도 학자마다 주장하는 바가 다소 다르긴 하지만 글자 수의 한두 자 가감을 허용하고 안 하고 차이일 뿐, 기본 원칙이나 틀은 큰 차이가 없다.

시조는 글자 수를 맞추어야 하는 외형적 형식을 벗어날 수 없기 때문에 고리타분하다느니, 융통성이 없다느니 하는 말을 듣게 되기도 하며 짓기가 어렵다는 말도 가끔씩 듣는다. 하지만 시조의 매력이 바로 여기에 숨어 있는 것이다. 마치 진주에 흙이 묻어 있어 그 참 가치를 발견하지 못하고 있는 것에 비유할 수 있다. 주어진 형식을 엄격히 지키면서 함축된 의미를 표현하자면 고뇌와 고통이 따르게 된다. 그것을 통하여 아름답게 빚어놓은 비너스 상이거나 수천 년 물살에 닦여 뼈만 앙상하게 남아 있는 한 점 수석과도 같이 군더더기 하나 없는 시조가 탄생하게 되는 것이다.

시조의 율격은 운동경기의 룰(규칙)과 같다. 어떤 경기든지 룰(Rule)을 지키지 않으면 누가 잘했는지, 정정 당당하게 했는지 반칙을 썼는지 알 수가 없는 것과 같고 만약 이 같은 경기 규칙이 없다면 그야말로 재미없는 경기가 될 것이다.

전통문화에는 어떤 것이든 반드시 벗어나지 말아야 할 틀이 있다. 마찬가지로 시조도 이 규칙이 있고 반드시 지켜져야 한다. 이 규칙을 지키지 않으면 자유시가 된다. 자유시라고 해서 어느 정도의 룰(Rule)이 없는 것은 아니지만 자유시에서는 시조만큼 엄격한 형식을 고집하지는 않는다. 어느 정도까지는 작가의 구상대로 쓰는 것이 허용되며 심지어는 산문시라 하여 산문처럼 쓰는 것도 허용 된다.

그러면 현대 시조는 무엇이며 어떻게 써야 하는가?

이광녕 박사의 〈현대시조창작기법; 2011년〉에 의하면 "육당 최남선은 1907년 〈대한유학생회 학보〉에 국풍 4수를 필두로하여 시조부흥운동에 앞정서다가 최초의 개인시조집 〈백팔번뇌〉(1926년)와 고시조집 〈시조유취〉(1928)를 내 놓아 현대문학의 새 지평을 열어 놓았다." 라고 말한다.[1)]

이 이론에 따르면 우리가 현재 짓고 있는 시조 모두가 현대 시조인 것이다.

현대 시조란 한 마디로 말해서 말 그대로 이 시대를 살고 있는 우리가 현대적 문화의식 속에서 우리말과 글로 쓰는 시조이다. 학자들은 고시조, 근대시조, 개화기시조, 현대시조로 구분하고 있으나 이는 학문을 연구하는 학자에게나 필요한 일이지 이 시대에 시조를 짓고 있는 우리에게는 대단히 중요한 일은 아니다. 현재를 살아가면서 구태여 고어로 시조를 짓는 일이 필요하지도 않을뿐더러 시조작가나 학문을 연구하는 학자 역시 이런 유(類)의 시조를 지은 적도, 지으려는 노력도 해보지 않았을 것이다.

한자를 많이 섞어 써야 유식한 사람으로 대우받던 과거와는 달리 현재는 우리말에 대한 자각으로 인하여 우리말로 순화된 아름다운

---

1) 현대 시조창작기법 P. 39

말들이 인정을 받는 시대이므로 구태여 어려운 한자나 사장(死藏)된 언어로 지을 필요가 없다고 본다. 더구나 시조의 발생 시기, 시조의 형성 원리나 배경 같은 문제는 학자들의 몫이고 현실적으로 현대시조를 실제 짓고 있는 작가들에게는 이와 같은 이론은 별로 도움을 주지 못한다고 생각한다. 그저 하나의 상식쯤으로 알아두면 족한 것이다.

작가들에 의해서 앞으로도 순수한 토종 언어로 시조를 짓고자 하는 노력은 계속 되어야 할 것이다. 따라서 고어나 한자로 된 말을 지양하고 순수한 우리말, 현재 통용되는 표준 어휘로 시조를 지으면 이것이 현대 시조가 아닐까 하는 생각을 해 본다.

예를 들면 고시조에서 나타난 '아희야, 어즈버, ~하더라, ~하리, ~하는고.' 등은 요즘엔 거의 안 쓰는 말들이다. 대신 '애야, 아하, ~하고' 등과 같이 시대의 변천과 더불어 말도 변한 것이다. 또 시대의 요청에 따라 시조를 짓는 유행도 바뀌었다. 절대군주시대에는 임금(왕)에게 '충성'을, 일제치하에서는 '민족 단결과 독립정신'을 강조하는 시조가 유행 했으며 그런 시조가 각광을 받고 명시조라는 이름으로 지금까지 전해지고 있는 것이다.

그러나 지금은 남북 분단의 아픔, 환경과 생태계의 파괴, 윤리도덕성 문제, 관리들의 비리와 부정부패, 아프리카 기아문제, 테러와 전쟁 등 [생명]과 [사회 정의]가 존중 받아야 할 분야에 초점을 맞춰 시조를 지어야 주목을 받을 것이란 생각도 든다. 물론 서정적인 시조는 예나 지금이나 미래에도 변함없이 조명을 받을 것이다.

현대시조는 외형의 파괴 즉, 정형의 틀을 깨는데 있지 않고 내재적 가치를 새롭게 도입하는데 있다고 본다, 말하자면 풍부한 수사적 기법, 곧 은유법, 도치법, 역설법, 반어법 등을 잘 활용하여 낯설게 하기를 하고, 함축성과 상징성을 잘 활용하여 맛과 멋과 흥이 있는, 그리고 뼈대 있는 시조를 짓는 일이야 말로 도전해 볼만한 시 창작의 방향이며 핵심이라 여겨진다.

김봉군 교수의 〈시 특강자료; 시, 시조와 소통지연장치〉에 의하면 "시민의 언어와 시인의 언어는 다르다. 시민의 언어는 소통을 위한 기교가 단순하여 시간이 단축 되나 시인의 언어는 '소통의 지연'을 위한 미학적장치가 필요하다. 여기서 말하는 미학적 장치가 바로 율격, 정서, 감각, 상념, 수사적 기교다"라고 말한다.

'시민의 언어'는 아마도 우리의 '일상적 언어'를 의미할 것이다.

3장 6구나 글자 수를 맞췄다고 시조가 되는 것은 아니다. 비유와 상징이 전제 되어야 한다. 이 비유와 상징이 소통을 지연시키는 미학적 장치이다.

시조는 문화적으로 볼 때 대한민국에 국적을 두고 있다. 이 땅에서 태아나 이 흙 먹고 자라난 자랑스러우며 사랑받아야 할 우리 민족의 전통문학이다. 태어날 때부터 그 유전인자(DNA)를 지니고 있으며 우리 각자의 핏속에 흐르는 어깨춤이다.

원용우 박사의 〈시조문학원론; 1997년〉에 의하면 "시조는 고려말경 유학자들에 의해 만들어진 가장 오랜 생명력을 지니면서 전승되어 오는 우리민족의 고유한 전통 시가이다. 아울러 3.4조 또는 4.4조를 기본 율조로 하고 우리 민족의 사상, 감정, 체험 등을 담기에 가장 알맞은 그릇으로서 그 형식은 3장 6구 12절(마디)의 정연한

형태를 가진 정형시이다." 라고 시조의 개념을 정리하고 있다.[2)]

시조는 애절한 에밀레종소리며 아리랑이고 판소리 한마당이다.

시조는 석공이 커다란 바위에 웅장한 부처님을 새기는 것이 아니라 바위 속에 숨어계신 작은 부처님을 찾아내는 것이다. 바위에 부처님을 그려놓고 정으로 쪼아내는 기술도 대단한 것이지만 숨어계신 부처님을 찾아내는 기술이야 말로 마음의 눈이 없으면 불가능한 일이기 때문이다.

특히 시조에 있어서 운율(리듬)은 매우 중요하다. 음수율을 따지는 것도 음보율이나 음량율을 따지는 것도 모두 시조 리듬을 본질로 밝히려는 노력의 표출이다.

왜냐하면 시조를 읽으면서 어깨가 들썩들썩하는 이유가 바로 운율이며 멋이기 때문이다.

시조 정형의 틀을 깨는 것은 자유시가 시조의 탈을 쓰고 탈춤을 추거나 아니면 시조의 넋을 빌려 배뱅이굿을 하는 창자(唱者)와 같다.

시조는 시조답게 써야 한다. "시조의 소중한 가치를 지키지 못하는 시조시인은 시조를 쓸 자유도 누릴 수 없다"는 막중한 책임감을 우리 스스로 느껴야 한다.

시조 짓기란 결코 쉬운 일이 아니다.

---

2) 시조문학원론 P. 16

2

평시조의 기본 율격

시조 짓기에는 다음과 같은 기본 원칙이 있다고 필자는 생각한다.(학자에 따라 다르긴 하지만) 이것은 어디까지나 필자의 주장이고 다른 이론이나 학설이 틀렸다거나, 동조할 수 없다는 얘기는 아니다.

필자는 음보나 음량보다는 음수에 비중을 두고 시조를 짓는다. 그러므로 음수율을 기본으로 해서 이 책을 엮는다는 점을 밝혀둔다. 그 이유는 자유시와 확연히 구별될 수 있는 점이 바로 음수이기 때문이다.

필자가 주장하는 기본 율격은 다음과 같다.

① 3장 6구 12절(마디) 총 45자 내외를 원칙으로 하되 50자를 초과하지 않는다.

② 초장 첫 마디의 글자 수는 3자 또는 4자로 시작하고(2자도 가능)

③ 종장 첫 마디는 반드시 3자로 하며(절대 불변)

④ 종장 둘째 마디는 5자에서 7자까지로 하며(5자미만 7자 이상은

불가 : 일반적으로 9자까지 허용하기도 하나, 이럴 경우 운율이 어색해 진다.) * 별표 1참조

⑤ 기타, 다른 마디의 음수는 ±(1)만 허용한다.

⑥ 종장 후구의 마디는 4≧4(3)가 되도록 한다. 일반적으로4≧3(4)을 주장 하지만 현대어에서는 종결어미가 4자가 되는 경우가 대부분이기 때문이다. 3<4 형의 역진은 가능하면 피한다.

⑦ 초, 중, 종 3장 중 어느 장에서나 반드시 종결을 나타내는 어미로 마무리되어야 한다.

⑧ 초장 중장 종장은 각각 제목과 의미의 연결성이 있어야 하고

⑨ 종결어미 다음에는 마침표(.)를 찍고 도치법으로 인해 종결어미가 다른 곳에 올 때, 즉 중간에 올 때는 반점(,)을 찍는다.

⑩ 작가의 이름은 띄어 쓰지 않고 붙여 써야 한다.

⑪ 여운을 남기고 싶은 경우에는 (...)처럼 마침표 셋 또는 여섯을 찍는다.

⑫ 한글 맞춤법을 따르되 만부득이 외래어를 쓸 경우는 외래어 표기법을 준용한다.

요점 정리

- 시조(時調)는 우리민족의 독특한 문학 장르이다.
- 시조는 음수율을 기준으로 3장 6구 12마디로 이루어지며 45자 내외로 하되 50자를 초과 하지 않는다.
- 종장 첫 마디는 3자로(불변)하고 둘 째 마디는 5~7, 후구의 전후 마디는 4≧4(3)로 함을 원칙으로 한다.
- 다른 마디의 음수는 (±)1만 허용한다.

알아두기

음수율과 음보율, 음량율

- **음수율** : 글자 수를 단위로 반복되는 과정에서 생겨나는 율격을 시조 작법으로 하는 것, 즉 시어의 글자 수가 일정한 규칙을 가져오는 데서 생기는 운율

예 : '이 몸이/ 죽고 죽어/일백 번/고쳐죽어//(3.4.3.4)
마디(3) 마디(4) 마디(3) 마디(4)

- **음보율** : 음의 길이를 단위로 하는 시조 작법으로
글자 수가 아니라 음절이 모여 이루어진 음보(foot)가 규칙적으로 반복됨으로써 생기는 운율
음보율로 따지게 되면 정형의 틀을 파괴하는 경우가 종종 생길 수 있다.
다음 문장에서 끊어 읽기의 단위는

예 :'개울물/ 맑게 흐르는 곳에/ 마을을/ 이룬 고향//(3.7(2+3+2).3.4(2+2))
1음보(3음절) 1음보(7음절) 1음보(3음절)1음보(4음절)……4음보이다.

음수로 보면 한 마디의 글자 수가 둘째 마디에서 7자가 되어 정격으로 볼 수 없으나 음보만 따진다면 1음보이므로 문제 되지 않는다.

예 : 소소리바람은 불고 눈은 내리고
1음보(6음절) 1음보(2음절) 1음보(2음절)1음보(3음절)……4음보

'소소리바람은', '불고', '눈은', '내리고' 는 각각 한 음보이므로(총4음보) 음보율로 는 정형이나 음수(6.2.2.3)율로 보면 정형이 아니다. 물론 음보로 따지더라도 글자 수에 일정한 제한이 없는 것은 아니지만 잘

못하면 정형의 빗장이 풀릴 가능성이 있다.

다음과 같은 몇 가지 예를 더 보기로 한다.

〈음수율과 음보율을 비교해 보기〉

예문)

1) 음수율

어머니71/***

우수수 바람이 불면 잎새들이 지는데(3.5.4.3)

마지막 (3.4.1.2)
이름 하나
툭,
지는

천년 후 가슴에나 닿을 (3.6.3.6)
거기가 그리움입니다.

이 시조를 3장의 틀 속에 넣어 보면

우수수 바람이 불면 잎새들이 지는데(3.5,4.3)
마지막 이름 하나 툭, 지는 (3.4, 1.2)
천년 후 가슴에나 닿을 거기가 그리움입니다.(3.6.3.6)

이 시조는 음수율로 보면 정형을 벗어나 있으나 음보율로 보면 다음과 같이 된다.

2) 음보율

우수수 바람이 불면 잎새들이 지는데 (3,5(3+2),4,3)
1음보 1음보 1음보 1음보
마지막 이름 하나 툭,(투우욱) 지는(지이느은) (3,4(2+2),1,2)
1음보 1음보 1음보 1음보
천년 후 가슴에나 닿을 거기가 그리움입니다. (3(2+1),6(4+2),3,6)
1음보 1음보 1음보 1음보

'투우욱 지이느은' 으로 길게 읽건, 아니면 "툭, 지는" 처럼 짧게 읽건 간에 각각 한 음보이므로 음보율을 기준으로 하면 정형이 되겠지만 음수율을 기준으로 하면 3.4율조와는 상당한 거리감이 있다. 음수율은 글자 수의 일정한 반복을 통하여 생겨나야 하는데 음보율로 하면 그렇지 않기 때문이다. 시조를 음수율로 보느냐, 음보율로 보느냐 음량율로 보느냐 하는 문제는 학자 간에 아직도 의견이 상충되고 있다.

위의 시조 예문에서는 종장 후구도 3<6으로 되어 있어 음수율에서 요구하는 기본 율격의 틀을 벗어나고 있다. 즉 종장 후구 종결어미 글자 수가 기본에 상당히 어긋나 있기 때문이다.

다른 예문을 하나 더 보면

되돌아가는 배/***

섬을 나올 때 물살 날리던 머리칼 (2.3.5.3)
1음보 1음보 1음보 1음보
섬을 되돌아 가는 날 은발 되어 날린다 (2.6.4.3)
1음보 1음보 1음보 1음보
파도는 그날 그대로 맴을 돌고 있는데. (3.5.4.3)
1음보 1음보 1음보 1음보

– 음수율로 보면 기준음수가 초장 3.4.3.4, 중장 3.4.3.4, 종장 3.5.4.3인데 비하여 위 시조는 초장과 중장의 음수가 ±1을 감안하더라도 안 맞는다. 그래서 정격에서 벗어나 있다고 보는 반면, 음보율은 초, 중, 종장 공히 4음보로 되어 있어 정격을 벗어났다고 볼 수 없다.

– 다음 예문도 음보로 보면 정격이나 음수로 보면 파격이 된다.

- 마음이 스산한 날은 산길을 간다 (3.5.3.2)
  1음보 1음보 1음보 1음보 4음보
- 흐르는 계곡물 눈꽃 핀 가지 (3.3.3.2)
  1음보 1음보 1음보 1음보 4음보
- 소소리바람이 불어 애순들을 올린다 (6.2.4.3)
  1음보 1음보 1음보 1음보 4음보
- 훗날 어느 날 나도 빈 콤팩트일 적에 (2.5.1.6)
  1음보 1음보 1음보 1음보 4음보

- **음량율** : 음량의 배분 시 나타나는 규칙적 율격을 단위로 하는 작법
  음량(音量)이란 한 음성이나 음성 결합체에서 소요되는 시간으로 단모음 1음절의 음장(音長)을 1모라(mora), 장모음 1음절의 음장을 2음보로 본다.
  예를 들면 눈(眼)과 눈(雪), 말(馬)과 말(言), 밤(夜)과 밤(栗), 천(天)과 천(옷감), 시(時)와 시(市) 같은 말들이다.
  꽃눈(眼) : 짧게 읽는다. 눈(雪)꽃 : 길게 읽는다.

이처럼 학자에 따라 시조의 기본을 음수율, 음보율, 음량율 등으로 주장하는 바가 각각 다르다. 그러나 필자는 이미 밝힌 바와 같이 음수율을 기준으로 하여 이 책을 쓴다. 그 이유는 간단하다. 음보율이나 음량율은 자유시에서도 발견할 수 있지만 시조는 자수율에서 자유시와 확연히 구분되고 있기 때문이다.

• **음위율(音位律)** : 시(詩)에서 일정한 위치에 일정한 음을 규칙적으로 반복하여 만드는 운율

• **압운(押韻)** : 시가(詩歌)에서 시행의 처음, 중간, 끝에 같은 운을 규칙적으로 나타내는 일로 두운, 요운, 각운이 있다.

① **두운(頭韻)** : 시가에서 행의 첫 머리에 규칙적으로 같은 운의 글자를 다는 일

예문)

흰 수건이 검은 머리를 두르고
흰 고무신이 거친 발에 걸리우다
흰 저고리 치마가 슬픈 몸짓을 가리고
흰 띠가 가는 허리를 질끈 동이다.

– 윤동주의〈슬픈 족속〉–

시조 예문)

늦은 인연에게 / 하순희

늦은 가을 늦은 편지
늦은 밤에 느리게 쓴다.

늦은 인연 그대에게
늦게 늦게 닿으라고

다음 생
다음 생에는 늦게까지 영원하라고.

– 초장 중장 첫 글자가 모두 '늦게' 로 시작하였으므로 두운이다.

② **요운(腰韻)** : 정형시에서 시행의 중간에 운율의 규칙을 맞추는 일

예문)

파도야 어쩌란 말이냐
파도야 어쩌란 말이냐
임은 물같이 까딱 않는데
파도야 어쩌란 말이냐
날 어쩌란 말이냐
– 유치환의 〈그리움〉 –

– 첫 글자 '파도야'는 두운, '어쩌란'은 요운, '말이냐'는 각운이 된다.

③ **각운(脚韻)** : 음율을 강조하기 위해 운문의 시행 끝에 배치하는 같은 운의 율

예문 A.

그 꽃은
작은 싸리꽃
아 산들한 가을이었다.

봄 여름
가리지 않고
언제나 가을이었다.

말라서
바스러져도
향기 남은 가을이었다.
– 김상옥의 〈싸리꽃〉 –

– 각 장의 끝 마디가 '가을이었다' 로 각운을 이루고 있다.

예문 B.

파고다 宣誓 / 유성규

일찍이 너 더불어 동방의 횃불이던 곳
석상의 힘줄들이 우우우 전진하는 곳
탑하나 우뚝 솟았다 아, 그건 신앙이었다.

하늘에서 뚝뚝 떨어지는, 하나 혈서로 와
눌림도 굶주림도 砂丘를 휘돌아 와
치받아 천둥이 되는 一切는 그냥 힘이었다.

깃발이 앞선 자리에 오빠야, 누나야
네가 쓰러진 자리에 엄마야, 아빠야
山河도 목이 메었나 아, 그건 조국이었다.

– 각 수 종장 후구가 '이었다' 로 각운을 이루고 있으며 각 수 초장과 중장이 '~곳, ~와, ~야' 로 끝나도록 각운을 만들고 있다.

예문 C.

수수밭에 수수꽃이 수런수런 / 서벌

흰나비 수 만 마리 한데 얼려 수런수런

무슨 뜻을 펴는 건지 하얀 소리 수런수런

햇빛들 달빛 별빛들 내려 섞여 수런수런

– 초, 중 종장이 후구가 모두 '수런수런' 으로 각운을 만들고 있다.

3

시조 쓸 때 유의할 점과 사례

1) 시조의 생명은 정형이다.

정형은 시조의 생명이다. 정형을 지키는 일은 생명처럼 소중하다는 뜻이다. 정형을 지키지 않으면 시조로서의 존재 가치는 상실되고 만다. 앞서 말했듯이 씨름이라는 경기에서 선수가 씨름판을 벗어나 경기를 벌이는 꼴이 되어 실격을 하게 됨과 같은 것이다. 아무리 내용이 새롭고 시어의 조탁(彫琢)이 뛰어나다 하더라도 정형을 벗어난 것은 시조라 할 수가 없는 것이다. 시조도 시대의 흐름에 따라 변화되고 진화되어야 한다는 것은 외형의 틀을 깨도 된다는 의미는 아니다. 형식을 바꾸고 싶은 시인은 그렇게 쓴 글을, 가령 '신체시' 처럼 이름을 바꾸거나 자유시를 쓰면 될 일이다.

시조는 오히려 정형의 틀 속에서 완전한 자유를 누린다.

민족 고유의 자랑스러운 민족 문학을 무슨 실험 대상처럼 생각하고 실험시조를 쓰는 일은 결코 있어서는 안 될 일이다. 시조를 사랑하는 시조시인들은 정형을 존중하여 반드시 정형의 틀 안에서 시조의 발전을 도모해야 한다. 그것은 시조시인들에게 주어진 사명이기도 하다.

예문)

A ; 지은이 : 이은상

초장 : 성불사(3) 깊은 밤에(4)/ 그윽한(3) 풍경소리(4)

마디(節) 마디(節) 마디(節) 마디(節)

句 句

장(章)

중장 : 주승은(3) 잠이 들고(4)/ 객이 홀로(4) 듣는 구나(4)

마디(節) 마디(節) 마디(節) 마디(節)

句 句

장(章)

종장 : 저 손아(3) 마자 잠들어(5)/ 혼자 울게(4)/ 하여라(3)

(불변) 총 글자 수 44자

마디(節) 마디(節) 마디(節) 마디(節)

句 句

章

* 이처럼 장(章)이 셋, 구(句)가 여섯, 절(마디)이 열둘이 기본 뼈대이다.

그리고 각 마디는 지켜야 할 기본 음수가 있다.

예문)

B ;　　　　　　　　　　　　지은이 : 양사언

초장 : 태산이 높다 하되/하늘아래 뫼이로다

　　　3(4,)　　4(5)　4(3)　　4(5)

중장 : 오르고 또 오르면/못 오르리 없건만은

　　　3(4)　4(5)　　4(3)　　4(5)

종장 : 사람이 제 아니 오르고/뫼만 높다 하더라.

　　　3(불변)　6(5~9)　　4(5)　　3(4)　　총 46자

A는 엄격한 음수율에 구속된 시조이고 B는 글자 수에 구속을 덜 받도록 다소 융통성을 부려 ( )안의 글자 수까지 허용한 시조이다. 초장 첫 수가 2자로 시작되는 경우도 종종 있는데 이는 잘못된 것이 아니라 가급적 피해야 할 문제이다. 그리고 종장 둘째 수는 5~7자까지 제한하는 것이 좋다고 본다. 음수와 운율을 동시에 충족시키기에 가장 좋기 때문이다. 7자 이상을 허용하게 되면 호흡으로 인해 운율에 다소 문제가 생길 수 있다.

현대시조의 예를 살펴본다.

A. 정형을 유지한 시조

예문 1)

혼자 앉아서 / 최남선

가만히 오는 비가 낙수 져서 소리하니(3.4,4.4)
오마지 않는 이가 일도 없이 기다려져(3.4,4.4)
열릴 듯 닫힌 문으로 눈이 자주 가더라.(3.5.4.3)

- 엄격하게 정형을 유지한 시조이다.
- 임을 기다리는 서정을 아주 실감나게 표현하였다.

예문 2)

나무와 낙엽 / 이정자

나무는 굳건하게/ 제자리 지키면서(3.4,3.4)
무서운 한파에도/ 새봄을 준비하며(3.4,3.4)
흩어진 잎새 하나도/ 품안으로 감싼다.(3.5.4.3)

제자리 못 지키는/ 포도 위 낙엽 하나(3.4,3.4)
어쩌다 삐쳐 나와/ 저리도 서성이나(3.4,3.4)
바람아 저 낙엽 실어/ 갈 곳 찾아 주어라(3.5.4.3)

예문 3)

노린재 동충하초 버섯 / 신순애

질곡의 낭떠러지 몇 번을 굴렀는가(3.4 3.4)
찢기고 할퀸 상처 스스로 치유하며(3.4 3.4)
탈바꿈 애련한 사연 지층 속에 묻었네.(3.5.4.3)

허물을 벗는 아픔 혼절의 메아린가(3.4 3.4)
절망을 뛰어 넘어 다시 서는 강한 심지(3.4.4.4)
횃불을 높이 든 여정 허공 향해 띄웠네(3.5.4.3)

– 예문 1.2.3)은 모두 엄격하게 정형을 유지한 시조이다.

– 예문 2.3)은 첫 수와 둘째 수 모두 겹친 말이 없고 셋째 수는 연시조이면서도 중복된 어휘가 없다.

예문 4)

낙엽 / 이석규

하늘만 우러르다 노을빛에 물이 들다(3.4.4.4)
마음 먼 테두리에 자꾸만 비가 내려(3.4.3.4)
그조차 안으로 다스리고 말없이 손을 놓다.(3.7.3.4)

– 정형의 틀을 잘 지킨 시조로 특히 종장 '안으로 다스리고'는 7자 까지 허용하고 있는바 운율에 전혀 문제가 없다. 후구에 '말없이'는 3자인데 이는 앞에서 7자까지 늘어난 글자의 균형을 맞추기 위해 3자로 조정한 것이다. 총 46자를 유지하고 있다.

B. 정형에 어긋난 시조

예문 5)

불씨 / ***

타 버린 재가 되어/ 다시 살아날 수 있다면
우리네 사랑도/ 이쯤에서 놓아주자
하얗게 타버린 후에야/ 너를 태울 수 있나니.

살아오는 동안/ 아픔도 기다림도 있지만
우리가 언제 저토록/ 뜨거운 가슴 나누어 보았나
산다는 그것만으로도 /의미가 있잖아.

산은 외로워/ 강에 눕고// 강도 외로워/ 소리내어 흘러가는데//
하얗게 타 버린 후에야/ 너에게 /가는 길이 보인다면//
오늘 뜨겁게 타오르자.

예문 6)

안개 주의보 / ***

따라온 내 그림자/ 머무르게 하소서
오늘은 오늘로서/ 서 있게 하라
소매 끝 들추어 보면/ 한 뼘 공간인 것을.

어디서부터인지/ 시작도 모르면서
한지를 사이에 두고/ 번져가는 먹물을
전생에 죄 없는 이만/ 저를 볼 수 있다 던가.

예문1.2.3.4)은 시조의 형식을 완벽하게 지킨 시조이고 예문5.6)은 정형에서 어긋난 시조이다.

예문5) 시조는 동일한 어휘의 반복과 구체성이 다소 부족한 일반적 표현의 예이다. 특히 셋째 수 종장은 구 하나가 더 있게 되어 정격에서 크게 벗어나 있다.

만약 '하얗게 /타버린 후에야/ 너에게/ 가는 길이 보인다면// 오늘/ 뜨겁게 타오르자' 처럼 휴지(休止)를 두고 읽어도 종장 후구 규칙이 깨져 있어 정격에서 멀어져 있음을 보게 된다.

– 어휘의 반복 : 첫수 '타다' 라는 어휘가 3번, 셋째 수에서 2번이다. 의미 강조의 반복은 괜찮지만 강조의 의미가 아니라면 같은 말의 반복은 피하는 게 좋다.

– 관념어 : 둘째 수 '저토록'과 같은 낱말은 특정할 수 없는 말이므로 신선하거나 특별한 의미를 부여한 표현이 되기 어렵다.

예문6) 은

– 둘째 수 초장 첫 마디 '어디서/부터인지(3.4)'는 분리해서 쓸 수 없는 낱말이므로 초장은 완전한 구의 형태를 취하지 못하였다. 즉 한 마디가 7자이면서도 두 구가 안 되는 형태로 초장을 만들고 있다. (7.3.4.)

– 초장은 존칭을 쓰고 중장은 명령조로 되어 있어 문장이 어색하다.

– 첫 수 종장 후구가 2.5로 되어 있어 2<4 형태의 역진이 되어 있는데 이것도 읽는 방식에 따라 (2.5)가 될 수도 있고 반대로 (5.2)가 될 수도 있다.

"소매 끝/ 들추어 보면/ 한 뼘/ 공간인 것을."로 읽을 수도 있고 "소매 끝/ 들추어 보면/한 뼘 공간인 /것을."로 읽을 수도 있다. 그러나 여기서는 "한 뼘(의)/ 공간인 것을/"에서 조사 "의"가 생략된 것이므로 (2.5)로 보는 게 타당하다. 그리고 "공간인 것을"도 읽을 때는 "공간인✓것을"처럼 띄어 읽기보다는 "공간인 것을"하고 붙여 읽게 된다.

다른 예를 보면

"이미 그대는 가고/내가 홀로 남았으라"라는 문장에서 "이미✓/그대는 가고/"처럼 "이미"에서 호흡이 바뀌게 되지만 "그대는/이미 가고"로 말을 바꾸면 "그대는" 다음에서 호흡이 바뀌게 된다. 따라서 음수율은 "2.5"에서 "3.4"로 바뀌게 된다. 이 때 꼭 살펴야 할 것이 의미의 전달이다. 문장 내에서 "이미"라는 낱말은 부사이므로 "가고" 앞에 오는 것이 맞지만 강조의 의미로 맨 앞에 나온 것 같다. 이처럼 위치에 따라 미미하지만 의미 전달과 운율이 달라질 수도 있다.

다음의 예문을 본다.

다음 예문 a①은 한 마디가 더 많은 경우이고 a②는 음수가 모자라는 경우이다.

a. ① 중장에서 한 마디가 더 많아진 예

초장 : 생략

중장 : 빛이 드는/ 창가에서(3.4)

고부(姑婦)는/(3)

이별을 /준비한다.(3.4)

종장 : 생략

② 중장에서 음수가 모자라는 예

초장 : 생략

중장 : 마지막

이름 하나

툭,

지는

종장 : 생략

b. 초장에서 음수가 더 늘어난 예

① 음수의 초과

초장 : 후회로구나/(5)

그냥 널/ 보내놓고는/(3.5)

후회로구나.(5)

중장 : 생략

종장 : 생략

② 독립어의 사용과 나눌 수 없는 말을 나누어 쓴 예

초장 : <u>자,(1)</u>

갈 테면/ 가봐라(3.3)

뒤돌아/ 보지 말고(3.4).......분리할 수 없는 말

중장 : 생략

종장 : 생략

예문a①은 중장이 한 마디가 더 많은 예이고 ②는 음수가 모자라는 예이다.

"고부는"을 생략해도 되고 꼭 쓰고 싶다면

'빛(이) 드는 창가에서3(4).4/준비하는 고부 이별'(4.4)로 할 수도 있다.

예문b)①초장 첫 마디가 5자로 시작하여 탈격이 된 예로 '후회로

구나/그냥 널/보내놓고는/후회로구나'의 형식을 취하여 강조를 하기 위한 조치로 보인다. 그러나 다른 방법으로도 얼마든지 강조의 효과를 거둘 수 있다고 본다. '보내놓고는'에서 조사 '는'은 없어도 되며 음수를 5자에서 4자로 줄일 수 있다.

②에서도 '자,'는 없어도 작가의 의미 전달에는 아무 문제가 없는데 행갈이를 해 가면서까지 이렇게 쓴 의도는 "자,"를 강조하기 위해서 한 마디로 읽으라는 의미로 파악된다. 그렇다면 "자,/갈테면 가봐라/뒤돌아 보지말고"가 되어 1.3.3.3.4처럼 읽어야 한다.

"뒤돌아/보지 말고"는 "뒤돌아보지 말고"로 분할하여 쓸 수 없는 낱말이다.

"자, 갈 테면 가봐라 뒤돌아보지 말고"(1.3.3.7)로 했다고 해도 음수에서 탈격이 된다.

③ 완전한 구를 이루지 못한 사례

예문)

호수의 눈 / ***

호수는 자기 스스로를/ 보고 싶어 했다.
어느날 찾아온 소녀를/ 멈춰서게 했다.
소녀의 눈을 보고서 /자기 눈을 만들었다.

– 서술형 시구로서 초장, 종장 모두 한 마디가 부족하다.

– 초장 '호수는/자기스스로를/보고/싶어했다.'가 아니라 '호수는 자기스스로를/ 보고 싶어 했다.// 이고, 중장 후구도 3.6으로 정격에서 벗어나 있다.

종장은 '소녀의/눈을 보고서'가 아니라 '소녀의 눈을/보고서'이므로 종장 첫 구 3자 불변의 원칙과 둘 째 마디 5~7자의 원칙이 깨져 있다.

– 과거형 운각을 취하고 있는데 서정시는 현재형으로 써야 한다. 착상 시점이 현재이기 때문이다.

④ 종장의 규칙을 어긴 사례

예문)

만남 / ***

길가의 풀잎들은
바람 스친 자취 없고

배 가면 흔적 없어
물결뿐 망망대해

만남과 이별 이 같거늘
사람정만 못 잊네.

– 종장 "만남과/이별 이 같거늘/사람정만/못 잊네"는 "만남과 이별/이 같거늘/사람정만 /못 잊네"가 되어야 하므로 종장 첫 마디 3자불변의 원칙과 둘 째 마디 5~7의 원칙도 무시된 결과를 초래하고 있다. 접속 조사 "과(와)"는 뒤에 오는 말과 대등한 자격을 나타내므로 의미상으로 분리 할 수 없는 말이다.

– 중장 후구 "물결뿐 망망대해"는 초장과 대구를 이루지 못하고 있다.

요점 정리

- 한국어는 음절(syllabled language)로 된 언어이므로 음수를 기준으로 한다.
- 초장 3.4,3.4 중장 3.4, 3.4 종장 3.5.4.3이 기준음수다.
- 각 장은 전구와 후구로 총 6구로 한다.
- 반드시 주어(주어부)와 술어(술어부)로 구성되어야 한다.
- 분리할 수 없는 말을 임의로 분리해서는 안 된다.

2) 시조의 형상화(形象化)

(1) 형상화(形象化)의 의미

형상화란 사전적 의미로 보면 '형체가 분명하지 않은 추상적인 본질 따위를 어떤 방법이나 매체를 통해 구체적이고 뚜렷한 현상으로 나타나는 것으로 특히 작가의 의도에 따라 예술적으로 재창조하는 일을 이른다.' 라고 되어 있다.

시에서 형상이라 함은 언어를 이용하여 현실을 더욱 실감나게 글로 표현하는 것이며 작가의 진정성이 내포되어 있어야 한다. 즉 마음속에 떠오른 사상 철학 관념 따위를 글로 표현하는 행위라 할 수 있다. 독자에게 자기가 표현하고자 하는 내용 (이미지)을 전달하고 표현행위인 언어가 가진 특성에 따라 상황이나 작자의 체험을 통해 이미지를 재창출하게 되며 오감(시각, 청각, 미각, 후각, 촉각)을 통해 그려 내는 어떤 모습이라 할 수 있다.

이미지(心象)는 "어떤 사물에 대하여 떠오르는 직관적 인상 즉 대상에 대한 지각, 기억, 상상 느낌 등이 마음속에 떠오르는 것"을 말하는데, 다시 말하면 '머릿속에 그려지는(떠오르는) 어떤 그림, 또는 느낌(감각적 영상)' 이라 할 수 있다.

즉 감정의 표출이 생긴다. 이와 같은 "형상화"를 거치지 않고는 시조(시)를 지을 수 없다.[3)]

우리 속담에도 이와 같은 이미지 처리가 잘 된 것들이 많다. 예

---

3) 시화(김재황 지음) p.153

를 들면 '-가지 많은 나무에 바람 잘 날 없다, -등잔 밑이 어둡다. -검은 머리 파 뿌리 되도록, -같은 값이면 다홍치마, -고양이 쥐 생각, -작은 고추가 더 맵다, -핑계 없는 무덤 없다.' 등등

이와 같은 형상화를 잘하여 좋은 시조를 지으려면 좋은 글을 많이 읽어야 한다. 처음에는 어떤 예술이든지 모방에서 출발한다. 그것이 나중에는 그 사람의 개성이나 노력에 의해 독창적인 품격 높은 예술의 경지를 이루게 된다. 멱득(覓得)이란 말이 있다. 覓자는 爫(손톱조) 아래 見(볼견)이니 좋은 글귀를 얻기 위해 손톱 밑 까지도 "살펴본다, 찾아본다,"는 의미가 아닐까. 모방을 두려워할 필요도 자존심 상해 할 일도 아니다. 처음에는 다 그렇다. 그러나 방법을 모방하는 것이지 어휘나 내용을 모방하는 것은 아예 창작이 아니라는 점을 특히 유의해야 할 것이다.

시조를 쓰면서 또 한 가지 조심해야 할 것은 연문(衍文)이다.

연문은 군더더기 글, 불필요한 설명조의 글을 말한다. 시조(時調)는 간결하고 함축적이며 촌철살인의 맛이 있어야 한다.

시인은 '언어의 창조자'란 말을 많이 하는데 이때 '창조(創造)'란 말은 낱말(단어)을 새로 만들어내는 것을 의미하지는 않는다고 본다. 평범한 언어들이 글 속에서 다른 요소와 결합되어 새로운 의미를 부여하는 것이 창조라 생각한다. 때로는 일상적 어법이나 논리가 깨진 것 같아도 내용을 들여다보면 그런 것은 아니다.

어떤 특정된 악기로 예를 든다면 매번 그 악기의 겉모습을 바꾸어 다른 소리를 내지는 않는다. 다른 느낌을 갖게 만드는 요인은 작곡에 있다. 악보에 있는 것이다.

이상한 낱말을 만들어 놓고 신조어라 하며 시인의 특권이나, 향유할 수 있는 권리 쯤으로 여기는 것도 옳지 않다고 본다. 규칙을 어기는 것이 언어의 창조는 아니다.

오히려 시조시인에게는 더욱 세련되고 약속된 규칙을 지키는 도리나 의무, 책임감이 있다고 생각해야 할 것이다.

시인은 개성이나 감성 또는 특유한 자기만의 "끼"에 따라 특출한 표현방법으로 글을 쓸 수는 있지만 시조의 경우는 "정형의 틀"이라는 제약을 받게 되므로 다른 장르의 글과 큰 차이가 있다. 시조시인은 낱말의 제조자가 아니라 언어의 마법사, 연금술사가 되어야 한다.

마치 거미가 허공에다 그물을 치고 날벌레를 잡듯이 시조시인은 이런 연금술을 통하여 독자의 마음을 잡아야 한다. 이 기술이 바로 형상화 과정이 아닐까 하는 생각을 한다.

다음에는 시제(時制)와의 연관성에 관하여 알아본다.

'시제'는 '말하는 시간'을 중심으로 사건이 일어난 시간의 앞뒤를 표시하는 방법이다. 그러나 문학적 시간은 자연적 시간과는 다르다. 시조(詩)의 시간은 예술적 효과를 거두기 위해 자연적 시간을 무시한 상상의 시간이다. 따라서 과거의 경험에 바탕을 둔 시조라 할지라도 착상시점이 현재이기 때문에 현재형으로 형상화시키는 것이 옳다고 본다.

고시조 예문

예문 1)

철령 노픈 봉에 쉬어 넘난 져 구름아
고신 원루를 비 사마 띄여다가
님계신 구중심처에 뿌려본들 엇더리

〈이항복 / 청구영언 珍本〉

– 고신원루를 비로, 님 계신 구중심처는 물론 궁궐을 뜻하지만 외부세계와 단절된 곳, 또는 간신배에게 둘러싸인 곳 등을 연상케 하는 표현으로 자신의 심정을 형상화 하였다고 하겠다.

예문 2)

삼동에 뵈옷 닙고 암혈에 눈비 마자
구름낀 볏뉘도 쬔 적이 업것마는
서산에 해 지다하니 눈물계워 하노라

〈조 식 / 해동가요 周氏本〉

– 이 예문 역시 작가의 심상을 잘 나타낸 글이다.

– 조식은 학문이 뛰어나서 관직에 오를 것을 여러번 제안 받았으나 모두 사양하고 벼슬길에 오르지 않았다. 청빈하게 살면서 한 번도 임금의 은총을 입은 적이 없지만 그래도 임금(중종)이 돌아가셨다하니 마음이 아프고 슬프다는 심상을 잘 표현한 시조이다.

– 형상화의 재료는 '구름 낀 볕뉘, 쬐적 없다, 서산에 해지다,' 등과 같은 표현이다.

현대시조

예문 1)

산마을에서 / 김광수

고샅길 어디에도 말 섞을 이 하나 없다.
수풀이 부려 놓은 적요만이 사는 동네
그림 속 전설로 앉은 실낙원이 여기던가.

반쯤 헐린 헛간 외벽 애상스레 걸린 멍에
한 시절 에인 삶을 여물 씹듯 반추하며
아련한 소 방울소리 환청으로 듣는 걸까.

지절대던 산새들도 둥지 찾아 깃드는 녘
구붓한 등 못 편 채로 깡마른 옥수수 대
해종일 아들딸 생각 안고 업고 다독이고.

깊은 골 깊은 밤을 뒤척이며 지새는 별
산 보다 더 큰 회한 어둠 속에 내려놔도
순죄업 벗을 길 없어 시리도록 빛나는가.

– 한 폭의 그림 같다. 아니 그림 속에 내가 들어가 있다.

첫 수 "말 섞을 이, 수풀이 부려놓은 적요, 그림 속 전설"이 고요한 산마을의 모습을 그려내고 있으며 둘째 수에서는 "반쯤 헐린 헛간에 걸린 멍에에서 소 방울소리가 나고" 등의 표현으로 지난날을 회상하고 셋째 수에서는 "깡마른 옥수수, 아들 딸 안고 업고" 등으로 산마을의 적적함과 자식을 그리워하는 부모의 심정을, 넷째 수는 "뒤척이며 지새는 별, 산보다 더 큰 회한, 순 죄업" 등의 표현으로 밤잠을 못 이루고 뒤척이는 정경을 눈에 선하도록 그려내고 있다.

예문 2)

조국 / 정완영

행여나 다칠세라 너를 안고 줄 고르면
떨리는 열손가락 마디마디 애인 사랑
손닿자 애절히 우는 서러운 내 가얏고여.

둥기둥 줄이 울면 초가삼간 달이 뜨고
흐느껴 목 메이면 꽃잎도 떨리는데
푸른 물 흐르는 정에 눈물 비친 흰 옷자락

통곡도 다 못하여 하늘은 멍들어도
피맺힌 열두 줄은 굽이굽이 애정인데
청산아 왜 말이 없이 학처럼만 여위느냐

– 이 얼마나 멋진 시조인가? 가얏고 소리가 들리고 떠오르는 달이 보인다.

첫 수에서는 '가얏고'는 조국이다. '조국'을 연인으로 사랑하고 있다. '열손가락 마디마디'는 방방곡곡을 의미 할 수도 있다.

둘째 수에서 '초가삼간'은 우리민족의 삶이고, '푸른 물'은 반만 년의 유구한 역사를, '흰 옷자락'은 우리 민족을, 셋째 수에서 '피 맺힌'은 분단의 아픔을, '청산'은 삼천리강토를, '학처럼 여위다'는 분단된 상태로 애태우며 통일을 기다리는 이산의 아픔으로 볼 수 있다.

예문으로 든 시조 두수는 모두 엄격한 정형을 유지하고 있다. 의관을 정(正)히 갖추고 등청하는 선비를 보는 느낌이다. 율격, 음수, 이미지, 상징은 물론이고 제목을 각 연시조 중 어느 수와 연결시켜 보아도 빗나감이 전혀 없다. 어느 한 군데도 흐트러진 모습을 찾을 수 없다.

요점 정리

- 머릿속에 어떤 그림을 그려본다.(상상한다.)
- 그려진 이미지를 글로 표현한다.(변용의 과정)
- 다른 대상(사물)에 비유한다.
- 시조의 틀 속에 맞춘다.
- 형상화의 그림 색깔은 비유이다.

(2) 형상화 과정

시조쓰기의 형상화 과정은 어떻게 이루어지고 어떻게 표현할 것인지 살펴본다.

김재홍의 〈한국 현대시 은유형태 분석론: 詩論 76쪽)〉에 의하면 기본 형태를 다음과 같이 분류하고 있다.

① 구상에서 → 구상으로

예 : • 내 침실이 부활의 동굴임을〈이상화의 나의 침실〉

② 추상에서 → 구상으로

예 : • 나의 본적은 거대한 계곡이다.〈김종삼의 나의 본적〉

③ 추상에서 → 추상으로

예 : • 인생은 하나의 喜捨〈김남조의 낙엽은 쌓여라〉

④ 구상에서 → 추상으로

예 : • 광화문은 차라리 한 채의 소슬한 종교〈서정주의 광화문에서〉

시조에 있어서도 이 범주를 벗어날 수 없으므로 위의 논리를 기본으로 하여 시조의 형상화 과정을 살펴보기로 한다.

"아무리 잘 짜인 형상화가 되었다 하더라도 그것을 문장으로 바꾸어 표현하려면 형상화(形象化) → 문자화(文字化)라는 변용(變容)의 과정을 반드시 거쳐야 한다."라고 일상(一常)은 말한다.(시조창작의 실제 : 교원대 대학원 특강자료. 2003년1월)

"즉 변용의 과정을 효과적으로 처리하기 위해서는 일정한 질서를 갖게 되고 이 때 질서는 시조의 짜임새를 말함이며 이 짜임새가 장과 구를 형성하는 것이다."라고 말하고 있다.

1. 기본 재료(소재)의 발굴 :

1) 시조의 대상 찾기

소재를 찾아내는 일은 멀리서가 아니라 자기 주변 가까이에 있는 것부터 눈길을 주어야 한다.

2) 대상의 현미경적 관찰

어떤 소재를 발견해서 글의 소재를 찾았다면 외형만 볼게 아니라 내면의 세계까지 세심히 관찰하고 그 특성을 찾아내야 한다.

3) 5감의 활용

효과를 극대화시키기 위해 5감을 동원한다. 의인화가 이루어지는 첫 단계이다.

4) 체험을 통한 상상력의 발동

상상력은 이미 경험해본 것에 기초를 두고 있어야 한다. 체험해보지 않는 상상력은 망상 또는 공상으로 나타난다.

2. 말 바꾸어 보기(수사법의 활용)

1) 어떤 사실을 빗대어 표현해 본다.

물은 흘러간다. → 세월은 유수 같다.

2) 주어나 목적어를 바꾸어 본다. ("말" 바꿔치기)

화살은 빠르다 → 세월은 화살이다.

저것은 개다 → 저 사람은 개다(개 같은 짓을 한다)

길에다 쓰레기를 버린다. → 길에다 양심을 버린다.

3) 은유 형태를 대입해 본다.

① 상태, 형태, 동작 바꾸기(서술어 바꾸기)

- 꽃은 아름답다. → 꽃이 웃는다.
- 마음이 아프다. → 마음이 찢어진다.
- 그녀는 얼굴이 동글다. → 얼굴이 보름달 같다.

② 사물을 사물로 바꾸기(구체적인 말 → 구체적인 말로)

- 여자는 사람이다. → 여자는 꽃이다(예쁘니까)
- 그는 많은 것을 안다. → 그는 컴퓨터다.(아는 게 많으니까)

③ 상징어로 바꾸기

- 비둘기는 새다. → 비둘기는 평화다.
- 그는 장군이다 → 그는 별이다
- 무궁화 → 대한민국
- 상아탑 → 대학
- 연꽃 → 불교
- 학 → 장수
- 미의 여신 → 비너스
- 스타(star) → 배우. 장군

④ **비유와 상징을 위한 개념 바꾸기**

가. 구체적 개념 ⇄ 추상적 개념으로

- 비는 생명이다. • 비둘기는 평화다.
- 광화문은 한 채의 종교다.
- 인생은 뜬 구름이다. • 사랑은 눈물이다.

나. 추상적 개념 → 추상적 개념으로(가능하면 이 개념은 피한다)

- 사랑은 행복이다. • 거룩한 분노는 종교보다 깊다.
- 불붙는 정열은 사랑보다 강하다.

3. 의인화하기

어느 사물(대상)을 의인화하여 어떤 이미지를 전달할 것인지를 고려한다.

즉 사물을 화자로 만들어 자신의 감정을 대신 말하게 한다.

예 : • 꽃이 웃고 있다. • 잠자는 바다. • 파초의 꿈

4. 낯설게 하기

일상어(상투적인 표현이)가 아니라 언어의 조립으로 생동감 있는 낯선 문장을 만든다.

예) 나목 → 잘 발려 먹은 생선 뼈

전기 줄에 앉은 제비들 → 오선지, 또는 공중에 그린 악보

5. 다듬기

정형의 틀을 벗어나지 않았는지, 운율(리듬)은 맞는지, 맞춤법은 맞는지, 비유는 적절한지, 이미지 전달은 충분히 잘 되었는지 등을 살피고 다듬는다. 아울러 주제의 통일성과 독창성, 운율과 호흡의 일체성, 그리고 자기의 의도대로 표현된 것인지를 살펴야 한다.

어색한 부분이 있다면 시어(詩語)도 바꾸어 보고, 초, 중, 종장 또는 각 장의 전구 후구를 서로 바꾸어 봄으로써 더욱 좋은 글을 창작할 수 있게 된다.

어떤 사람이 삶의 허무를 느껴서 '인생은 바람이다' 라고 했다면 '인생은 허무하다' 에서 '허무' 를 '바람' 이라는 보조관념을 빌어다가 추상적 개념인 '허무 또는 공허' 를 형상화하여 나타낸 것이다. '인생은 허무하다' 는 표현보다 '인생은 바람이다.' 라고 했을 때 더욱 시적표현이 된다는 얘기다. '허무' 라는 추상적 개념이 '바람' 이라는 구체적 개념으로 나타난 것이다.

'대나무' 하면 사철 푸르기 때문에 일반적으로 선비의 지조나 절개를 대변해 온 것이 관념적 사고이다. 많은 사람들이 사용해온 표현이기 때문에 개성이 없는 상투적 표현이 된다. 그러나 이것을 대나무가 단 번에 쑥 큰다든지, 해가 갈수록 단단해지는 것을 보고 어떤 사람은 불교와 연관 지어 생각할 수도 있고 수도승과 연관 지어 생각할 수도 있다. 또 어떤 사람은 대나무 속이 빈 것을 보고 마음을 비운 즉 욕심을 버린 사람의 마음을 읽을 수도 있다.

법정스님의 무소유가 생각 날 수도 있다. 그래서 "대나무는 법정이다"라고 비유 할 수도 있는 것이다.

이처럼 화자가 보는 관점에 따라 개성에 따라 각각 다른 해석을 할 것이다.

따라서 화자의 시각은 참신하고 개성적 시각을 지녀야 하는 바 이 개성적 시각이 바로 낯설게 하기이며 낯설게 하자면 사물을 뒤집어 보거나 현미경으로 들여다 보듯 세밀한 관찰이 필요하다. 형상화의 과정은 비유를 통해서 이루어진다. 대나무에서 현미경적 시각으로 찾아낸 것이 바로 돈수(頓修)와 돈오(頓悟)와 점오(漸悟)와 무소유이다.

여기서 대상 찾기의 중요한 포인트는 상당히 구체적인 것만을 대상으로 삼는 것이 좋다. 예를 들어 어떤 사람이 눈 속에 핀 동백꽃을 보고 시를 쓰고 싶은 생각이 발동했다면 그 동백꽃 중에서 어느 부분을 보고 시심이 발동했느냐가 포인트다. 흰 눈이냐, 꽃이냐, 빨간 색깔이냐, 푸른 잎이냐, 등으로 그 범위를 축소하여 시조를 지어야 구체성을 띈 작품이 나온다. 즉 절개냐, 정열이냐, 아름다움이냐, 삶의 철학이냐, 사랑이냐, 등과 같은 비유를 하고 싶은 마음이 생긴다. 범위를 좁혀 놓고 집중해서 들여다봐야 한다. 연시조인 경우도 마찬가지이다.

한 수 한 수를 꽃에서 색깔, 색깔에서 주위 환경, 등으로 세밀히 관찰하면 동백꽃과 연결된 연시조를 쓸 수 있는 것이다.

요점을 다시 정리해 보면

- 기본재료 찾는다.
- 무엇을 말하고 싶은지, 즉 전하고 싶은 메시지를 염두에 둔다.
- 시조형식을 의식하지 말고 시조를 지어본다.

• 말을 줄여서 시조의 틀 속에 넣는다.(장과 장 바꿔보기, 구와 구 바꿔보기,

• 적합한 낱말 찾아내기(조사 없애보기, 운율 만들기 등을 통하여)

• 말 바꾸기(비유하기)를 한다. 5감을 총 동원하고 경험을 바탕으로 상상력을 동원한다.

• 의인화는 잘 되었는지 살핀다.

• 낯설게 하기를 시도한다. 상투적인 표현이 아닌지 살핀다.

• 운율은 맞는지 살핀다.

• 각 장의 연결성이 단절되지 않았는지 살핀다.

• 맞춤법은 틀린 데가 없는지 살핀다.

• 퇴고

이러한 단계는 반드시 일정한 순서대로 이루어지는 것은 아니다. 경우에 따라서는 몇 단계가 한꺼번에 일어나기도 한다.

이 단계를 다 거치고 나면 스스로 거울이 되어 쓴 작품을 비춰봐야 한다.

즉 제3자적 시각으로 완성된 작품을 냉정하게 바라보고 평을 해보라는 점을 강조하고 싶다. 내 모습이 단정한지 안 한지는 거울을 봐야 아는 것과 같은 이치다. 모든 경우가 다 이런 것은 아니지만 대개는 이와 같은 형상화 과정을 통하여 생명력을 지닌 한편의 시조가 탄생된다고 본다.

**어색한 낯설게 하기의 예

• 〈흰 구름〉 노을에 핀 장미 → 노을이 만든 장미

전자는 노을을 받으며 피어 있는 장미

후자는 흰 구름이 노을을 받아 장미꽃처럼 변한 모양

• 사슴의 목을 뺀 명상 → 명상은 사슴처럼 목을 빼고

전자는 사슴이 목을 빼고 하는 명상

후자는 명상을 깊이 하는 것

• 가랑잎 부채질에 솔바람이 졸고 있다. → 가랑잎 부채질에 솔바람은 일어선다.

가랑잎이 하는 부채질에 솔바람이 졸고 있는 것

후자는 작은 움직임에도 큰 변화가 생긴다는 것

• 소금이 소금되려면 자신을 버려야 → 바닷물 소금 되려면 자신을 버려야

전자는 소금이 소금 된다는 모순된 표현

후자는 바닷물이 변해서 소금이 된다는 것

(3) 체험과 상상력의 원용

상상력(想像力)이란 아직 일어나지 않은 일이나 존재하지 않는 대상을 머릿속으로 그려보는 것으로 공상과는 다르다.

공상(空想)은 현실적이 아니거나 실현될 가망이 없는 것을 막연하게 마음속으로 그려보는 것이므로 상상력과는 구별된다.

창조한다는 의미는 이미 경험에 의한 기존의 인식아래 감정이나

정서 등을 융합하여 만들어 내는 것이다. 상상력은 오감을 통하여 사유의 세상을 거닐고 있는 것이다. 체험과 이상을 작품 속에서 구체화시키는 과정에 상상력이 필요하다.

시조의 3대 요소 중 하나가 상상력인데 이 때 상상력이라 함은 과거의 경험을 바탕에 깔고 그 위에 상상의 집을 짓는 일이다.

경험을 깔고 있지 않으면 진실성이 없어 자칫 공상이나 망상으로 비춰질 수 있다.

예문 1)

윤동주 생각 / 김해석

가모가와 경찰서 앞을
무겁게 지나노라니

문득 <u>철창에 갇힌</u>
<u>윤동주가 뛰어 나와</u>

지금은
어떠하냐고
<u>조국 안부 묻는다.</u>

꽃다운 생을 앗아간
그 무리 오늘 어쩌랴

냇물은 청정 속으로
구름 띄워 흐르는데

초서(草書)로
부는 바람아
서시(序詩)를 뿌리며 가라.

* 가모가와 : 일본 도쿄에 있는 지명

– '윤동주가 뛰어나와' '초서로 부는 바람아 서시를 뿌리며 가라'는 표현으로 낯설게 하기를 함

작가가 일본 도쿄를 여행하다가 윤동주 시인이 옥고를 치르던 경찰서를 지나가면서 문득 윤동주를 떠 올리고 마치 윤동주가 반갑게 뛰쳐나오며 조국의 안부를 묻는 듯한 상상을 하면서 쓴 시조이다.

이때 작가의 상상력이 정말 뛰어나다. 이런 상상력이 멋진 시조를 창작하는 것이다.

'초서로 부는 바람아'라고 쓴 것도 의미가 깊다. 지금 작가의 마음은 심란하다.

그러나 윤동주의 서시를 읽으며 마음을 가다듬고 조국을 생각해보라는 말이 아닐까.

이 시조에도 여러 군데서 상상력의 낯설기를 발견할 수 있다. 첫 수는 모든 표현이 낯설다. 이전에 보던 시조와는 다른 느낌이다. (밑줄 친 부분 참조)

예문 2)

보길도의 밤 / 최금열

저 수평선 너머로 밀려드는 애상 속에
우우우 해조음 따라 『어부사시사』 묻어오고
불현 듯 뒷짐 진 얼굴아, 고산의 그림자여.

– 이 시조 역시 상상력을 동원한 시조이다. 해조음에 『어부사시사』가 묻어온다든지 '고산의 그림자여'에서 상상력이 동원되었음을 알 수 있다.

– '뒷짐 진 얼굴, 아! 고산의 그림자여'로 하면 음수까지 잘 맞게 된다.

예문 3)

팽목항에서 / 김흥열
(네 수 중 셋째 수)

밤새워 친 그물에 걸려 있는 어미마음
그믐에도 달을 띄워 그림자를 찾고 있다.
무너진 가슴 속에다 무영탑을 쌓으면서.

– 이 시조 역시 상상력이 동원된 작품인데 '어미마음'이 걸려있

다든지, '그믐에도' 달을 띄운다든지 하는 표현에서 그 원인을 찾을 수 있다.

– 작가가 직접 체험한 일은 아니지만 역사적 사실에 근거를 두고 있다.

예문 4)

암자에 홀로 앉아 / 박상주

날 좀 때려주오
천년 고찰 범종 치듯

안으로 다져놓은
전탑(塼塔)언어 청태(靑苔)눈물

빈 골짝
다 쏟아 붓고 나비되어 가련다.

– 이 시조 역시 상상력을 동원한 좋은 작품이다.

상상력은 때로 터무니없는 공상같이 보이기 쉽지만 반드시 그런 것만은 아니다. 이와 같이 낯설게 하기를 하는 것은 어떤 기법이 있는 것이 아니라 많은 사고를 해야 하고 때로는 엉뚱한 생각도 해볼 필요가 있다. 공자도 쓸데없는 일을 하고 돌아다니는 사람을 보고

'멀쩡한 사람한테 무슨 병을 찾느냐?' 하지 않고 '병도 없는데 뜸을 뜨고 다니느냐?'라는 표현을 하지 않았는가. 앞서도 언급하였지만 상투적인 표현법을 쓰지 않고 새로운 언어의 마법사가 되려는 노력이 필요하다.

고시조에서도 과거 경험을 토대로 상상력을 동원한 시조를 많이 볼 수 있다.

예를 들면 다음과 같은 시조인데 과거의 경험에 바탕을 두고 있다.

예문 1)

꿈에 뵈는 님이 신의(信義)업다 하것마는
탐탐(貪貪)이 그리울 제 꿈 아니면 어이보리
져 님아 꿈이라 말고 자로자로 뵈시쇼

〈명 옥 / 청구영언 六堂本〉

예문 2)

천만리 머나먼 길에 고온 님 여희옵고
내 마음 둘 듸 업서 냇가에 안자이다
져 물도 내 안 갓도다 울어 밤길 녜놋다.

〈왕방연 / 청구영언 珍本〉

– 이 시조는 어린 단종을 귀양지 영월까지 모시고 갔던 의금부도사 왕방연이 지은 시조로 '천만리 머나먼 길'은 단종을 두고 와야

만 하는 왕방연의 슬픈 심사를 표현한 것이다. '저 물도 내 안 갓도다' 라고 냇물을 의인화 하였다.

흘러가는 물소리가 마치 울면서 밤길을 가는 듯한 상상력을 드러내고 있다.

요점 정리

1. 체험이나 역사적 사실에 근거를 두고 상상력을 동원한다.
2. 체험은 과거의 경험으로부터 나오지만 과거형으로 짓지 않는다. (글을 쓰는 착상 시점이 현재이기 때문이다)

(4) 시조의 언어와 운율

시조의 언어 즉 시조에서 사용되는 시적 언어는 시에서와 마찬가지로 함축적(含蓄的)이며 다의성(多義性)이 있다. 사람의 마음에서 일어나는 감정의 효과를 노린 언어라고 할 수 있다. 일상 언어는 어떤 대상을 상대에게 정확히 알리는 것이 목적이지만 시조에서는 시조 안에서 독자에게 정서적 효과를 거두거나 보다 함축적 의미를 전달하기 위해 사용 되는 특별한 언어이며 그 문맥 속에서 살아 움직이는 생명체가 되는 언어인 것이다.

시상(詩想)과 가락을 머릿속에서 익힐 수 있는 능력, 즉 가락과 시상의 일체감을 동시에 느낄 수 있는 능력이 필요하다. 시조의 가락은 자수율에 의해 이루어지지만 그것이 모든 것을 충족시키는 것은 아니다. 운율은 호흡과 깊은 관계가 있다. 즉 주어진 가락에 호흡이 자연스럽게 맞아 떨어질 때 운율이 생겨나는 시점이 된다.

시에도 운율은 물론 있다. 하지만 시조에서는 그 현상이 더 두드러지게 나타난다. 운율의 생성(창출)은 음수 또는 음보의 반복을 통해서, 동일한 음절의 반복을 통해서, 동일한 낱말의 반복을 통해서, 동일한 통사구조의 반복을 통해서, 동일한 시행의 반복을 통해서 만들어 진다.

음수 또는 음보의 운율은 이미 아는 바이고(〈성불사의 밤〉같은 3.4.3.4조), 동일한 낱말의 반복과 동일한 통사구조에 의한 운율, 동일한 시행의 반복을 통한 운율 및 동일한 음절을 통해서 생겨나는 운율의 창조에 대해서 예문을 통해 이해를 돕고자 한다.

동일한 통사구조에 의한 운율의 창조는 자유시에서는 윤동주의

〈별 하나의 추억〉이나 박두진의 〈해야 솟아라〉등이 대표적이며 시조의 예를 보면 정완영의 〈고향보다 더 먼 고향〉을 예로 들 수 있다.

윤동주의 〈별 하나의 추억〉

별 하나의 추억과
별 하나의 사랑과
별 하나의 쓸쓸한
별 하나의 동경과……

박두진의 〈해야 솟아라〉

해야 솟아라/해야 솟아라/ 말갛게/ 씻은 얼굴/고운 해야 솟아라/….

a. 동일한 낱말의 반복을 통해 운율을 창조한 예

① 현대시조 예문

알맞다 / 장순하

알맞고도 알맞아
알맞게도 알맞다

알맞지 않은 것이
하나 없이 알맞다

몸과 맘
안팎 둘레가
어김없이 알맞다.

② 고시조 예문

그러하거니 어이 아니 그러하리
이리도 그러그러 저리도 그러그러
아마도 그러그러하니 한숨계워하노라

〈申　灒/청구영언 珍本〉

b. 동일한 통사구조로 운율을 만들어 낸 시조

① 고시조 예문

예문 1)

공명도 니젓노라 부귀도 니젓노라
세상 번우한 일 다 주어 니젓노라
내 몸을 내마저 니즈니 남이 아니 니즈랴

〈金光煜/청구영언 珍本〉

예문 2)

앞 못에 든 고기들아 네 와 든다 뉘 너를 몰아다가 너커늘 든다
북해 청소를 어디두고 예와 든다
들고도 나지 못하는 정이 네오 내오 다르랴

〈작자미상/청구영언 藏書閣本〉

– 작자 미상으로 되어 있으나 어느 궁녀의 작품이라고도 한다. '못'은 공간이다. 자유세계와 단절된 작자의 생활공간이다.

현대시조 예문

고향보다 더 먼 고향/정완영

고향을 찾아가니 고향은 거기 없고
고향에서 돌아오니 고향은 거기 있고
흑염소 울음소리만 내가 몰고 왔네요.

c. 시행의 반복을 통한 운율창조의 예

고시조 예문

예문 1)

압개에 안개 것도 뒤 뫼희 해 비친다
배떠라 배떠라
밤블은 거의 디고 낟믈이 미려온다
지국총(至匊悤) 지국총 어사와(於思臥)
강촌에 온갖 고지 먼 비치 더욱 됴타

〈윤선도/孤山遺稿〉

– 윤선도의 〈어부사시사〉 5수는 모두 초장 다음에는 첫 수에 “배떠라 배떠라”, 둘째 수에 “닫드려라 닫드려라”, 셋째 수에 “닫 달아라 닫 달아라”, 넷째 수에 “이어라 이어라”, 다섯째 수에 “이어라 이어라”처럼 되어있고 중장 다음에 “지국총(至匊悤) 지국총 어사와(於思臥)”라는 시행을 각 수마다 반복하였다.

예문 2)

가다가 올지라도 오다가란 가지마소
뮈다가 괼지라도 괴다가란 뮈지마소
뮈거나 괴거나 즁에 자고 갈가 하노라

〈작자미상/客樂譜〉

– 이 시조는 "~가" "~라도 "~가는 "~마소"처럼 처리했다.
– 뭐다 : 미워하다. – 괴다 : 특별히 귀여워하고 사랑하다.

d. 동일한 음절의 반복을 통한 운율창조의 예

고시조 예문

청산에 부흰 빗발 긔 엇디 날 소기난
되롱 갓망 누역아 너는 엇지 날 소기난
엇그제 비단옷 버스니 덜믈 거시 업서라

〈정 철/松江歌辭 星州本〉

– 초장 중장 후구에 "엇디 날 소기난" 같은 음절이 반복됨.
– 도롱 : 도롱이, 갓망 : 갓과 망건, 누역 : 누더기 옷, 덜믈 : 덜어낼

(5) 일사일언(一事一言)

프랑스 사실주의 창시자로 불리는 플로베르는 글 쓸 때 딱 맞는 낱말을 찾아 써야 한다고 주장했다. 동의어는 존재하지 않으며 어떤 사물이나 현상을 정확히 표현하는 말은 오직 하나 밖에 없다는 것이다.

시조 역시 '언어의 예술'인 만큼 궁극적으로는 쓰인 말에 의해 성공여부가 판가름된다고 볼 수 있다. 시조에 담기는 모든 사상, 감정이 말의 힘을 빌려 비로서 그 존재가치가 나타나기 때문이다. 한 개

의 낱말이라도 자기 나름의 것을 찾으려 노력하고 생경한 말 보다는 소화된 말을 쓰는 것이 참다운 시어(詩語)를 얻는 지름길이라는 사실을 깨달아야 한다.

다시 말해 일사일언(一事一言)이란 말을 염두에 두고 시조를 창작해야 할 것이다.

어떤 사물을 비유함에 있어서도 가장 적합한 어휘는 하나 밖에 없다는 말이니 그 만큼 단어 하나의 선택도 신중 하라는 의미가 아닐까?

요점 정리

1. 음수의 반복을 통해서, 동일한 음절의 반복을 통해서,동일한 통사 구조의 반복을 통해서, 동일한 시행의 반복을 통해서 운율이 만들어 진다.
2. 운율은 호흡과 관련이 있다.
3. 일사일언(一事一言)이란 말을 염두에 두고 가장 적합한 비유를 하도록 한다.

3) 비유와 상징

일반적으로 언어(의사 표현방법)에는 우리가 살아가면서 평소에 쓰는 일상적 언어와 시적 언어로 구분할 수 있는데 시적 언어는 일상적 언어와는 다른 표현을 통하여 의사 전달을 하게 된다.

태어나서 의사소통의 일환으로 배우게 되는 일상적 언어는 객관적이며 개념적이고 직접적이지만 이와는 다르게 사상과 철학 감정 등을 표현하는 시적 언어는 주관적이며 함축적이고 간접적인 방법으로 아름다움을 창조하며 이를 표현하는 일에 목적을 두고 활동하는 예술적 언어활동이라 할 수 있다.

비유는 어떤 사물이나 현상을 그와 비슷한 사물이나 현상에 빗대어 표현하는 방법으로 일상적이며 표준적인 어법과는 다른 표현기법이다. 이 같은 비유는 특수한 효과를 거두거나 의미를 부여하기 위하여 사용하는 수사기법이다. 예를 들어 "내 마음은 아프다."라는 표현은 자기감정에 대한 표현이고 "내 마음은 벌레 먹은 장미다."라고 하면 자신의 감정을 형상화 한 것이다. "여자의 마음은 늘 변한다."와 "여자의 마음은 갈대다."라고 하면 전자는 상태를 표시하는 일상적 언어이고 후자는 감정을 갈대로 형상화 한 시적 표현이다. 이처럼 시조(시)는 일상적 언어에 예술의 옷을 입히는 과정 즉 형상화 하는 과정이다. 시조든 시든 간에 화자 중심의 고백 또는 독백이라 할 수 있다. 결국 자기 자신에 대한 얘기다. 화자는 작가 자신이 되므로(느낌의 주체, 행동의 주체) 1인칭이고 현재 시제(時制)가 되는 것이 원칙이다.

시조나 시에 있어서 비유와 상징은 시를 잘 쓰고 못 쓰는 판단의 기준이 된다고 하겠다. 어찌 보면 시조(시)의 매력이며 멋이며 살맛나게 만드는 생명의 요소이다. 시조(시)를 쓰는 목적이기도 하다. 독자에게 주는 최상의 짜릿한 선물이다. 이런 선물을 주는 것보다 더 행복한 일이 있겠는가.

(1) 수사법 : 비유법, 강조법, 변화법

가) 비유법

① **직유법** : A like B (칠흑 같은 밤. 돌담에 속삭이는 햇살 같이, 꽃처럼 붉은 울음) '마치, 흡사, ~같이, ~처럼, ~양, ~듯 등도 이에 해당함.

고시조 예문)

이런들 어떠하며 저런 들 어떠하료
만수산 드렁츩이 얼거진들 엇더하리
우리도 이갓치 얼거져 백년까지 누리리라

〈이방원/청구영언珍本〉

현대시조 예문)

a. **안개**/서일옥

초봄의 설렘 같은

첫날밤 수줍음 <u>같은</u>

바람난 가시내의
질정 없는 몸부림 <u>같은</u>

초점을 맞추지 못한 망원렌즈 눈, 눈, 눈

– '<u>같은</u>' 이라는 직유법 문장이 세 번이나 나온다. 이 어휘로 운율을 만들어 내고 있다고 하겠으나 종결어미가 없어 끝나지 않은 문장이 되었다.

하지만 화자는 여기에 서술어를 도입하면 오히려 '안개' 에 대한 이미지가 흐트러질 수 있음을 염려하여 의도적으로 이런 표현을 할 수도 있다.

b. **3월은**/함세린

홍매화 피는 소리
봄눈이 녹는 소리

모두가 <u>꿈결 같은</u>
스쳐간 바람 한 줌

무엇을 망설이는가,
비워두면 차는 걸.

위 예문 중장에서 '모두가 꿈결 같은'은 초장 전체가 꿈결 같다는 얘기다.

이 처럼 '지난 밤 꿈결 같은, 한 줄기 햇살처럼, 소금을 뿌린 듯이, 화살이 날아가 듯, 흡사 짐승 닮은, 마치 제가 제일인양' 등 많은 예를 볼 수 있다.

② **은유법** : A is B 원 관념과 보조관념을 간접적으로 연결시키는 수사법

예 : 칠흑의 밤. 내 마음은 호수, 여자의 마음은 갈대, 아픈 피 흘림은 비밀한 울음, 침실이 부활의 동굴임을 네야 알련만, 타는 나의 가슴은 누구의 밤을 지키는 약한 등불 입니까, 구름은 보랏빛 색지 위에 마구 칠한 한 다발 장미.

고시조 예문 1)

나뷔야 청산에 가자 범나뷔 너도 가쟈
가다가 져무러든 곳듸 드러 자고 가쟈
곳에서 푸대접하거든 닙헤서나 자고 가쟈

〈작자 미상/청구영언 六堂本〉

– '나비가 예쁜 꽃을 보고 날아왔다.' 고하면 우리의 일상적 언어로는 실제 '꽃을 찾아 나비가 날아왔다.'는 뜻이지만 우리는 비유적으로 "남자가 여자를 보고 따라 왔다."는 말로 이해하며 쓰기도 한다. 이 때 나비는 남자가 되고 꽃은 여자가 된다. 원관념은 꽃=꽃,

나비=나비지만 보조관념은 나비=남자, 꽃=여자가 된다. 즉 남자와 여자로 된다.

예문 2)

청산은 내 뜻이요 록수는 임의 정이라
록수 흘너간들 청산이냐 변할 손가
록수도 청산을 못 니져 우러 예어 가는고

〈황진이/樂府高大本〉

– 은유이다. 청산의 본 관념은 푸른 산, 보조관념은 자기 자신 즉 황진이 이고 녹수의 본 관념은 맑은 물, 보조관념은 사랑하는 임, 즉 서경덕이다. 이런 은유를 Active metaphor 라 할 수 있다.

상투적은유(Dead metaphor) : 일상화되어 버린 언어의 은유 즉 상투적인 비유로 격언이나 속담에서 찾을 수 있다.

예) • 그는 언제나 찬밥이다. • 그 사람은 개밥에 도토리 신세다.

역동적은유(Active metaphor) : 신선한 느낌을 주는 은유, 즉 낯설게 하기에 성공한 비유라 말할 수 있다.

예) • 당신은 나의 태양 • 내 마음은 잔잔한 호수

현대시조 예문)

예문 1)

골무/김사균

청상(靑孀)을 가문에 묶어
세월 이긴 여심이다.

장도(粧刀)함께 지킨 절개
빛이 되어 대물림 할 제

종손부(宗孫婦)
연둣빛 손끝에
흔적으로 앉는 나비.

– 골무는 여심이다. 나비이기도하다.
– 역동적 은유이다

예문 2)

벌교/변현상

전라도

보성
벌교
저 갯벌이 종교다.

날름
날름
주워 먹는 꼬막은

널배가
넓은 신전을
헌금도 없이 지나간다.

– 벌교 갯벌은 종교다. "A는 B다." 식의 은유법이다.

– 널배는 갯벌에서 꼬막을 잡을 때 사용하는 넓은 판자를 일컫는 사투리

③ **의인법** : 사물을 의인화(파초의 꿈, 성난 파도. 구름이 달린다. 산은 사람들과 친하고 싶어서, 역사의 눈, 문화의 꽃 등등)

비유는 어떻게 할 것인가? 시인이라면 비유를 잘 해야 된다는 것쯤은 잘 아는 사실이지만 막상 자기의 생각이나 글을 비유로 표현하기는 말처럼 쉽지 않다. 예를 들어 '예쁜 여자와 차 한 잔을 마신다.'라는 표현은 설명문이지만 '장미꽃 같은 여자와 차를 마신다.'라고 했다면 〈장미꽃=예쁘다〉라는 등식이 성립된다.

즉 예쁜 여자와 차를 마시고 있다는 얘기다. 이 때 "~처럼, ~같은"과 같은 표현은 직유가 되고 '나는 장미와 마주 앉아 차를 마신다.' 라고 했다면 이 때 〈장미=예쁜 여자〉가 되므로 은유가 된다. 또 "예쁜"이라는 뜻은 숨겨져 있게 되며 장미가 사람이 되었으므로 의인법이 된 것이다. 직유도 좋지만 은유를 했을 때 더욱 시적(詩的) 맛이 나게 된다. 시조에 있어서 비유는 생명이다. 숨을 쉬는 살아 있는 유기체이다.

이처럼 작가의 생각을 일단 써 놓고 거기서 무엇을 어떻게 비유할 것인지, 적용하고자 하는 비유는 적당한지, 독자의 이해와 일치하여 공감을 얻을 수 있는지, 전체적인 문맥은 통하는지 등을 몇 번이고 생각해 보고 다듬어야 한다.

고시조 예문 1)

청산리 벽계수야 수이 감을 자랑마라
일도 창해하면 도라오기 어려오니
명월이 만공산 하니 수여 간들 엇더리

〈황진이/청구영언 珍本〉

벽계수는 맑은 물도 되지만 종친 이종숙(세종대왕의 증손)을 지칭하는 말이며 명월은 밝은 달을 의미하기도 하지만 황진이 자신의 호가 명월이기도 하다. 이 시조는 비유법 상징 의인법 등이 잘 활용된 시조라 할 수 있다.

또 이 시조를 통하여 간절한 사랑을 상징적으로 표현한 것이다.

이 시조는 이중적 비유를 하였는데, 이런 경우를 중의법이라고 한다.

고시조 예문 2)

공산에 우는 접동 너는 어이 우지는다
너도 날과 갓치 무음 이별 하였느냐
아무리 피나게 운들 대답이나 하더냐.

〈박효관/歌曲源流 國樂院本〉

– 예문1.2) 모두 비유법으로 쓴 시조이다. 시적 대상을 의인화 하였다.
– 접동 : 뻐꾸기. 무음 : 무슨.

현대시조

예문 1)

석류/조 운

투박한 나의 얼굴
두툼한 나의 입술

알알이 붉은 뜻을
내가 어이 이르리까

보소라
임아 보소라
빠개 젖힌 이 가슴.

예문 2)

쪽방의 겨울/박희옥

천변 후미진 곳
두어 평 반 지하방

각성바지 폐품들이
널브러져 낮잠 자고

볕뉘만
손끝에 앉아 남은 겨울 꿰맨다.

– 예문1)은 석류를, 예문2)는 폐품과 볕뉘를 의인화 하였다.
– 정격을 잘 유지하였으며 종장 처리도 잘 된 시조이다.
– 이 시조를 읽으면 가난이 보인다. 추위에 떨고 있는 가난, 알렉산더대왕과 철인 디오게네스가 떠오른다. 가난 앞에 한 줌 햇살은

무엇과도 바꿀 수 없는 소중함이 아니던가.

– 비유도 적절하다. 온갖 폐품들을 '각성바지 폐품들' 로 표현하였는데 여기서 '각성바지' 란 '하층민' 을 지칭하는 것이라 여겨진다. 이 시조에서 작가가 표현하고자 하는 것은 서민층의 고달픈 삶을 고발하고 있는 것이라 여겨진다.

예문 3)

백두산 천지에서/김옥중

빙 두른 봉우리가 비취옥을 안은 듯이
티끌도 보일 듯한 잔잔한 물빛 속에
아, 풍덩! 뭉게구름이 한가롭게 졸고 있네.

– 이 시조 역시 정격을 잘 유지하였고

– 초장 후구 '비취옥을 안은 듯이' 라는 표현이 좋다.

– 종장 처리도 잘 된 시조이나 '풍덩' 과 '졸고 있다' 가 잘 어울리지 않으므로 첫 수를 '아, 풍덩' 대신 '한 조각 떠돌던 구름 한가롭게 졸고 있네.' 라고 하면 어떨까 하는 생각이 든다.

예문 4)

달맞이꽃/임춘자

둑길에 달맞이꽃 배시시 웃음 물고(3.4, 3.4)
몰래한 연애질을 시치미 떼고 있네.(3.4, 3.4)
서녘엔 줄행랑치는 노오란 쪽달 하나.(3.5.3.4)

– 이 시조도 정격을 잘 지킨 시조이다.
– 달맞이꽃과 쪽달(조각달)을 의인화 하였다.
– 조각달을 '쪽달'로 표현한 작가의 상상력이 참으로 좋다.
– 젊은 두 연인이 새벽이 되도록 애틋한 사랑을 나누다가 들켜버린 것처럼 느끼게 만든다.
– 종장 후구 '노오란 쪽달 하나(3,4)로 했으나 글자 수를 맞추기 위해 의도적으로 한 것 같아 그냥 '노란 쪽 달 하나'(2.4)로 해도 될 것 같다.
– 제목과 본문에 '달맞이꽃'이라는 어휘의 반복을 피했으면 더 좋았으리라 여겨진다.

주제와 어울리는 말을 찾아보니 '천연덕스럽다'라는 말이 있다.
'천연덕스럽기, 능청 떨기'는 어떨까?

예문 5)

못과 망치/박기섭

느닷없이 정수리를 내리치는 망치의 힘(4.4, 4.4)
벽에 박힌 순간부터 굴종의 뼈를 씻어(4.4, 3.4)
완강히
뽑힌 채 있다 형형한 저 쇠의 눈(3.5.4.3)

– 정격을 잘 유지한 시조로서 비유뿐 아니라 독자에게 주는 이미지가 매우 강하다. 즉 권력(독재)에 항거하다 투옥된 투사의 형형한 눈빛을 생각나게 만든다.

– 역설법을 써서 더욱 의미를 배가 시켰다. (벽에 박힌 순간, 굴종의 뼈, 완강히 뽑힌 채)

– 종장 "완강히 뽑힌 채 있다" 다음에 쉼표를 찍어야 된다.

일반적으로 요즘 시(詩)나 시조(時調)에서 마침표나 반점을 안 찍는 경향이 두드러지긴 해도 한글맞춤법을 따라야 한다고 생각한다.

비유의 여러 형태의 예문 ☞

– 좋은 비유의 예 –

- 광화문은 차라리 소슬한 한 채의 종교
- 텁텁한 막걸리에 초승달을 띄워놓고
- 각성바지 폐품들이

- 별뉘만 손끝에 앉아 남은 겨울 꿰맨다.
- 골물에 별이 뜨는
- 구름 없는 날에도 그늘 짙은 생활의 골목
- 수풀이 부려놓은 적요만이 사는 동네
- 망각의 틈을 헤집고
- 부서진 소망들이 눈보라로 휘날리고
- 통곡마저 부스러진
- 실없는 소문으로만 수도공사가 한창이다.
- 관심 밖으로 밀려난 단군의 후손들
- 지팡이는 통로에서서 휘어진 몸을 가누고
- 눈감은 청바지들
- 찻잔 속의 태풍

– 상투적인 비유의 예 –

- 세월은 유수와 같다
- 앵두 같은 입술
- 목석같은 사나이
- 쟁반같이 둥근 달
- 백의의 천사
- 금배지
- 계절의 여왕
- 바지저고리
- 개밥에 도토리
- 찬밥 신세

• 고양이 쥐 생각

• 목마른 자는 복이 있나니

• 개천에서 용 나다.

• 바다가 육지가 된들

• 벌레 먹은 장미

– 어색한 비유의 예 –

• 땅 속에 똬리 틀은 개구리의 용트림

• 꼬집어 깨운 먼동 석양을 등에 업고

• 새도 날아가려면 부챗살을 접어야 한다.

• 바람 품은 둥지가 알도 품는다.

• 분쇄된 스크루우 물거품이 사라지고 → 스크루에 분쇄된 물거품이 사라지고(이 경우는 '스크루가 분쇄된 것' 이라는 의미이므로 → 처럼 해야 한다.)

• 숲에 가면 좋은 일이 있을 것만 같은 느낌

• 반짝 미소 실성한 듯 웃는 뜻은

• 거드름이 펄떡펄떡

• 그슬린 숯불에 → 숯불에 그슬린
(이 경우도 '숯불이 그슬린다' 는 의미이므로 → 해야 한다.)

• 찢어진 그물 꿰매가며 상처를 깁고 나면(찢어진=상처, 꿰매다=깁다.) → 찢어진 그물 하나하나 깁고 나면

이 외에도 수없이 많은 비유가 있겠지만 시를 쓰는 사람들은 상투적인 비유를 지양하고 늘 새롭고 의미 있는 비유를 찾아 떠돌아야 한다.

④ **활유법** : 생명이 없는 것을 있는 것처럼 표현하는 방법

예)기차 꼬리가 터널 안으로 사라진다.

고시조 예문)

내 버디 몃치나 하니 수석(水石)과 송죽(松竹)이라
동산에 달 오르니 긔 더욱 반갑고야
두어라 이 다섯밧긔 또 더하여 머엇하리.

〈윤선도의 오우가/孤山 遺稿集〉

이 시조에서 '나의 벗' 이라 했으니 '수석과 송죽' 은 사람이 된 것이다. 동산에 뜬 달도 벗이 된다. 이처럼 '물, 돌, 달' 을 마치 생명이 있는 것으로 표현한 시조이다.

현대시조 예문)

빈 둥지/김연동

텅 빈 까치집에 바람이 부나보다.
창밖에 눈이 풀린 요양원 환자처럼
꽃무늬 벽지 바르고 눈과 귀를 열고 있다.

– '빈 둥지' 라는 사물을 활유법을 써서 종장처리를 하였다.

⑤ **풍유법** : 원 관념은 감추고 보조관념만이 전체를 채운다.

고시조 예문 1)

까마귀 싸호는 골에 백로야 가지마라
셩낸 까마귀 흰 빗츨 새올셰라
청강에 잇것 시슨 몸을 더러일까 하노라

〈정포은 모친/청구영언 진본〉

– '까마귀' '골 '백로 '흰 빛 '청강' 등은 원관념이 감추어진 보조관념이다. 즉 까마귀는 권력을 잡으려는 세력들이고 백로는 청렴결백한 무욕의 선비를 가리킨다.

고시조 예문 2)

옥에 흙이 무더 길가에 버려시니
오는 이 가는 이 흙이라 하는고나
두어라 알니 이실찌니 흙인드시 잇거라

〈윤두서/해동가요 朴氏本〉

– 옥, 흙, 길가, 오가는 이 등이 보조관념이다. '옥'은 올곧은 선비 또는 인재, '흙'은 세속, '길가'는 초야, 권세 밖을, '오가는 이'는 벼슬한 사람들, 또는 세상 사람들을 말한다.

요즘에도 이런 인재는 절실히 필요하다.

현대시조 예문)

감 가게에서/김흥열

물러터진 홍시들은
뒷줄로 밀려나고

침(沈)담근 땡감들이
앞줄로 나와 있다

때깔이
화려할수록
몸값 또한 비싸니까.

– 자연의 섭리에 따라 잘 익은 감은 물러 터져서 자리에서 밀려나고 덜 익은 감은 보기 좋고 빛깔이 좋아 고객의 시선을 언제나 끌어당긴다. 이처럼 윤리도덕과 양심 있는 사람은 언제나 세상의 아귀다툼에서 밀려나게 마련이고 설익은 인물들이 큰소리치며 사는 모습을 종종 본다.

⑥ **대유법** : 제유법과 환유법이 있다

가) 제유법 : 사물의 한 부분으로 사물 전체의 의미를 나타내는 수사법

• <u>빼앗긴 들에도</u> 봄은 오는가? '들' 은 조국을 상징

• 사람은 빵만으로 살 수 없다. (빵=식량)

예문)

지금은 남의 땅 , 빼앗긴 들에도 봄은 오는가?
–중략–
그러나 들을 빼앗겨 봄조차 빼앗기겠네.

–1926년〈개벽〉 6월호에 실린 이상화의 시–

예문)

수양산 바라보며 이제(夷齊)를 한 하노라
주려 주글진들 채미(採薇)도 하는 것가
비록에 푸새엣 거신들 긔 뉘 따헤 낫더니

〈성삼문/청구영언 진본〉

– 수양산은 수양대군을 의미하고 이제(夷齊)는 상(은)나라 백이와 숙제로 충신을 가리킴. 이들은 은나라가 주나라에 망하자 주나라 백성이 된 것을 후회하며 수양산에 들어가 고사리를 캐먹고 살았다 함.

– 한하다 : 원망스럽게 생각한다.

나) 환유법 : 사물이나 사실을 표현하기 위해 그와 가까운 다른 낱말을 사용하는 수사법

• 금수강산 – 우리나라를 상징
• 저녁 먹다 – 저녁밥을 먹는다는 의미

예문)

타향살이/고 송

<u>어사화</u> 아니어도 고향길 찾아들면
정겨운 산천초목 팔 벌려 반길텐데
어이타
서러운 마음 타관 땅만 맴도나.

– 어사화는 출세, 성공, 벼슬 등을 상징함

⑦ **의성법** : 소리를 나타내는 방법

"졸졸, 피리 필릴리, 주룩주룩, 우르릉 꽝꽝" 등의 소리를 나타내는 표현법

고시조 예문

눈 <u>풀풀</u> 접심홍(蝶尋紅)이요 술 <u>튱튱</u> 의부백(蟻浮白)을
거문고 <u>당당</u> 노래하니 두룸이 <u>둥둥</u> 춤을 춘다
아희야 시문(柴門)에 개 즛즈니 벗 오시나 보아라.

〈金 煐/가곡원류 국악원본〉

- '당당' 은 의성어 '풀풀', '둥둥' 은 의태어 이다.
- 접심홍 : 꽃을 찾는 나비, 의부백 : 술에 둥둥 뜬 흰 밥알

현대시조 예문)

호환 또는 교통사고/백승수
(4수 중 2수 4수)

무서운 호랑이와 무서워하는 호랑이가
무서워 할 호랑이와 무서웠던 호랑이가
서로가 으르렁거리며 이 거리를 활보하오.

자다가도 부르르르 그 소리 들려와서
털무늬 얼룩한 놈 기억하기 바로 전에
으르릉, 호랑이 한 마리 꿈속까지 쫓아오오.

- '으르릉' '으르렁거리며' 등 의성어를 들여왔다.
- '털무늬' 는 '털 무늬' 로 띄어 써야 맞다.

⑧ **의태법** : 동작이나 행동을 표현하는 방법
"굼실굼실, 둥실둥실, 서리서리" 움직이는 모양

고시조 예문)

드립더 바드득 안흐니 細 허리지 잔읏잔읏
–이하 생략–

〈미상/청구영언 육당본〉

– '바드득' 은 의성어, '잔읏잔읏' 은 의태어다.

현대시조 예문)

기다림/진길자

눈보라 앙탈하던 긴 겨울 밀어내고
빗소리에 <u>생동생동</u> 새 움돋는 파란 벌에
맺혔던 가슴을 풀어 돌아드는 강물소리

보슬비에 젖은 나절 일상을 돌아 앉아
<u>모락모락</u> 김 오르는 다향에 스민 마음
진달래 곱다고 했지 슬퍼 웃던 그 봄날

– 생동생동, 모락모락 등 의태법을 도입하였다.

⑨ **상징법** : 보조관념으로 원관념을 암시적으로 표현하는 방법

예) 풀잎에 진주가 달려 있다. 진주 → 이슬, 면사포 → 결혼

고시조 예문)

선인교 나린 물이 자하동에 흘너드러
반천년 왕업이 물소리 뿐이로다
아희야 고국 흥망을 물어 무삼 하리오

〈정도전/청구영언 홍씨본〉

– 여기서 반천년 왕업은 고려를 상징

현대시조 예문)

나도 푯말이 되고 싶다/조종현
(7수중 첫 수)

나도 푯말이 되어 너랑 같이 살고 싶다
별 총총 밤이 들면 노래하고 춤도 추고
철따라 멧새랑 같이 골 속 골 속 울어도 보고.

– 푯말은 호국 영령을 상징

⑩ **우화법** : 작품 전체가 인간사회를 풍자한 교훈적인 것

예) 이솝우화 등

예문)

우화(寓話)/장수현

점심 때 소머리국밥 먹고
트림하면 소 울음소리 난다.
(-샐러리맨은 소의 후손이다.)
(-넥타이는 신종 고삐)
거울 속
음매음매 울며
나를 들여다보는 소 한 마리

콘크리트로 무장된 도시
더 이상 갈아엎을 수 없다.
(-발굽이 다 닳았군.)
(-가죽도 헐거워졌어.)
나는 또
도살장에 끌려가듯
엘리베이터에 몸 싣는다.

- 정격에는 어긋나 있지만 봉급쟁이의 애환을 그린 작품이다. 황

소는 봉급쟁이를 상징
– ( )는 독백으로 본다.

⑪ **중의법** : 한 단어에 두 가지 의미를 나타내는 방법

고시조 예문)

청산리 벽계수야 수이 감을 쟈랑마라
일도 창해하면 도라오기 어려오니
명월이 만공산 하니 수여 간들 엇더리
〈황진이/청구영언진본〉

**여기서 "벽계수와 명월"은 "물과 사람", "달과 사람"을 표현

⑫ **희언법** : 같은 말을 다른 의미로 쓰거나 동음이자를 사용하여 언어의 유희를 꾀하는 수사법

예) 인문주의(人文主義) → 인문주의(人文注意)
人文主義 : 인간성을 존중하고 문화적 교양의 발전을 목표로 하는 사상
人文注意 : 인간관계나 윤리 질서를 조심하라는 뜻

고시조 예문)

북천이 맑다커늘 우장 업시 길을 나니

산에는 눈이 오고 들에는 찬비로다
오늘은 찬비(寒雨)마자시니 어러 잘가 하노라

〈임제/해동가요 박씨본〉

– 여기서 찬비(한우)가 희언법이다. 한우는 찬비도 되지만 기생 이름이다.

⑬ **냉조법(冷嘲法)** : 비꼬거나 야유, 경멸하는 수사법

고시조 예문)

하하 허허 한들 내 우움이 졍 우움가
하 어쳑 업서셔 늣기다가 그리되게
벗님내 웃디들 말구려 아귀 찌여디리라.

〈권 섭/玉所稿〉

– 우움 : 웃음.　늣기다가 : 느끼다가.　어쳑 : 어처구니.
그리되게 : 그렇게 웃네.　찌여디리라 : 찢어지리라.

⑭ **풍자법(諷刺法)** : 사회의 부정적 현상이나 인간의 결점 모순 등을 빗대어 비판하는 수사법

예문)

구름이 無心탄 말이 아마도 허랑(虛浪)하다
中天에 떠 이셔 任意로 다니며서
구태야 光明한 날빛츨 따라가며 덮나니

〈이존오/청구영언진본〉

– 간신 신돈 일파를 풍자한 시조로 중장은 조정을 어지럽힘을, 종장은 임금의 눈을 가리는 간사한 행위를 나타내고 있다.

요점 정리

- 비유는 시조의 생명이다.
- 비유는 비유의 대상(사물)이 적합해야 한다.
- 각 수사법을 이용한다.
- 종장이나 문장의 종결어미가 오는 부분에 '그래서' '그러면' '왜냐하면'을 붙여본다. 그 장이 바로 결론 부분이 되며 화자의 하고 싶은 얘기가 된다.

나) 강조법

강조법이란 과장법(눈물이 홍수를 이루다), 영탄법(감탄형), 반복법(어휘의 반복), 점층법(잠을 자야 꿈을 꾸고, 꿈을 꿔야 임을 본다), 점강법(명예를 잃는 것은 조금 잃는 것이요, 건강과 용기를 잃는 것은 다 잃는 것이요, 돈을 잃는 것은 아무것도 안 잃는 것이다.), 연쇄법(되풀이 하는 방법), 돈강법, 반복법, 대조법, 미화법, 열거법, 억양법, 예증법 등이 있고 반복법에서 특히 주의할 점은 단순히 단어의 반복이나 구절의 반복을 조심해야 한다.

① **과장법 :** 실제보다 더 크거나 작게 늘리거나 줄여서 표현하는 방법

고시조 예문)

묏버들 갈해 것거 보내노라 님의 손대
자시는 창(窓)밧긔 심거 두고 보쇼셔
밤비예 새닙 곳 나거든 날인가도 너기쇼셔.

〈홍 랑/오세창 소장본〉

예문)

대붕(大鵬)을 손으로 잡아 번개불에 구어먹고
곤륜산 엽혜 끼고 북해를 건너뛰니
태산(泰山)이 발 끗헤 차이어 왜각데각 하더라

〈미 상/청구영언 육당본〉

– 위 고시조는 전체가 과장이다.

현대시조 예문)

박연폭포/이병기(둘째 수(연)

이골 저골 물을 건너고 또 건너서
발밑에 우는 폭포 백이요 천이러니
박연(朴淵)을 이르고 보니 하나 밖에 없어라.

– 위 시조는 중장에서 과장법을 쓰고 있다.

② **영탄법** : 감탄사나 의문의 형식을 빌려 표현 하는 방법

고시조 예문)

어제 오던 눈이 사제에도 오돗던가
눈이 모래갓고 모래도 눈이로다
아마도 세상일이야 다 이런가 하노라
〈洪 迪/청구영언 진본〉

– 사제(沙際) ; 모래벌판의 가장자리를 말함.
– '오돗던가' 라는 표현에서 영탄법임을 알 수 있다.

현대시조 예문)

꽃잎을 날리며/함세린

단속곳 향낭 안에 숨었던 잎들이
그리움 심지 세운 그 등불 언저리로
겹겹이
포갰다 펴는 무지개로 뜨는가.

– 위 시조는 종장 후구에서 의문의 형식을 빌린 영탄법을 쓰고 있다.

③ **반복법** : 동일한 낱말을 반복함으로서 뜻을 강하게 하고자 하는 방법

고시조 예문)

태산이 놉다 하되 하늘아래 뫼히로다
오르고 또 오르면 못 오를 리 업건마는
사람이 제 아니 오르고 뫼흘 놉다 하나니
〈양사언/청구영언 진본〉

– '오른다' 는 동일한 낱말의 반복을 통한 강조법을 쓰고 있다.

뫼한 길고 길고 믈은 멀고 멀고

어버이 그린 뜯은 만코 만코 하고 하고
어듸서 외기러기는 울고 울고 가느니

〈윤선도/孤山遺稿集〉

– '길고 길고', '멀고 멀고', '만코 만코', '하고 하고', '울고 울고'의 반복.

현대시조 예문)

섬과 섬/모상철

먼 하늘 별 하나가 나에게 손짓함은
얼마나 황홀하고 신기한 행복이냐
갑자기 다가오는 섬 다가오는 또 한 섬

– 이 예문에서 종장 '다가오는 섬/ 다가오는 또 한 섬'이 반복된 문장이다.

하지만 어휘나 구절은 같은데 느낌은 완전히 다른 의미를 주고 있다.

섬 하나가 내 앞으로 다가오는 듯싶더니 또 다른 섬 하나가 다가오고 있다는 의미이다. 즉 "섬"이라는 단어는 같아도 섬의 종류는 다른 것이다.

여기서 말하는 '섬'은 단순히 물 가운데 있는 땅만을 의미 하지는 않을 것이다. 중장에 "얼마나 황홀하고 신기한 행복이냐"로 미루어

보아 "또 다른 행복이나 기쁨" 들이 아닐까.

그러나 전하는 의미가 동일한 단어나 어휘의 반복은 독자에게 밋밋한 느낌을 주어 산뜻한 맛을 느끼지 못하게 할 때도 있다.

④ **점층법** : 점차 강하게 하거나 약하게 하는 것

예) 수신제가치국평천하(修身齊家治國平天下) → 점층법(漸層法)이고

예문)

풍파에 놀란 사공 배 파라 말을 사니
구절양장이 물 도곤 어려왜라
이후란 배도 말도 말고 밧 갈기만 하리라.

〈장 만/청구영언진본〉

⑤ **점강법** : 점점 작아지게 표현하는 방법

예) 평천하치국제가수신(平天下治國齊家修身) → 점강법(漸降法)이다.

예문)

어이 못 오던다 무삼일로 못 오던다
너 오는 길 위에 무쇠로 성을 쌓고 성안에 담 쌓고 담 안에는
집을 짓고 집 안에는 뒤주 놓고 뒤주 안에 궤를 놓고 궤 안에

너를 결박하여 넣고 쌍배목 외걸쇠에 용거북 자물쇠로 수기수
기 잠갔더냐 너 어이 그리 안 오던다
한 달이 서른 날이어니 날 보러 올 하루 없으랴

〈작자 미상/古今歌曲〉

⑥ **연쇄법** : 앞 구절의 끝 부분을 다음 구절의 머리에서 되풀이 하는 방법

예) 닭아, 닭아, 우지마라, 네가 울면 날이 새고 날이 새면 나 죽는다.

고시조 예문)

(도산십이곡 중에서)

당시에 녀던 길흘 몃 해를 버려두고
어듸 가 다니다가 이제야 도라온고
이제야 도라오나니 년 듸 마음 마로리

〈이 황/청구영언 진본〉

⑦ **돈강법** : 앞에서 의미나 감정의 절정을 만들어 놓고 갑자기 낮게 떨어 뜨리거나 냉정해지는 방법

예문)

서울.1/서벌

내 오늘
서울에 와
만 평 적막을 산다.

안개처럼
가랑비처럼
흩고 막 뿌릴까 보다.

바닥난 호주머니엔
주고 간
벗의 명함.

⑧ **대조법** : 대립되는 것을 내세워 인상을 선명히 하는 방법
예) 인생은 짧고 예술은 길다.

고시조 예문)

청초 우거진 골에 자는다 누엇는다
홍안(紅顔)을 어듸 두고 백골(白骨)만 무쳣는이
잔 자바 권하 리 업스니 그를 슬허 하노라

〈임 제/청구영언 진본〉

산은 녯 산이로되 믈은 녯 믈이 아니로다
주야로 흐르니 녯 믈이 이실쏜냐
인걸도 믈과 갇도다 가고 아이 오노매라

〈황진이/해동가요 박씨본〉

⑨ **미화법** : 표현대상을 실제보다 아름답게 나타내는 수사법

예) : 변소 → 화장실, 도둑 → 양상군자
거지 → 집 없는 천사

예문)

십년을 경영하여 초려 삼간 지여내니
나 한 간 달 한 간에 청풍 한간 맛져두고
강산은 들일 듸 업스니 둘러 두고 보리라.

〈미상/청구영언진본〉

⑩ **열거법** : 나열하는 방식의 표현 법

예) • 설, 추석, 한식, 단오 는 우리나라 명절이다.

• 고시조나 현대시조의 "사설시조"에서 많이 볼 수 있다.

예문)

창 내고자 창을 내고자 이내 가슴 창 내고자
고모장지 세살장지 들장지 열장지 암돌져귀 수돌져귀 배목걸새
크나큰 장도리로 똥딱 박아 이내 가슴에 창 내고자
잇다감 하 답답할 제면 여다져 볼가 하노라

〈미 상/청구영언진본〉

⑪ **억양법** : 처음에는 올렸다가 다음에 내리거나, 먼저 낮추었다가 나중에 올리는 방법으로 두 사실을 분명하게 대조시키는 수사법.

예) • 겉보긴 험상궂어도 속은 착하다.

• 착하긴 해도 변변치 않다.

• 태산이 높다 하되 하늘아래 뫼이로다.

예문)

뉘라서 가마귀를 검고 흉타 하돗던고
반포보은이 긔 아니 아름다온가
사람이 져 새만 못하믈 못내 슬허하노라

〈박효관/가곡원류 국악원본〉

⑫ **예증법** : 예를 들어 보이는 표현 방법

예) • 가령 "꽃을 피었다" 라는 말은 틀린 표현이다. "꽃이 피었다"가 맞는 표현이다.

예문)

(윤선도 오우가 中 水)

〈水〉

구룸 빗치 조타하나 검기를 자로한다
바람소래 맑다하나 그칠 적이 하노매라
조코도 그츨 뉘 업기는 믈뿐인가 하노라

〈윤선도의 오우가 중 "水" /고산유고집〉

⑬ **비교법** : 비교를 하여 한 쪽을 강조

예) • 너의 넋은 수녀보다 예쁘다.

예문)

산 밋테 사자하니 두견이도 붓그럽다
내 집을 구버보며 솟적다고 우는긔야
두어라 안빈낙도니 한 할 줄이 이시랴

〈작자 미상/청구영언 육당본〉

다) 변화법

변화법이란 '도치법, 대구법, 설의법, 인용법(암인법, 명인법), 거례법, 문답법, 반어법, 역설법, 생략법, 현재법, 비약법, 명령법, 돈호법, 경구법' 등으로 이 수사법을 잘 활용하여 효과를 높여야 한다.

① **도치법 또는 환서법** : 강조하고자 하는 단어를 바꿔서 쓰는 방법

고시조 예문)

어저 내 일이야 그릴 줄을 모로더냐
이시랴 하더면 가랴마는 제 구태어
보내고 그리는 정은 나도 몰라 하노라

〈황진이/청구영언 진본〉

– 중장이 도치법으로 되어 있다

현대시조 예문)

가시연꽃 /장은수

늪도 달뜬 새미정에 명지바람 일렁인다
등 따가운 오월 햇살 잔물결로 다독이며
한 뼘쯤 하늘을 미는 어기찬 저 숨소리

괜찮다, 괜찮다고 입으로만 되뇌던 말
한 번도 푼 적 없는 열여덟 앞섶 열고
초경 빛 젖멍울 같은 봉오리가 부푼다

가시를 세울수록 가슴은 더 뜨거워져
발그레 물든 민낯 톺아보는 눈길 앞에
또 한 겹 고름을 푼다, 꽃등 하나 매달고서

– 셋째 수 종장에서 도치법을 활용하였다.
– 둘 째 수 초장 "괜찮다, 괜찮다"는 강조를 위한 반복이다.

예를 더 들어 보면
- 능선은 꽃밭이야, 눈물 나게 아름다운.
- 독도에 가거들랑 보아라, 갈매기를.
- 아득한 태고를 산다, 신앙 같은 순결로.

② **대구법** : 비슷하거나 상관이 있는 사물을 짝지어 절과 절 사이의 구문상 묘미나 운율상 가락을 조화 있게 표현하는 방법

예) • 호랑이는 죽어서 가죽을 남기고 사람은 죽어서 이름을 남긴다.
• 산에는 눈이 오고, 들에는 비가 온다.

고시조 예문)

시절도 저러하니 인사(人事)도 이러하다
이러하거니 어이 저러 아닐소냐
이런쟈 저런쟈 하니 한숨 계워하노라

〈이항복/청구영언 진본〉

③ **설의법** : 결론 부분에서 의문 형식으로 강조하는 방법

고시조 예문)

이 몸이 주거 주거 일백 번 고쳐 주거
백골이 진토 되여 넉시라도 잇고 업고
님 향한 일편단심이야 가싈 줄이 이시랴

〈정몽주/청구영언 진본〉

곳 지고 속닙 나니 시절도 변하거다
풀 소개 푸른 버레 나뷔되어 나다는다
뉘라서 조화를 자바 천변만화 하는고

〈申 欽/청구영언 진본〉

공산에 우는 접동 너는 어이 우지는다
너도 날과 갓치 무음 이별 하였느냐
아무리 피나게 운들 대답이나 하더냐

〈박효관/가곡원류 국악원본〉

현대시조 예문)

파루(罷淚)/김홍열

총구의 오만 앞에 굴종도 마다않고
헐값에 주겠다며 천암함을 흥정하나
성화가 꺼진 하늘에 까마귀가 날고 있다.

웃으며 내미는 손 화약 냄새 묻었어도
꼬투리 잡으려는 속내를 읽지 못해
대화를 구걸하는가, 동공(瞳孔)마저 풀어놓고.

– 둘째수 종장에서 설의법과 동시에 도치법을 활용하였다.

④ **인용법** : • 속담 격언 등을 인용하는 방법

고시조 예문)

어버이 자식사이 하늘 삼긴 지친이라
부모 곳 아니면 이 몸이 이실소냐
오조(烏鳥)도 반포(反哺)를 하니 부모효도하여라

〈김상용/仙源遺稿〉

– 종장을 인용한 예이고

현대시조 예문)

연민의 풍경소리/이건영
(3수 중 첫 수)

"먼데서 바람 불어 풍경소리 들리면
보고 싶은 내 마음이 찾아간 줄 알아라."
정호승 빼어난 시구(詩句) 단장의 가락이다.

– 이 예문은 초장과 중장을 인용하였다.

예문)

일봉산/김은남
(3수 중 둘째, 셋째)

불현 듯 생각나는 방랑시인 김삿갓
쌍암병기의분쟁(雙岩竝起疑紛爭)
일수중류해분심(一水中流解忿心)
산기슭 금곡사 들려 멋진 시를 남기신

내 나이 어언 칠십 산꾼시인 아니던가
오늘밤 꿈에 만나 오늘 여기 모신다면
만인의 심금을 울릴 시 한 수를 읊을 걸

– 이 시조는 둘째 수에서 김삿갓이 쓴 글귀를 중장에서 인용한 예이다. 인용부호인 따옴표를 찍어야 한다.

⑤ **문답법** : 문답식 표현 방법

예) 책값은 어떤가? 책값을 내리는데 원동력이 된다면 참아야지.

고시조 예문)

a.

(첫 수)

내 벗이 며치나 하니 수석(水石)과 송죽(松竹)이라

동산에 달 오르니 긔 더욱 반갑고야

두어라 이 다섯 밧긔 또 더하여 머엇하리.

〈윤선도 오우가/고산유고〉

b.

동창이 발갓느냐 노고지리 우지진다

쇼 칠 아해는 여태 아니 니런느냐

재 넘어 사래 긴 밧츨 언제 갈려 하나니

〈남구만/청구영언 진본〉

– a, b 모두 초장에서 혼자 묻고 혼자 답을 한 예문이다.

⑥ **반어법** : 반대의 의미를 가지고 있는 표현 법

예) • "규칙도 모르는 사람이 심판을 했으니 오죽 공정했겠소."
- "가난하다고 사랑조차 모르겠는가."
- "나 보기가 역겨워 가실 때에는 죽어도 아니 눈물 흘리오리다."

예문)

귀뚜리 저 귀뚜리 어여쁘다 저 귀뚜리
어인 귀뚜리 지는 달 새는 밤에 긴 소리 자른 소리 절절이 슬픈 소리 제 혼자 울어 예어 사창 여윈 잠을 살뜰이도 깨우는 고야
두어라 무인동방에 내 뜻 알리는 저 뿐인가 하노라

〈작자미상/청구영언진본〉

– 이 외에도 사설시조에서 이런 예를 볼 수 있다.

⑦ **역설법** : 어떤 진리를 이치에 어긋나거나 모순되는 말을 통하여 표현하는 수사법.

예를 들면 • "님은 갔지만 나는 님을 보내지 아니하였습니다."
- 관음포구에는 죽음이 살고 있다.

고시조 예문)

추강(秋江)에 밤이 드니 물결이 차노매라
낙시 드리치니 고기 아니 무노매라
무심(無心)한 달빗만 싯고 뷘 배 저어 오노라

〈월산대군/청구영언진본〉

현대시조 예문)

풍경/김제현
(2수 중 2수)

만등(卍燈)이 꺼진 산에
풍경이 웁니다.

비어서 오히려 넘치는 무상(無上)의 별빛

아, 쇠도 혼자서 우는
아픔이 있나 봅니다.

– '비어서 오히려 넘친다.'는 표현이 역설법이다

⑧ **경구법** : 시간은 금이다, 웅변은 침묵이다, 유비무환이다.

현대시조 예문)

별밤/이정자

새까만 밤하늘을
촉수 높여 불 밝히다

휘영청 하늘 등불에
스르르 촉수 낮춰

올 여름
전력비상엔
유비무환이라네.

⑨ **명령법** : 독자의 주의를 환기시키는 방법

고시조 예문)

a.
잘 가노라 닷지 말며 못 가노라 쉬지 말라
브듸 긋지 말고 촌음을 앗겻슬아
가다가 중지(中止)곳 하면 안이 갈만 못한이라

〈김천택/해동가요 周氏本〉

– 초장과 중장에서 명령법을 사용하였다.

b.
동창이 빌갓느냐 노고지리 우지진다
쇼 칠 아해는 여태 아니 니런느냐
재 넘어 사래 긴 밧츨 언제 갈려 하나니

〈남구만/청구영언 진본〉

– 종장에서 명령법을 사용하였다.

현대시조

예문 1)

울릉도 8/박영교

그대 사랑을 모르거든
가슴을 앓아 보아라

그대 눈물을 모르거든
외롬을 앓아 보아라

진실로 그리움 모르거든
절도(絕島) 머리 앉아 보아라

예문 2)

황금들녘/박순영

보거라
가슴 벅찬
저 황금빛 물결을

먼 데 산
추녀까지
여지없이 밀어 올려

흥부네
곡간까지도
그득하게 출렁인다.

– 예문1)은 "보아라"로, 예문2)는 초장 첫구에 "보거라"가 이에 해당한다.

⑩ **생략법** : 독자에게 여운을 남겨주기 위해 문장의 한 구절을 생략하는 방법으로 여운법도 일종의 생략법이라 할 수 있다.

현대시조 예문)

반도는/문무학

내쳐서 삼천리를 다 못 가고 마는 땅

....

가다가 뚝 끊긴 길 끝에 이념만이 선명한

이 예문에서는 중장 전체가 생략되었다. 마치 양장시조 같은 느낌을 받는다. 문제는 종장 끝 "선명한" 다음에 마침표가 없어 문장이 계속되고 있다는 뜻을 전하고 있다. 선명한 다음에 마침표(.)를 찍었다면 독자에게 중장의 여운을 생각할 여지를 남겨주었다고 생각 할 수도 있으나 그렇지 못하기 때문에 정형의 틀을 지킨 시조라 보기 어렵다. 중장을 ...으로 처리하였는데 이 같은 유형도 시조로 볼 것인가 아닌가 하는 문제가 생긴다. 구와 장이 이루어지지 않아 정형 시조로 보는 것은 무리이다.

⑪ **돈호법** : 글 중간에 갑자기 사람이나 사물의 이름을 불러 주의를 환기시키는 방법

고시조 예문)

국화(菊花)야 무사 일노 삼월춘풍 다 지내고

낙목한천(落木寒天)의 네 홀노 픠얻나니
아마도 세한고절(歲寒孤節)은 너뿐인가 하노라

〈이정보/해동가요 육당본〉

– 초장 첫 구에 "국화야"하고 이름을 불러 주의를 환기시켰다.

⑫ **현재법** : 과거의 사실이나 미래의 가상을 현재의 일처럼 표현하는 방법

예문)

다보탑/김상옥

불꽃이 이리 튀고 돌조각이 저리 튀고
밤을 낮을 삼아 징소리가 <u>요란터니</u>
불국사 백운교 위에 탑이 <u>솟아 오른다.</u>

꽃쟁반 팔모 난간 층층이 고운 모양
임의 손 간 데마다 돌옷은 새로 피고
머리에 푸른 하늘을 받쳐 이고 있도다.

– 과거에 일어난 일을 현재형으로 쓴 시조이다.

비록 과거에 일어난 사건이라 하더라도 시조를 쓰는 시점이 현재이므로 특별한 사유가 없는 한 현재형으로 쓰는 것이 합당하다.

⑬ **거례법** : 말한 이론을 증명하기 위해 예를 들어 설명하는 기법

고시조 예문)

낙일은 서산에 져셔 동해로 다시 나고
가을에 이운 풀은 봄이면 플으건을
엇덧타 최귀(最貴)한 인생은 귀불귀를 하는이
<이정보/해동가요 周氏本>

– 이운 풀 : 시든 풀, 최귀: 가장 귀한, 귀불귀: 돌아오지 못함
– 초, 중장의 예를 들어 종장을 말함
– 사설시조에서 많이 볼 수 있다.

⑭ **비약법** : 흐름을 갑자기 변화시켜 시간. 공간을 뛰어 넘어 서술하는 방식

고시조 예문)

재 넘어 성권농 집의 술 닉닷 말 어제 듯고
누은 쇼 발로 박차 언치 노하 지즐 타고
아희야 네 권농 계시냐 鄭座首 왓다 사뢰라
〈정 철/청구영언진본〉

– 언치 : 깔개,　노하 : 얹다,　지즐타다 : 눌러 타다
– 초, 중장에서 종장으로 비약을 함

라) 의인화

① 의인화란?

사물을 의인화 한다. 의인화 한다는 것은 내가 대상의 사물이 되어 말하는 것이다. 내 사유의 세계에서 신념과 철학 사상 같은 생각들을 사물이 대신 말하도록 하는 비유법이다. 의인화의 비유는 여러 수사법을 통하여 이루어진다. 개개의 어휘를 비유로 할 수도 있고 평범한 문장 전체를 통하여 무엇을 비유하고 있는지를 나타 낼 수도 있다.

고시조 예문 1)

동짓달 기나긴 밤을 한허리를 버혀 내어
춘풍 니블아레 서리서리 너헛다가
어른님 오시는 밤이여든 구뷔구뷔 펴리라

〈황진이/청구영언진본〉

– 시조의 낱말 하나하나는 그리 어려운 말이 없으면서도 문장 전체는 무엇을 말하고 있는 지 누구나 알 수 있다.

긴 밤을 베어 낸다든지 이불아래 넣는다든지 하는 말들이 비유이지만 전체적인 비유는 "사랑" "연정"이다.

고시조 예문 2)

철령 노픈 봉에 쉬여 넘난 져 구름아
고신 원루를 비 사마 띄여다가
님 계신 구중심처에 뿌려본들 엇더리

〈이항복/청구영언진본〉

– 구름을 의인화 함

고시조 예문 3)

창밧긔 섯는 촉불 눌과 이별 하엿관대
눈물 흘리며 속타는 줄 모르는고
우리도 져 촉불 가틔여 속타는 줄 몰래라

〈이 개/청구영언진본〉

– 촛불을 의인화 함

현대시조 예문 1)

상황(狀況)/김광수

황소 머물다가
배설하고 돌아선 자리

쇠똥구리 말똥구리가
좌우로 편을 갈라

한 덩이
분구(糞球)를 두고
서로 엉켜 물고 뜯는다.

– 시대적 정치적 상황을 표현한 시조이다. "배설하고 돌아선 자리" "좌우로 편을 갈라 "물고 뜯는다"라는 표현에서 '황소', '쇠똥구리 말똥구리'를 의인화했음을 알 수 있다.

현대시조 예문 2)

조약돌/박필상

얼마나 닦아야만
이렇게 모가 닳아

차이고 짓밟혀도
상처하나 아니 받고

밀려나
그냥 있어도 반들반들 윤이 날까.

– 조약돌을 의인화 하였다.

– 전체적으로 권좌에서 물러나 있으면서도 마음을 갈고 닦아 상처 받지 않고 오히려 그 삶이, 그 인격이 품위가 있다는 표현이다.

현대시조 예문 3)

해당화/리강룡

인적 없는 이 갯가에 내가 홀로 선다 해도
진분홍 꽃등불을 적요의 뜰에 높이 달고
한 생애 가시 끝을 벼리어 나를 초달하리라.

– "나를 초달하리라"라는 표현에서 해당화를 의인화했음을 알 수 있다.

현대시조 예문 4)

소금/정위진

대장간 칼 벼리듯
벼려온 수도승의 기

갈고 닦아 바랜 심성
속살까지 투명하다

세상사
간 맞춰 절이는
희디 흰 보살의 손

– "보살의 손"에서 소금을 의인화했음을 알 수 있다.

요점 정리

- 사물을 통하여 나를 반영한다.
- 하고픈 말이 사물(대상)의 환치에 적합한지 살핀다.
- 사람을 제외한 모든 동식물과 무생물까지 의인화 할 수 있다.

② 비유의 적합성

'장미 같은 여자'라고 했을 때 장미와 여자는 모두 '아름답다'라는 연관성을 가지고 있다. '장미가 곧 여자'라는 등식은 성립하지 않지마는 일반적인 관념은 '장미는' 아름답고 화려하고 향기로운 꽃이라는 데는 누구나 공감을 한다. 따라서 '장미 같은 여자'라 하면 '여자' 역시 아름답고 향기 있는 것 같다는 유사성을 지니고 있다. '장미 같은 남자'라고 한다면 잘 어울리는 비유가 아니라 오히려 남자답지 못 하고 여성스럽다는 이미지를 갖게 된다.

'모래성을 쌓다'하면 원 관념은 '모래'라는 사물을 뜻하지만 보조 관념은 '허무. 헛된 일'들을 의미하게 된다.

비유는 독자의 공감을 불러 일으켜야 된다. 서로 통하는 통로가 생겨야 하는 것이다. 엉뚱한 비유는 억지이다.

예를 들면 "콩으로 메주를 쑨다 해도 안 믿는다."고 했을 때 메주는 콩으로 만드는 것은 다 아는 사실이지만 너무나 불신이 커서 못 믿겠다는 의미가 내포된 말이다. 낯선 비유를 한다고 콩 대신 쌀로 메주를 쑨다고 비유를 했다면 독자는 얼른 공감하기가 어려울 것이다. 이것은 우리의 일반적 상식을 벗어나기 때문이다.

빗대서 말한다고 모두 비유가 되는 것은 아니다. 독자들이 공감하고 감동을 불러일으킬 때 그 비유는 적합한 비유가 되었다고 할 수 있다.

예문 1)

너와 나/***

이른 출근길에 십자매 한 쌍을 샀다.(2.4,3.3.2)
보름달 같은 새장 끼워 만 원이란다(5.4,5.0)
그 가격 얼른 샀지만(3.5)
당신은 누구시죠(3.4)

– 비유가 전혀 안 된 시조이다.

– 초장은 마디 하나가 더 많은 형태이고, 중장 '보름달/ 같은 새장(3.4)/ 끼워/ 만 원이란다(2.5)' //가 아니라 '보름달 같은/ 새장 끼워/ 만 원이란다//' 가 되므로 한 마디가 모자란다.

– 종장 '그 가격 얼른 샀지만' 은 조사 '에' 가 생략된 것으로 볼

수 있으며

– "그"는 만 원이라는 가격을 지칭하는 대명사이므로 가능하면 이런 대명사는 사용하지 않는 게 좋다.

– 종장 후구 '당신은 누구시지요'는 무슨 의미인지 알 수가 없다. 십자매가 물건을 산 사람을 보고 하는 말인지, 자문자답인지 애매하다.

– 정형을 완전 파괴했을 뿐만 아니라 독자에게 전하고 싶은 말이 분명하지 않다.

예문 2)

산벗꽃/***

골 깊은 벼랑 아래 산 벚꽃 떨어지면
놀란 멧돼지가 고인돌을 치받는데
손 우물 가만 내밀면 풍덩소리 들릴까.

– 위 시조는 '소통의 지연을 위한 미학적 장치'가 지나치게 견고하여 독자는 그 의미나 행간을 들여다 볼 수도, 들어갈 수도 없다. '고인돌'은 아무데나 있는 것이 아니고 멧돼지는 어디서나 흔히 볼 수 있는 야생 동물이다. 멧돼지가 '박힌 돌' 도 아닌 '고인돌'을 찾아가 왜 치받는지 알 수 없고, '손 우물'은 무슨 우물인지 존재하지 않는 우물이다. 제목과 연결하기 힘들다. 비유가 지나치게 비약한 것은 아닐까.

예문 3)

일요일/***

배낭하나 둘러메니
깨지는 하루 일상

깨고나니 이제 살맛
저절로 입맛 돌고

산상의 홀로 소나무
푸른 말씀 전한다.

이 시조는 일요일에 배낭을 메고 산에 가서 소감을 표현한 시조로 예문2)와는 대조적이다. 비유가 전혀 안 되어 있다. 제목 '일요일'이 주는 이미지와 글의 내용과는 사실상 별 관계가 없다. 산에 가는 일은 언제나 가능하므로 제목을 '등산'과 같이 산행과 관련된 것으로 하는 것이 좋다.

'깨고나니'는 '깨고 나니'로 띄어 쓴다.

예문 4)

청대/김옥중

깊은 절 고승인가
세속 다 비워놓고

저 높은 하늘보다
더 높이 살고 싶어

댓잎이
반야심경을
시퍼렇게 외고 있다.

– 대나무는 절개, 지조를 상징한다.
– 댓잎에 서걱거리는 소리를 고승이 반야심경 읊는 것에 비유했다.

예문 5)

황태/이봉수
(세수 중 둘 째, 셋째 수)

아무리 생각해도 원인을 모르겠다.
싱싱한 몸뚱이가 노랗게 졸아들어

낯설은 서울 밥상에 누워있을 줄이야.

구천을 돌고 돌아 이승에 다시오면
산 속에 암자 틀은 수도승 이마되어
또르르 파리 굴리며 크게 웃어 보련다.

– 불교에서 말하는 윤회의 삶을 황태를 통하여 나타내고 있다.

요점 정리

- 비유가 적합한지 살핀다.
- 일상적 언어를 피하고 낯설게 하기를 한다.
- 화자의 의도가 분명하게 전달되는지 살핀다.

③ 메시지 전달

메시지(message)란 문학 작품이 담고 있는 의도나 사상으로, 간략한 시적언어로 표현하여 독자에게 전달하는 작가의 특별한 의도적 주장이다.

시조를 쓰는 이유는 독자에게 어떤 의미를 공급하기 위해서다.

예를 들어 "꽃이 피어 있다" "꽃이 달려 있다 "꽃이 웃고 있다 "꽃이 맺혀 있다." 라는 각 표현은 그 내포된 의미가 조금씩 다르다. 작가가 전달하려는 특별한 이유 때문에 달리 표현되고 있는 것이다.

"**대통령이 독도를 방문하였다."라는 메시지는 또 다른 메시지를 전달해주고 있다 하겠다. 자기네 영토라고 주장하는 일본이나 다른 나라에 대하여 '독도는 우리 땅입니다.' 하고 천명하는 뜻이 숨겨져 있는 것이다.

시조는 사물(대상)을 유심히 관찰하여 그만이 가지고 있는 고유한 특성을 찾아내고 확장시켜야 또 다른 의미를 생산해 내는 것이다.

메시지를 전달하는 방법은 몸짓, 눈빛, 옷차림새, 표정이나 소리 등 다양한 방법이 있겠지만 문학 특히 시조와 관련해서만 얘기 하고자 한다.

고시조 예문 1)

이런들 엇더하며 져런들 엇더하료
만수산 드렁츩이 얼거진들 엇더하리
우리도 이갓치 얼거져 백년까지 누리리라

〈이방원/청구영언진본〉

위 시조가 주는 메시지는 무엇일까?

고시조 예문 2)

이 몸이 주거주거 일백번 고쳐 주거
백골이 진토되어 넉시라도 잇고 업고
임향한 일편단심이야 가쉴 줄이 이시랴.

〈정몽주/청구영언진본〉

이 시조가 주는 메시지는 무엇일까?

위 고시조는 상대방에게 전달하려는 의도가 분명한 대표적인 시조이다.

다음 현대시조 하나를 살펴본다.

현대시조 예문 1)

봉숭아/김상옥

비 오자 장독간에 봉숭아 반만 벌어
해마다 피는 꽃을 나만 두고 볼것인가
세세한 사연을 적어 누님께도 보내자

누님이 편지 보며 하마 울까 웃으실까
눈앞에 삼삼이는 고향집을 그리시고
손톱에 꽃물들이던 그날 생각 하시리

양지에 마주앉아 실로 찬찬 매어주던
하얀 손 가락가락 연붉은 그 손톱은
지금은 꿈속에 본 듯 힘줄만이 서누나.

예문 2)

비/이병기

짐을 매어놓고 떠나려 하시는 이날
어두운 새벽부터 시름없이 내리는 비
내일도 내리오소서 연일 두고 오소서

부디 머나먼 길 떠나지 마오시라
날이 저물도록 시름없이 내리는 비
저으기 말리는 정은 나보다도 더하오

잡았던 그 소매를 부리치고 떠나신다
갑자기 꿈을 깨니 반가운 빗소리라
매어 둔 짐을 보고는 눈을 도로 감으오

예문 3)

이슬/김사균

어쩌다 맺힌 인연
하필이면 풀잎 인고

목이 긴 비구니의

염주로나 꿰일 것을

햇살이
살침을 쏘아
바람으로 띄운다.

예문3)의 시조는 이슬을 보며 염주를 착안해 낸 것이다.

우리는 누구나 얽히고설킨 인연 속에서 살아간다. 길을 가다가 옷깃을 스치는 사람부터 부모 자식 간, 스승과 제자, 부부, 친구 한 직장인, 등등 나와 맺어진 인연은 헤아릴 수 없을 정도다. 하필이면 풀잎에 달린 인연이 되어 햇살을 받고 금방 말라버리는 즉 존재감을 상실하는 인연이 되었는가.

스님의 염주 알이 되는 인연으로 태어났다면 그 운명은 사뭇 달라졌을 것이라는 점을 강조하고 있는 시조이다.

– 정형을 완벽하게 지킨 시조이다.

– 인생의 인연을 강조하고 있다.

– 염주라는 단어를 쓴 것으로 보아 독실한 불교 신자일 것이라는 추측을 갖게 한다.

– '목이 긴 비구니' 라는 어휘에서 아름다움을 은연중에 나타내고 있다.

– 문장 전체가 매끄럽고 시사성이 있다.

– '이슬' 의 순결, 순수성과 스님과 염주 알로 잘 조화를 이루고 있다.

예문 4)

헌농/김영애

부러진 골격마다 녹이 슨 몸이 되어
허름한 담벼락에 눈을 감고 기댄 장롱
불현 듯 손꼽아보는 나의 생년 아찔하다

어느 님 한 평생을 말없이 포개 안고
절면서 가는 걸음 멈추게 누가 했나
저무는 하늘 한 자락 낡은 농에 내린다.

종점을 어림잡는 힘없는 어깨위로
일궈둔 애환들이 폈다가 스러져도
고난을 넘어 온 기억 남은시간 데운다.

– 어떤 여성이던지 시집올 때 해온 장롱을 내다 버릴 때 느끼는 감회는 남다를 것이다. 평생을 자기와 함께 해준 그 농과 이별해야 하는 느낌을 잘 전달해 준 시조다.

– 종장 '종점을 어림잡는' 이라는 시적 표현이 큰 느낌으로 다가온다.

시조의 형식도 잘 지킨 시조이다.

예문 5)

소나기로 주시는/***

때론 벌주시는 것도/ 참 인간적이신 하늘
놀고먹는 자들을/ 일렬횡대로 불러 모아
잘 달군 아스팔트길에/ 선착순을 시킨다.

– 초장은 음수가 2.6.6.2 이 되어 시조의 틀을 많이 벗어나 있다.
– 중장 후구도 5.4가 되어 안 맞는다.

요점 정리

- 음풍농월조의 시조는 현대 시조가 아니다.
- 작가의 하고 싶은 말을 분명히 전달하게 된다.
- 체험을 통한 작가의 사상과 철학이 배어 있어야 한다.
- 독자에게 여운을 남기는 시조를 쓴다.

(2) 상징

추상적인 사실이나 생각, 느낌 따위를 대표성을 띤 기호나 구체적인 사물로 나타내는 일.

예) • 비너스–미(美), 학–장수, 연꽃–불교, 흰 색–평화
대한민국 축구– 붉은 악마, 광고–자본주의의 꽃
• 삶의 경험으로부터 형성된 것 : 십자가 – 기독교,
비둘기 – 평화, 칼 또는 총 – 힘, 무력
군화 – 군대의 힘 또는 군대 문화

예문 1)

목격1/김광수

칼날보다 서슬 푸른
바람이 웅웅대는

스산한 골목에서 의지할 지주도 없이

풍화한
영예를 안고 전봇대가 기울고 있다.

밟고 선 잡초들이
몸서리 치던 그날

권능줄에 향유하던 철새들은 지금 어디

허허한
빈터에 홀로 전봇대가 기울고 있다.

– 상징성 찾기 :
바람 : 민심
풍화한 영예 : 실권 없는 권력 또는 관직
잡초 : 서민, 기층민
전봇대가 기울다 : 중심, 허탈, 정권이 기울다.
권능줄 : 권력에 붙어사는
철새 : 제 이익만 찾아 변절을 하는 기회주의자

예문 2)

초승달/김사균

깎아서 버린 손톱
푸르게 날이 섰다.

작살로 역사를 잡던
서녘 하늘 썰고 있다.

사초(史草)를
고쳐 쓰는 아픔에
저리도 패인가슴

– 푸르게 날이 서다, 작살, 역사를 잡다, 사초, 패인가슴은?

– 비유와 상징의 차이 –

비유의 예 : 목화송이 같은 눈, 장미 같은 여자 등에서 이들은 상호 공통점이 있다. 목화송이 하얗다, 부드러운 느낌이 눈(雪)을 연상케 하고, 장미와 여자는 '아름답다' 라는 공통점이 있는 반면, 상징의 예를 보면 '님의 침묵–한용운' 에서 '님' 은 연인이나 조국에 한정 되지 않고 여러 의미로 해석 될 수 있다.

또 모래성–허무, 비둘기–평화, 해–희망, 밤–절망, 까마귀–불길한 징조, 아침 까치–반가운 소식 등은 상호 공통점이 없지만 그런 의미로 사용된다.

'개' 라는 말을 예로 들어 보면

'개살구. 개떡' 은 질이 떨어짐을, '개꿈, 개죽음' 은 헛된 일이나 쓸데없는 일을, '개판, 개망신' 은 엉망진창이나 정도가 심할 때를 표현 하는 비유의 말들이지만 '상가 집 개' 라고 하면 전혀 다른 의미의 글이 된다. 즉 상징성이 있는 말이 된다.

공통점이나 유사성이 있느냐 없느냐를 가지고 비유나 상징이냐를 따져보면 된다.

비유의 실무 다루기☞

- 전하지 못한 말은 잔속에 출렁이고 → 가라앉고 (다른 느낌)
- 단어를 찾지 못해 → 할 말을 찾지 못해 (단어를 말로 순화)
- 진실한 세상이 → 참 세상이(순화)
- 길 위로 치달아 온 역마살을 → 굽이굽이
- 수시로 달라진 정경 → 번번이 바뀐 모습 (수시를 번번이로 순화)
- 초점을 잃어버린 눈에 고여 있는 바닷물 → 초점 잃은 동공에 고여 있는 동해 물빛(서술식 표현을 시적 표현으로 바꿔 봄)
- 삶과 사랑이 어울려 흘러온 세월 → 지는 잎 피는 꽃을 거듭 보는 세월속에(서술식 표현을 시적 표현으로)
- 애환이 점철되고 → 애환이 칭칭 감겨(순화)
- 계절의 경계선에 낯선 새들이 날고 → 계절의 경계에서 가는 봄이 아쉬운지
- 도심 속 빼꾸기 울음 가는 봄이 아쉬운지
  → 빌딩 숲 빼꾸기 울음 애절한 어느 봄날
- 햇살 받으며 → 햇살을 받아
- 두 손을 깍지 끼고 → 정과 정을 깍지 끼고
- 그대를 기다리며 비운 넓은 공간에
  → 그대를 기다리다 지쳐서 비워냈나
- 온 세상 한 바퀴를 쉼 없이 돌아와서
  → 둥글고 모난 세상 쉼 없이 돌아 와도
- 사흘 뒤 이 밤에는 다시금 찾아온다
  → 사흘 뒤 밤 깊으면 다시 온다 하시던 말

• 창문을 두들기는 바람 → 창문만 덜커덩 거린다, 가슴시린 깊은 밤

• 해종일 뻐꾸기 울음 창밖에서 들린다.

→ 해종일 뻐꾸기 울음 창밖에 와 떨어진다.

• 천지를 진동 인다. → 하늘 땅 들썩인다.

• 긴 하루 부여잡고 → 긴 하루 사려놓고

• 낚시에 매어달려 → 낚시에 잘 못 걸려

• 쉬어가던 새들도 → 반김에 재잘대던 새들은 어디갔나

• 노을 녘 언덕에 앉아 → 해지는 언덕에 앉아

• 바닷물 출렁이다 썰물 뒤끝 내민 등짝 → 밀려와 출렁이다

• 다향을 입에 물고 → 차향을 손에 들고

• 바닷물에 얼굴 씻고 섬하나 우뚝 설 쯤

→ 짠물에 얼굴 씻고

• 밤에는 달빛이 와서 → 밤에는 달이 와서

요점 정리

- 비유는 시조의 생명이다.
- 비유는 참신하고 적절해야 하며 억지비유는 하지 않는다.
- 비유는 형상화를 통하여 만들어 낸다.
- 낯설게 하기를 한다.

(3) 이미지와 이미저리, 알레고리

**이미지(image) : 어떤 사물에 대하여 떠오르는 직관적 인상 즉, 대상에 대한 지각, 기억, 상상 느낌 등이 마음속에 떠오르는 것.

보고(시각) 듣고(청각) 냄새 맡고(후각) 맛보고(미각) 느끼고(촉각) 등 5감을 통하여 만들어지는 감각적 영상을 말한다.

이러한 오감 중 어느 한 감각을 다른 감각으로 바꾸어 복합적인 이미지를 떠올리게 하는 것을 공감각적 이미지라 한다.

예) • 파도는 갈퀴를 세우고 – 시각

• 강낭콩보다도 더 푸른 물결 위에(변영로의 논개) –시각
• 그녀가 말을 하면 꽃 냄새가 난다. – 후각
• 지금 눈 내리고 매화향기 홀로 가득하니(이육사의 광야) – 후각
• 개울물이 종알거리며 흘러간다. – 청각
• 보리피리 불며 놀던 내 고향 뒷동산 –청각
• 첫 키스는 너무나 달콤했다 – 미각
• 봄나물에 참기름 넣은 비빔밥 – 미각
• 그녀의 피부는 비단보다 부드럽다. – 촉각
• 살진 젖가슴 같은 부드러운 이 흙을(이상화의 빼앗긴 들에도 봄은 오는가.) – 촉각
• 분수처럼 흩어지는 푸른 종소리(김광균의 〈외인촌〉) – 공감적 이미지(시각 청각)

① 고시조 예문

까마귀 싸호는 골에 백로야 가지마라
셩낸 가마귀 흰 빗츨 새올 셰라
청강에 잇것 시슨 몸을 더러일까 하노라

〈정몽주 어머니/청구영언진본〉

– 당파싸움의 이미지를 떠올린다. 시각, 촉각

② 현대시조

봄이 오는 소리/허둘순

잔설을 비웃듯이 빛살이 속삭이네
풀꽃이 꿈틀이며 새 움의 귀띔소리
동장군 치마 속에서 봄을 낳는 진통소리

– 시각 청각적 이미지

이미저리(imagery) : 육체적인 감각이나 마음속에서 생성되어 언어로 표출되 는 이미지의 통합체 즉 이미지 군(群)을 말한다.

예) • 분수처럼 흩어지는 푸른 종소리(김광균의 외인촌) : 시각, 청각

'종소리'는 청각인데 이 청각의 색깔을 '푸르다'(시각)라고 하여 청각적 이미지와 시각적 이미지를 결합시킨 형태이다.

• 그 음악을 들으면 포근한 함박눈 오는 느낌을 받는다. 청각, 촉각, 시각 "들으면"은 청각인데' '포근한(촉각)' '함박눈(시각)'을 결합시킨 형태이다.

① 고시조 예문

산촌에 밤이 드니 먼 듸 개 즈져온다
시비(柴扉)를 열고 보니 하늘이 차고 달이로다
저 개야 공산(空山) 잠든 달을 즈져무삼 하리요.

〈천 금/청구영언六堂本〉

– 청각 시각적 이미저리

② 현대시조

초생달/김강호

그리움 문턱쯤에
고개를 내밀고서

뒤척이는 나를 보자
흠칫 놀라 돌아서네

눈물을
다 쏟아내고
눈썹만 남은 내 사랑.

– 시각 촉각적 이미저리

③ 현대시조

소리를 입다/김석이
(2수 중 둘째 수)

나무는 흙의 얼굴 길 끝에 서서 본다.
크고 작은 잎사귀 한 몸으로 창을 내고
흙에서 돋아난 음성 소리가 짙푸르다.

– 시각 청각 촉각적 이미저리

**알레고리(Allegory) : 추상적인 내용을 구체적인 대상으로 표현하는 비유법이다. 은유는 하나의 단어나 한 문장과 같은 작은 단위에서 표현되는 기법이고 알레고리는 이야기 전체가 하나의 은유로 관철되어 있는 비유법이다. 예를 들면 이솝우화 같은 각종 우화가 이에 해당한다. 인간의 욕심, 나태, 어리석음, 교만함 등 교훈적 내용이 주를 이룬다.

① 고시조 예문

굼벵이 매암이 되어 나래 도쳐 나라올라
노프나 노픈 남게 소릐는 죠커니와
그 위희 거믜줄 이시니 그를 조심 하여라

〈미 상/청구영언진본〉

– 권력 겸손

② 현대시조

a.

파리의 애환/성낙수

파리가 밥상 앞에 앉아서 무릎 꿇고
제발 좀 밥 먹을 땐 벼락 좀 치지마소
허기진 배를 붙잡고 손을 싹싹 빈다.

그럴까 말까를 곰곰이 생각하다
하는 짓 보고나서 대답을 주겠다고
눈치를 채지 못하게 채를 높이 들었다.

보고도 모르는 척 먹는 꼴 지켜보니
자신을 망각하고 탐내는 남의 밥상
그 버릇 타고난 천성 내려치는 핵폭탄.

– 인간의 탐욕, 즉 제 죽을 줄 모르고 재물에 눈먼 사람들에게 하고픈 경고를 파리를 통하여 하고 있다.

b.

접동새/김소월

접동
접동
아우래비 접동

진두강 가람가에 살던 누나는
진두강 앞 마을에
와서 웁니다.

옛날, 우리 나라
먼 뒤쪽의
진두강 가람가에 살던 누나는
의붓어미 시샘에 죽었습니다.

누나라고 불러 보랴
오오 불설워
시샘에 몸이 죽은 우리 누나는
죽어서 접동새가 되었습니다.

아홉이나 남아 되는 오랍 동생을
죽어서도 못잊어 차마 못 잊어
야삼경 남 다 자는 밤이 깊으면
이 산 저 산 옮아가며 슬피 웁니다.

(4) 반어(反語)와 역설(逆說)법(oxymoron; 모순 어법)

(1) **반어법** : 표현하려는 원래의 뜻과 반대되는 말로 표현하는 수사법, 다시 말해 거꾸로 말하기.

예를 들면 예쁜 사람에게 '아휴, 미워죽겠네'(실제는 밉지 않고 예쁘다는 표현)

예) 유치환 시인의 〈깃발〉·· "소리 없는 아우성"
김영랑 시인의 〈모란이 피기까지〉·· "찬란한 슬픔의 봄"
"일본은 먼 나라"····· 지리적으로는 가깝지만 정서적으로 멀다.
김소월 시인의〈진달래꽃〉·· "사뿐히 즈려밟고 가시옵소서"

① 고시조 예문

발가벗은 아이들이 거미줄 테를 들고 개천으로 왕래하며
발가숭아 발가숭아 저리가면 죽느니라 이리오면 사나니라
부로나니 벌가숭이로다
아마도 세상일이 다 이러한가 하노라

〈이정신/청구영언 육당본〉

– '이리오면 사나니라'는 반어법이다. 사는 게 아니라 잡히는 것이고 잡히면 죽는 것이다.

② 현대시조 예문

피에타/김홍열

무릎에 고이 잠든
찬란한 슬픔이여!

숨 막히는 침묵으로
못 자국 바라보는

애절한
어머니 눈빛 뼈저리게 거룩하다.

(2) 역설법 : 어떤 진리를 이치에 어긋나거나 모순된 말을 통하여 표현 하는 수사법으로 논리적으로는 통하지 않으나 깊이 생각해 보면 심오한 진리를 내포한다. '작은 거인', '다 아는 비밀'과 같은 표현이다.

예) 김소월〈진달래 꽃〉; "죽어도 아니 눈물 흘리오리다."
한용운〈님의 침묵〉; "님은 갔으나 나는 님을 보내지 아니했습니다."

조지훈〈승무〉; "두 볼에 흐르는 빛이 정작으로 고와서 서러워라"

위의 예문 시조 〈피에타〉에서 '찬란한 슬픔'은 반어법이고 '숨막히는 침묵으로'는 역설법이다.

① 고시조 예문)

북천이 맑다커늘 우장 업시 길을 나니
산에는 눈이 오고 들에는 찬비로다.
오늘은 찬비 마자시니 어러잘까 하노라

〈임 제/해동가요 朴氏本〉

여기서 "찬비"는 사랑하는 기생 "한우"를 비유한 것이며 이 "한우"를 "찰한 (寒) 비우 (雨)"로 비유하여 지은 시조임. 따라서 "찬비를 맞았으니"는 "한우"를 맞이했다는 의미이고, "얼어 잘까"는 "뜨겁게"자고 싶다는 표현을 역설적으로 한 것

② 현대시조 예문)

A. **풍경**/김제현

뎅그렁 바람따라
풍경이 웁니다.

그것은, 우리가 들을 수 있는 소리일 뿐

아무도 그 마음 속 깊은
적막을 알지 못합니다.

만등(卍燈)이 꺼진 자리에
풍경이 웁니다.

비어서 오히려 넘치는 무상(無上)의 별빛

아, 쇠도 혼자서 우는
아픔이 있나 봅니다.

– 둘째 수 중장에서 역설법을 사용한 예이다. '비어서 오히려 넘치는 무상의 별빛' 첫수 초장 후구에 "풍경이 웁니다." 둘 째 수 초장에 역시 "풍경이 웁니다."로 동일한 구를 만들어 운율을 맞추고 있다. 이 밖에도 "웁니다", "합니다", "봅니다"처럼 "~ 니다"를 반복하여 운율의 효과를 더하고 있다.

B. **여백**/유성규

날 새도록 울음 끝이 아직도 남았는가
둥그렇게 돌고 있는 가을 이파리
인생은 아름다워라 슬퍼서 아름다워라

실없이 외롭거나 허기진 사랑 앞에
목이 꺾인 억새풀 물가로 기울었다
인생은
아름다워라 아파서 아름다워라

– '슬퍼서 아름다워라', '아파서 아름다워라' 등이 역설적이다.

4) 낯설게 하기(Defamirilzation)의 새로운 시도

(1) 내적인 시도

가) 언어 조탁(彫琢)과 기교

시조에 있어 낯설게 하기란 시의 낯설게 하기와 같다.

우리에게 이미 친숙해 있거나 일상화된 사물의 관념을 특수한 방법으로 새로운 느낌이 들도록 하는 것으로 러시아의 형식주의자들에 의해 전개된 문학 비평 운동이다. 일상 언어를 뒤틀거나 새롭게 결합시켜 이전과는 다른 문학의 예술성을 추구하는 방식이라 하겠다. 형식주의는 1910년 중반에서 1920년 말에 걸쳐 러시아에서 일어난 문학비평운동으로 야콥슨, 슈클로프스키, 브룩스, 오포야즈와 같은 학자들이 주창한 새로운 운동이다.

야콥슨은 "시란 일상 언어에 가해진 조직적 폭력"이라고도 하였으며 "문학작품답게" 만들어야 한다고 주장한다.

대표적인 학자로는 슈클로프스키를 들 수 있는데 그는 우리가 이미 경험으로부터 습득한 감정을 새롭게 하고 습관적인 것에 대립적 언어를 사용하라고 한다. 시조에 있어서도 이처럼 낯설게 하기를 하려면 비유법, 운율, 어휘의 선택, 소리, 통사구조, 파괴 등을 고려하여 할 것이다.

움베르토 에코는 "언어로 짠 문장의 기성제품을 전복시켜 낯설게 하기의 효과를 유발시켜야 한다."고 말한다. 이미 경험으로부터 습득한 습관적 행동 프레임을 바꾸는 것인데 시조를 씀에 있어 유의할 점은 묘사되는 낱말이 현실을 제시하기에 충분해야 한다는 것이다.

예를 들면 〈침대〉 라는 낱말이 주는 의미는 무엇 일까?

'생(生)과 사(死) 즉 삶과 죽음' 을 나타낼 수도 있고 편안한 '잠자리' 를 의미 할 수도 있다. 인간은 침대에서 태어나 침대 위에서 잠자고 마지막 생을 마감할 때도 침대에 누워 옷을 갈아입는다. 그래서 어떤 시인이 "나의 침대"라는 표현을 했을 때 독자는 각자의 입장에서 여러 가지로 의미를 부여하여 기성제품(침대 = 사람이 누워 잘 수 있게 만든 기구: 사전적 의미)이라는 문장을 뒤집어 놓고 있는 것이다.

김동명이 쓴 시 〈파초〉 하면 생각나는 문장이 "남국을 향한 불타는 향수"이다. 이 문장은 이미 우리가 습관적으로 받아들이고 있는 행동 프레임에 갇혀 있다고 볼 수도 있다. 그래서 "나는 꿈꾸는 파초다"라고 했다면 '향수에 젖어 있다' 는 의미를 내포하고 있는 것이다.

집(건물)의 구조는 외형상으로는 비슷하나 그 내부는 그 집에서 사는 사람의 취향에 따라 얼마든지 바꿀 수 있다. 우리는 종종 매너리즘(mannerism)에 빠져 있다는 말을 쓰는데 시조를 씀에 있어서도 표현 기법이 늘 같거나 비슷한 방식으로 되풀이 되어 신선미(新鮮美)나 개성 없는 작품을 쓰는데 익숙해져 있는지도 모른다. 외형은 시조라는 틀의 구조를 벗어 날 수 없지만 내용은 위와 같은 방법을 통하여 낯설게 하기를 시도해야 한다. 즉 엘랑비탈(ēlanvitall)이 이루어져야 한다.

새로운 낱말을 만들어 내는 게 아니라 언어 구조의 틀을 새롭게 짜서 독자로 하여금 사물을 새로운 시각에서 보도록 하는 창조적 진화가 생겨야한다. 관념적 언어에서 군살을 빼내야 한다.

자화상/서정주

애비는 종이었다. 밤이 깊어도 오지 않았다.
파뿌리같이 늙은 할머니와 대추 꽃이 한 주 서 있을 뿐이었다.
어매는 달을 두고 풋살구가 꼭 하나만 먹고 싶다고 하였으나
흙으로 바람벽한 호롱불 밑에
손톱이 까만 에미의 아들
갑오년(甲午年)이라든가 바다에 나가서는 돌아오지 않는다 하는
외할아버지의 숱 많은 머리털과
그 커다란 눈이 나는 닮았다고 한다.

스물세 해 동안 나를 키운 건 팔할(八割)이 바람이었다.
세상은 가도 가도 부끄럽기만 하드라.
어떤 이는 내 눈에서 죄인(罪人)을 읽고 가고

어떤 이는 내입에서 천치(天痴)를 읽고 가나

찬란히 틔워오는 어느 아침에도
이마위에 얹힌 시(詩)의 이슬에는
몇 방울의 피가 언제나 섞여 있어
볕이거나 그늘이거나 혓바닥 늘어뜨린
병든 수캐마냥 헐떡거리며 나는 왔다.

* 애비는 종이었다. → 별 볼일 없는 출생을 비유
어매는 달을 두고 → 해산을 앞두고
손톱이 까만 에미의 아들 → 가난한 출생을 비유
갑오년 → 동학혁명이 일어난 해
외할아버지~닮았다 → 동학혁명에 가담한 할아버지의 저항적 기질
팔 할이 바람이었다. → 시련과 고통으로 방황하던 지난 시절
죄인을 읽고 가고 ~ 천지를 읽고 가나 → 출생, 성장과정의 힘든 삶
시의 이슬에는 → 피나도록 시 창작에 쏟는 정열
병든 수캐 → 자아를 형상화 한 것
헐떡거리며 → 창작의 길을 힘들게 살아온 것을 나타냄

위 시는 시조가 아니고 자유시이지만 이 '자화상'을 읽으면서 그 표현이 상당이 낯설다는 느낌을 받게 된다. 즉 그 이전의 표현들과는 달리 참신한, 새로운 느낌을 준다. 그것은 은유나 환유에서 보여주는 원관념과 보조관념의 엉뚱한 결합이 보여주는 낯설게 하기의 수법 때문이다. 특히 "시의 이슬에는 몇 방울의 피가 언제나 섞여

있어" 라는 표현이 낯설게 하기가 잘 된 부분이다. 솔직히 무슨 말인지 이해하기 어려울 정도이다. 시조는 물론 자유시처럼 길지 않고 형식에 매여 있어 어려움은 있겠으나 반대로 생각하면 제한된 틀 속에서 몇 개의 낱말의 조합을 낯설게 함으로서 그 효과를 충분히 발휘 할 수 있다고 생각한다.

형식론자들이 말하는 형식의 파괴는 형식의 틀을 깨고 새로운 틀을 짜는 것이지만 시조에 있어서는 틀은 놔두고 내용을 새롭게 뜯어고치는 것이다. 즉 상투적인 표현을 하지 않음으로서 낯설게 하기를 하는 것이다. 그러나 요즘 시조시인들은 낯설게 하기라는 명분을 내세워 형식의 파괴(음수율)는 물론 이상한 행갈이, 이상한 은어나 속어뿐 아니라 알 수 없는 기호의 도입은 물론 외래어와 한글까지 뒤섞어 혼혈아로 만드는 경향까지 나타나고 있다. 이런 형식의 파괴는 자유시에서는 가능한 일이지만 시조에 있어서는 내용의 파괴 즉 비유의 파괴와 언어 조립으로 낯설게 하기를 시도해야 할 것이다.

고시조 예문)

한 손에 막대 잡고 또 한 손에 가싀 쥐고
늙는 길 가싀로 막고 오는 백발 막대로 치려터니
백발이 제 몬져 알고 즈럼길노 오더라.

〈우 탁/청구영언 六堂本〉

현대시조 예문)

a. **독거**/박권숙

설달그믐 넘지 못해
숨이 찬 밤이 있다.

바람 다 솔가해 간
빈 가슴 노송 한 주

옹이진
먼 기억마다
홀로 켜둔 푸른 외등

– 비유, 언어 조립 등으로 낯설기를 한 작품이다.
(숨이 찬 밤, 노송 한 주, 푸른 외등)

b. **바다와 신발**/김연동

무심한 철새들이 가로질러 가는 바다

무심을 건져 올리고픈 절정의 이마 끝

바람이 스칠 때마다

굽이 닳는 신발짝

– '절정의 이마 끝', '바람이 스칠 때마다 굽이 닳는 신발짝' 등의 표현 기법을 들여와 낯설기를 하였다.(절정의 이마 끝, 바람이 스치다, 굽이 닳는 신발)

c. **거울아, 거울아**/최은희

내 귓불은 비바람에 시달린 돌이던가

내 콧등은 장작불에 그을린 풀뿌린가

외딴집
툇마루 끝인 양
늘 뒤틀리고 삐걱댄다.

설익은 헤어짐에 뎅그런 내 가슴은

기우고 빗대어도 허기로운 내 속살은

아마존
정글 숲인 양
늘 더듬으며 헛디딘다.

– 거울은 외모를 비추는 거울이지만 여기서는 자화상이다.

– 첫 수 초장은 귀를 돌에 비유했는데 감감이 무디어졌다는 의미이고 중장은 뿌리가 불에 그슬렸으니 새싹도, 꽃도 피우지 못하는 감정의 메마름을 표현 한 것으로 누구도 찾아와 주지 않는 외딴집의 툇마루 끝이니 얼마나 고독하며 삭막한 심정을 들어 낸 것인가?

d. **월포리 산조(月浦里 散調)**/유재영

녹슨 배경하나 비스듬히 버려졌고
그날 밤 빈 배 두엇 저음으로 가라앉는
바다는 4악장쯤서 가로 접혀 있었어.

하얀 뼈로 떠오르는 달이며 늙은 구름
누군가가 가만히 해안선을 끌고 와서
먼 기억 풍금소리를 꺼내 들고 있었어.

– 언어의 조립과 상상력을 동원하여 낯설기를 하였다.
– 시각적 청각적 이미지를 나타냈다.

고시조에서도 낯설게 한 시조를 볼 수 있다.

동짓달 기나긴 밤을 한 허리를 버혀내어
춘풍 니블 아레 서리서리 너헛다가
어른님 오신날 밤이여든 구뷔구뷔 펴리라

〈황진이/청구영언진본〉

– 촉각적 이미지를 나타냈다.

위의 예문과는 반대로 늘 쓰여 온(일상적 언어) 시조의 예를 본다.

예문 1)

우정/***

칠흑같이 어두운 밤 등불 켜서 밝힌 사랑
바라보며 걸어 온 돌아돌아 두터운 정
바다가 육지가 된들 우리 우정 변할 손가.

– 밑줄 친 부분이 일반적인 표현이다.

슈클로프스키는 낯설게 하기를 하기 위해서
첫째 순수하게 자신의 경험으로부터 찾아낼 것
둘째 비일상적 시각으로 바라볼 것
셋째 현미경적 시각으로 관찰할 것
넷째 인습적 인과관계를 벗어나 역전적인 발견을 할 것
다섯째 낯선 대상과 병치함으로써 낯선 인상을 줄 것 등등을 주문하고 있다.

피카소의 그림을 예로 들면,
피카소 하면 떠오르는 게 그의 이름이다. 풀 네임은 평시조 한수의 글자 수보다도 한참 더 길다. 총 70자나 되는 긴 이름을 갖고 있다. 긴 이름 못지않게 그림도 특이하다. 입체파의 거장이라 일컬어지는 그의 그림은 난해하다.

낯설기 그지없다. 하지만 그의 화풍은 미술의 역사를 바꾸어 놓았다. 이런 피카소의 그림이 미술 역사를 새로 장식하듯 시조(시)에 있어서도 과거의 인습에서 벗어나 이처럼 낯설게 하기를 해야 한다. 슈클로프스키가 말하고 있는 첫 번째가 바로 경험으로부터라는 말이다. 경험에서 얻어진 사실에 낯설게 하기의 옷을 입혀 내놓으라는 이야기다.

낯설게 하기 표현의 예를 들면 다음과 같은 표현들이다.

• 가난한 삶 → 손톱이 까만 에미
• 〈등산로〉 푸른 숲 헤쳐 오는 황구렁이 한 마리
• 〈골무〉 흔적으로 앉은 나비
• 〈독거노인〉 고뿔걸린 그믐달
• 〈겨울나무〉 잘 발려먹은 생선 가시
• 〈포장마차〉 애환을 파는 술집
• 길가에 풀꽃이 활짝피다 → 길가에 풀꽃이 까르르 웃는다.
• 처마 끝에 풍경소리 → 처마 끝에 독경소리
• 〈거미줄〉 투명한 사기
• 치킨을 시켜먹다 → 뱃속으로 들어온 닭 한 마리
• 은하수 → 천국의 불꽃놀이

어떤 예술이든지 우리가 그것을 보면서 가슴에 전해오는, 가슴 떨리는 진한 감동이 느껴질 때 우리는 '감동받았어.' 라고 말한다.

이것은 과거에 경험해 보지 못했던 욕구를 채워 줬다는 만족의 표시이다.

낯설게 하기를 하는 것은 새로움에 대한 갈증 때문이다. 이 갈증 때문에 우리는 의식의 전환을 하게 되는 것이 아닐까.

낯설게 하기로 미학적 장치를 잘 할수록 김봉군 교수가 말한 "소통의 지연"은 더 심화 된다고 할 수 있다.

요점 정리

- 이미 우리 일상생활화 된 시어를 지양하고
- 시어 자체를 새로 구성한다. 거미줄 치듯이
- 사물을 새로운 각도에서 바라본다.
- 과거 자신의 경험의 바탕위에서 진화를 거듭한다.

(2) 외적인 시도

가) 문자, 기호, 수식, 외래어 사용

시대의 변천에 따라 시조도 변해야 생존이 가능한 것인가?

본 항목에서 예로 든 여러 시조들은 형식의 의도적 파괴 또는 무시가 아니라 새로운 시도를 한 것으로 볼 수는 있다. 하지만 시조는 우리의 고유한 전통문학이므로 꼭 필요한 경우에만 외래어를 써야 하며 한문이나 고어 등은 현대어로 순화하거나 쉽게 풀어 써야 한다. 만부득이 외래어를 그대로 써야 할 경우에는 외래어 표기법을 따라 정확을 기해야 한다. 또 자기만 아는 기호나 암호 같은 문자는 피해야 한다. 그 이유는 대중성을 상실하기 때문이다. 행갈이를 할 때에도 맘대로 미적 창출이라 생각하며 아무렇게나 하면 안 된다. 행갈이에도 원칙은 있는 것이다. 고시조에서 평시조는 한 행으로 되어 있으나, 현재는 초, 중, 종 3행으로 배열하는 것이 일반화 되어 있다. 그러나 특별히 강조를 하고 싶을 때, 운율을 보다 더 효과적으로 만들기 위해서, 시각적 효과를 누리기 위해서 작가가 임으로 배행을 하는 경우도 종종 볼 수 있다. 특히 유의할 점은, 그림을 그리듯 행갈이를 하면 새로운 관심은 생길지 모르나 반대로 운율의 효과가 감소한다. 반대로 행갈이를 하지 않고 붙여 쓰게 되어도 휴지가 어려워 이 역시 운율 효과가 감소한다.

시조를 쓰는 이유 중 하나가 작품을 읽은 독자로부터 공감대를 끌어내기 위함인데 그렇지 못 하다면 이와 같은 효과는 거둘 수 없게 된다는 점을 유의할 필요가 있다. 말하자면 톨스토이의 예술감염설

을 염두에 두지 않을 수 없다.[4)]

(1) 문자 표시의 예

예문 1)

위궤양/***

밀어 삼킨ㄱㅗㅅㅣㄱ(孤食) 낱알의 음절들이
위(胃) 점막 헤뒤집고 둥지 튼 옹이마다
낭자한 적막 들치는 한숨소리 벌겋다.

–ㄱㅗㅅㅣㄱ은 음소(낱소리)이다. 음절이 되려면 자음과 모음 낱소리가 모여야 되고 의미를 갖게 되는 낱말은 자립성과 분리성을 가진 말의 최소 단위이다. '나는 학교에 간다'라고 했을 때 '나' '는' '학교' '에' '간다'가 이에 해당한다. 위글에서 보인 'ㄱㅗㅅㅣㄱ' 은 낱말이 아니므로 자음과 모음의 이름인 '기역' '오' '시옷' '이' '기역'으로 읽어야 하기 때문에 8개의 음절이 된다. 따라서 이 같이 쓰면 음수, 마디, 율격이 모두 안 맞게 된다. 즉 호흡이 끊어져 운율이 생기지 않는다.

고식(孤食)은 '혼자 외롭게 먹는다'는 의미로 풀어 쓴 것 같은데

---

4) 〈문학은 끝나는가〉 P. 165, 유종호 저, 세창출판사.
예술감염설 : 이전에 경험한 바 있는 감정을 스스로에게 환기시키고 타인도 똑같은 감정을 경험할 수 있도록 이 감정을 전달하는 것, 그리하여 타인들이 이 감정에 감염(感染)되고 그것을 경험하도록 하는 것, 바로 이점에 예술활동이 성립된다는 이론.

정상적이지도 예술적이지도 않다. 새로운 시도를 하더라도 정형의 틀 안에서 해야 한다.

– '헤뒤집고'는 '헤집고'로 해야 맞다.

예문 2)

귀로 쓴 시/***

햇살의 고요 속에선
ㅉㅉㅉ, 소리가 나고

바람은 쥐가 쏠 듯
ㅅㅅㅅ, 문틈을 넘고

후두엽 외진 간이역
녹슨 기차 바퀴 소리

– 이 시조 역시 ㅉ과 ㅅ으로 시각과 청각적 효과를 거두려고 했으나 읽을 때 어떻게 읽어야 할지 난처하게 된다. 햇살이 쨍쨍 내려 쬐기는 하지만 이 때 "쨍쨍"은 모양을 나타내는 부사로 시각적 효과를, "목소리가 쨍쨍하다"에서 "쨍쨍"은 소리를 나타내는 부사로 청각적 이미지를 가져 올 수 있다. 그런데 초장에서 "ㅉㅉㅉ, 소리가 난다"고 했다. 고요 속에서 듣는 상상의 햇살이 내려오는 소리일지도 모른다. 그리고 종장이 명사형으로 끝난 형태로 종결어미가 없다.

시각적 또는 청각적 이미지는 살렸을지 모르나 운율은 사라지게 된다.

이 시조를 보는 순간 요즘 젊은이들 사이에서 채팅이나 카톡을 하면서 우리의 정상적인 문자 언어를 와해시키는 비예술적, 비정상적 표현과 너무나도 흡사함을 발견한다.

(2) 기호 부호 표시의 예

예문 1)

환전/***

메-!
메-께!
메-께라!
메-시께라!
메-께라!
메-께!
메-!
수화기 저편에서도 입술 끝에 묻은 소리

필시 그 소리는 사십구제 지내는
망장포구 휘파람새 울음 공양 같은 거
이 세상 선 뜻 못 뜨는 숨비소리 같은 거

누이야 오사카에 떠돌던 내 누이야
반도의 해안선도 저승길 한 귀퉁이도
수평선 바짝 당기면 끌려오지 않겠느냐

파도의 아가미에도 감탄사는 붙어 있다
가는 길 환전하라 엔화 몇 장 올려놓고
망상포 바다는 잠시 조아린 게 아니겠느냐.

– 4수로 된 연시조이다. 환전의 이미지를 찾기 위하여 4수 모두를 수록하여 보았다.

문제는 첫수가 과연 시조인가 아닌가 하는 것이다.

메–! 메–께! 메–께라! 메–시께라! 메–께라!
메–께 메–!
수화기 저편에서도 입술 끝에 묻은 소리

– 이렇게 옮겨 놓고 보니 형식에 어긋남이 확연히 드러난다.

사투리로 썼다. '메'를 찾아보니 '어마!'라는 제주도 사투리이고 '메께라'는

남의 말 또는 행동으로 놀라거나 기막힐 때를 나나내는 말이라고 한다.

지방어(사투리)로 쓴다고 안 되는 것은 아니지만 독자의 이해를 돕기 위해 주석을 달아 준다. 주석을 다는 것은 독자를 자기의 세계로 끌어들이는 결과를 가져온다.

이 시조 역시 운율도 맞추기 힘들 뿐 아니라 화자의 뜻도 전달하기 어렵다.

(3) 수식의 예

인생은 수식/***

언행이 가벼우면
가진 것도 미분되고

$$\frac{d^n r}{d^n t} \equiv 0$$

큰 사람은 모든 것을
차원 높게 적분하여

$$\iiint_t f(x,y,z)dxdydz \equiv Life$$

우리네 세상살이를
사랑으로 그린다.
♡ $= \cos 2\theta$

– 작가는 분명 어떤 의도를 가지고 이 같은 시조를 지었을 것이지만 일반 독자는 무슨 말인지 모르는 사람이 더 많을 것이란 생각이 든다.

– 그나마 장과 장 사이에 수식을 넣은 것이 다행이다. 수식을 무시하고 시조만 읽으면 형식은 갖춘 모양이 되지만 시어의 선택이 너무 딱딱하고 화자가 노린 시각적 효과가 빛을 잃게 된다.

(4) 외래어 표시의 예

예문 1)

전기밥솥 기(棄)/***

전기밥솥 고장이 나서 서비스 센터를 찾았네(4.5.6.3)
친절한 손놀림 뒤 참, 쌀쌀한 말이었네(3.4.1.3.4)
쉼 없이 뜨겁게 뱉던 한 생애가 만장이네.(3.5.4.4)

– '서비스 센터'를 '수리점' 같은 우리말로 순화하면 6자를 3자로 줄일 수 있다.
– '고장이 나서'에서 조사 '이'는 생략 가능하다.
– 중장 '참,'이란 어휘로 인하여 한 음절이 더 많아진 상태가 되어 운율이 어색하게 되었다. '친절한 손놀림 뒤✓ 참,✓ 쌀쌀한 말이었네'가 되어 한번만 휴지가 와야 하는데 '참' 다음에 쉼표를 찍어 휴지가 두 번이나 오게 된다.
정형의 틀에서 벗어난 시조이다.

위 시조 형식에 어긋나지 않도록 고쳐보면 다음과 같다.

전기밥솥 고장 나서 수리 점 찾았더니
능숙하게 손을 놀려 고치고 내뱉은 말
'쉼 없이 뜨겁게 살던 한 생애가 만장이네.'

– 수리하는 사람이 하는 말이라면 종장은 따옴표(‘ ’)처리를 해야 한다.

예문 2)

와이키키 해변에서/***

끝없는 지평선에
쪽빛 물 넘실대고

엉클어진 빌딩 숲
USA 나부끼네.

흙 백색 모인 인종들
축제의 분위기네.

수놓은 윈드서핑
재주도 잘 부리고

태양은 내리 쬐어
물속에 풍등풍덩

광활한 쇼 무대 보느라
정신 줄 놓을라.

– USA는 미국이다. 즉 나라이름이다. '나라가 나부낀다.'는 환유적 표현으로 볼 수는 있으나 갑자기 나라이름이 영어로 나와 생뚱맞기 그지없다. 그냥 '깃발이 나부낀다.' 든가 약간의 변화를 주는 표현을 했으면 좋을 것 같다. 제목을 보면 어느 나라인지 이미 알 수 있다.

– '윈드서핑'과 '쇼'라는 말은 우리말로 표현하기에 적당한 낱말이 없어 '윈드서핑' '쇼' 등과 같이 널리 쓰이고 있으므로 외래어 표기법에 따라 쓴 것은 무난하다. "흙 백색"은 '흑백 색'으로 써야 한다. '흑인'이지 '흙인'이 아니다.

– '흑백 색(黑白 色)모인 인종들'은 적절한 시어가 아니다. 존중받아야 할 사람을 비하한 모습으로 비친다.

(5) 혼합형

예문 1)

소한도(消寒圖)/최승범

그래 입동이거니
소설 대설 헤아리고
동지를 한 고개로
소한 대한 고비도 챙기고
99는
81이렸다
매화 꽃망울이나
그리자.

하루 한 송이씩
물감 풀어 놓아 가면
– if winter comes
can spring be for behind?
우리들
옛 할아버지께선
겻불도
쬐지 않는댔다.

비킬 것 없이
앞당길 것도 없이
옹송그릴 것도 없이
물감 풀어 놓아가면
99는
81이고 말고
입춘 활짝
피겠지.

이 시조는 작가 나름대로 엄청난 고뇌로 추리와 상상력을 동원하여 쓴 시조 같다. 의도적으로 이렇게 쓴 이유야 분명 있겠으나 우선 독자가 이 글을 접하는 순간 당황하게 되리라는 느낌을 받는다.

우선 숫자의 도입으로 일반인은 알기 어려운 암호 같기 때문이고 둘째는 문장 중간에 느닷없이 영문이 도입되었기 때문이다. 영어를 음보(foot)로 따져 보아도 맞지 않을 뿐 아니라 우리 시조의 틀을 깨고 있다. 영어를 모르는 독자를 무식하다고 하기 이전에 그들에 대한 배려를 해 주는 것도 작가의 몫이 아닐까 하는 생각을 갖게 한다. 아무리 본인의 생각이 깊고 의미하는 바가 크다 하더라도 독자가 이해를 못하는 시조는 그야말로 어색하게 느껴질 뿐이다. 물론 새로운 시도를 하는 〈실험 시〉라고 볼 수도 있겠으나 아무래도 개운치 않은 맛을 떨쳐버릴 수가 없다.

국제화시대를 맞이하여 시도해 볼만한 방법 중 하나인지는 모르나 시조의 정체성은 상실되고 만다고 생각한다.

김광수는〈운율의 매력을 찾아서〉에서 소한도(消寒圖)에 대하여 다음과 같이 설명하고 있다.

"고대 중국에서는 동지 이후 한중(寒中)의 기상을 그려놓고 그 해의 풍흉을 가늠해보는 그림으로서 구구도(九九圖)가 있었다. 아홉 사람이 번(番)을 정하여 만난 지 9일 째 되는 날마다 해당 번(番)의 집으로 가서 모임을 열었다. 동지 다음 날을 기산일로 하여 81째 되는 날까지이다. 이 모임에서 묵객들은 시회를 열고 그림도 그렸는데 이 모임을 소한회(消寒會)라고 하며 이들이 합작하여 그린 그림을 소한도(消寒圖)라고 한다. 하얀 꽃잎이 81개 달린 매화 가지를 그려놓고 하루에 한 잎씩 도색을 해 나가면 81일 째 모든 꽃잎이 칠해진다. 이런 의미를 생각하며 화자는 아홉 사람이 9일마다에서 99는 81이라고 표현하였다"

이런 내용을 모르는 독자는 이게 무슨 소린가 하고 납득을 하지 못할 것이다. 독자를 위해 주석을 달아주는 배려를 해야 한다.

– 이 시조를 정형의 틀에 넣어 본다.

소한도/***

그래 입동이거니 소설 대설 헤아리고(2.5.4.4)
동지를 한 고개로 소한 대한 고비도 챙기고(3.4.4.6)
99는 81이렸다 매화 꽃망울이나 그리자(3.6.7.3)

하루 한 송이씩 물감 풀어 놓아 가면(2.4.4.4)
–if winter comes (4)
can spring be for behind? (3.3)
우리들 옛 할아버지께선 겻불도 쬐지 않는 댔다(3.7.3.6)

비킬 것 없이 앞당길 것도 없이(2.3.3.4)
옹송그릴 것도 없이 물감 풀어 놓아 가면(4.4.4.4)
99는 81이고 말고 입춘 활짝 피겠지(3.7.4.3)

– 영문은 음보로, 숫자 "99"는 "구구"로, "81"은 "팔십일"로 글자 수를 계산하였다.

이렇게 놓고 보니 정격에는 어긋난다. 낯설게 하기는 새롭게 보이지만 영문은 우리말의 리듬과 음성체계가 다르므로 어떻게 읽느냐에 따라 음보가 달라진다.

둘 째수 종장 후구도 "겻불도/ 쬐지 않는댔다."가 정상적인 문장이므로 3.6이 되어 4≧4(3)에 어긋난다.

예문 2)

8자 풀이/***

가로로 자르면 'o.' 세로로 자르면 '3' (3.4.3.4)
눕혀 보면 그 '8.' 자, 무한대 '∞' 이 되니 (4.3.3.6)
그대여, 실망하지 말고 가능성에 도전하시라 (3.6.4.5)

타고난 사람 '8자' 가 'Zero' 라 탓을 말고 (3.5.3.4)
평생에 기회를 '3번' 이나 맞는다니 (3.3.4.4)
인생길 '∞' 앞세워서 무단이 도전하시라 (3.7.3.5)

– 어렵다. 자유시라도 내재율이 문제가 된다. 하물며 시조에서야 더 말할 필요가 있겠는가.

– 'o', '3', '8', '∞', 'Zero' 등을 다른 어휘로 비유했다면 어떨까

– ‘o’, ‘3’, ‘8’, ‘∞’ 등은 ‘영, 삼, 팔, 무한대’처럼 읽어야 하므로 첫 수 중장 후구는 ‘무한대, 무한대가 되니’로 읽어야 되므로 음수가 어긋난 시조가 된다. ‘무한대’가 된다는 표시라면 ‘무한대(∞)’처럼 표기해야 맞는다. 두 수 모두 규칙에 어긋난다.

예문 3)

미국보스턴과 아틀란틱시티/***

(둘째 수)

chirping chirping
볼수록 애교 만점

나누며 함께 살자
합창하며 춤을 춘다.

놔둬라
야생으로 살아가게
거룩한 하늘 말씀

– 초장이 영어로 되어 있다. 영어 음보로 따지면 (2.2) 이다. 말하자면 첫 수가 (3.4,3.4)가 아니라 (2.2,3.4)로 맞지 않는 율격이다.

chirp라는 단어를 사전에서 찾아보니

“울다, 지저귀다, 짹짹거리다” 정도의 소리동작을 나타내는 말이다.

– 초장 중장 종장의 연결성이 부족하고 제목과도 어울린다고 보기 어렵다.

예문 4)

부도옹 (不倒翁:오뚝이)/***

탁록啄鹿 10년 안타전
임란 7년 쑥대밭

'동북공정' "훅", 어허! 어허!...
'씨족공정' "훅" 어허이!...

이어도 "잽", 독도 "잽jap 잽jap"

"엎카드" "엎카드...", 허허 이 ...,

*1:hook, *2:jap, *3: uperguard

– 무슨 말인지 이해하기 어렵다.
– 독자를 배려하여 주석이라도 달았으면 하는 아쉬움이 있다.

예문 5)

뉴스속보/***

여객선 대참사에
국민은 <u>패닉상태</u>

학생들 무사하다
거짓은 분노 낳은

국민의 안전망 뚫린
대한민국 대망신

– 이 시조는 지난 2014년 4월 발생한 수학여행 가던 학생들의 참사를 보고 그 아픔을 시조로 엮은 것 같다. 그 아프고 슬픈 마음이야 자식을 두었건 안 두었건 간에 다 같을 것이다.

– 우선 '패닉상태' 등 외래어가 꼭 필요한지 생각해 볼 필요가 있다.

'혼절한다', '넋이 나간다, 얼이 빠진다, 황당하다' 등의 시어를 내버리고 '패닉'이라는 영어단어를 도입한 것이 외래어의 남용처럼 느껴진다. 차라리 패닉(panic)이라고 ( )에 영문 표기를 해주는 것이 맞는다고 본다.

그러나 「뉴스」라는 낱말은 이미 오래전부터 일상화 된 말이다. 오히려 '새 소식'이라 표현하면 이상하다. 이런 외래어는 영어로

News라고 쓰면 안 되지만 소리 나는 대로 '뉴스' 라고 쓰는 것은 무방하다고 본다.

– 주어부와 술어부, 종결어미가 있어야 분명해 진다.

– 중장 '거짓은 분노 낳은' 은 '거짓이 분노 낳은' 으로 주격조사 '은' 을 '이' 로 하는 것이 자연스럽다. 아니면 '거짓이 낳은 분노' 라는 표현이 더 적절하다고 본다.

– '대망신' 은 '대 망신, 또는 큰 망신' 으로 띄어 써야 한다.

– 종장 첫 수가 관형격 조사 '의' 를 사용하였다. 따라서 "국민의 안전망(6)"까지가 종장의 첫마디가 되므로 3자 불변의 원칙에 반하게 된다.

예문 6)

사회적 유전자/***

샤넬백을 든 여자에게 아줌마라 하지 않는다.
바바리를 입은 여자에게 아줌마라 하지 않는다.
여사님 혹은 사모님이라 그들은 불렀다.

– 샤넬백, 바바리 등 외래어가 사용되었으나 이 경우는 생산업체의 이름이나 생산자의 이름이 일반 명사의 용법을 획득한 경우에 해당한다. 호치키스, 스카치테이프, 미원, 봉고, 호빵 과 같은 말들이다. 우리말로 바꿀 수 없는 말이다. 이미 우리말처럼 일상화 된 외래어들이다.

– 샤넬백은 샤넬 백으로 띄어 써야하고(chanel bag)

– '여자에게 아줌마라 하지 않는다.' 라는 문장이 초장 중장에서 반복되었다.

– 종장 '혹은' 은 여사님과 사모님에 연결된 접속어이므로 첫 마디 3자가 아니라 10자로 시작 되었다. 따라서 시조로 보기 어렵다.

즉 "여사님/ 혹은 사모님이라/그들은/불렀다"가 아니라 "여사님 혹은 사모님이라/그들은 /불렀다/"이다. 한 마디가 모자라게 된다. 참고로 초장과 중장에서 '아줌마라 하지 않는다.' 에서 '~지' 다음에는 '않는다' 라는 부정의 말이 뒤따라 붙는다.

(6) 숫자의 예문

예문 1)

아! 바이칼/***

평균 수심 751m 2500만년 이상의 비밀을 간직한
지구의 푸른 눈동자 바이칼호수여
오늘도 허허 청청청 침묵들이 일렁인다.

– 사설시조 형식을 빌린 기행문이다.

– 음수, 음보 율격, 등이 맞지 않는다.

– 종장 둘 째 수 '허허 청청청' 은 글자 수를 맞추기 위해 억지로 만들어 낸 느낌이며, '허허 청청청 침묵들이' 는 어떤 침묵인지 이해하기 어렵다.

– 751, 2500등 숫자를 그대로 사용했고 'm'는 정확성을 기하기 위해 사용된 것 같으나 이는 도량형 단위이므로 다른 시어를 도입하고 주석을 다는 것이 좋다.

주) 바이칼 호수 : 2500만 년 전에 생긴 수심 1637m의 아시아 최대의 민물 호수로 러시아 시베리아 남쪽에 위치하며 유네스코 세계문화유산으로 지정 되어 있음.

(7) 기타

예문)

코리아 2세/***

좋 · 아 · 요 · 코 · 리 · 아
필 · 리 · 핀 · 영 · 국 · 사 · 람 ·
우 · 리 · 추 · 석 · 지 · 내 · 더 · 니 ·
엄 · 지 · 를 · 치 · 켜 · 들 · 며 ·
코 · 리 · 아 · 최 · 고 · 란 · 다 ·
울 · 려 · 라 ·
우 · 리 · 징 · 소 · 리 ·
열 · 린 · 세 · 상 · 끝 · 까 · 지 ·

– 우선 제목과 본문의 어울림을 찾기 어렵고
– 글자사이 가운뎃점(•) 때문에 운율(리듬)에도 문제가 발생하게 된다.

– 가운뎃점(•)은 열거된 낱말이 대등하거나 특정한 날의 숫자에 쓰는 것이 원칙인데 여기서는 아무런 의미 없이 사용하였다.

– 가운뎃점(•)은 다음과 같이 사용한다.

예) 국 · 영 · 수, 8 · 15 광복절

전남 · 전북을 합쳐 전라도라 한다.

요점 정리

- 아름다운 우리말, 순화된 우리말을 찾아 짓는다.
- 기호, 고어, 사장된 말, 외국어 등은 가능하면 피한다.
- 우리말로 굳어버린 한자어 일본어 사용을 지양한다.
- 외래어를 쓸 경우에는 외래어 표기법을 준용한다.

알아두기

%의 표기 요령

%는 백분율을 나타내는 기호이다. 글자가 아니다. 그러므로 글자와 기호를 합쳐서 쓰는 것은 안 되는 일이다. %를 사용할 때 '10%' 하면 안 되고 '십 퍼센트' 라고 써야 하는데 종장 첫수를 '100%' 라고 쓰면 '백 퍼센트' 가 되어 4자로 시작하게 되므로 다른 방안을 찾아야 한다. '백 프로' 라는 의미로 썼다면 이는 잘못된 표현이다. '프로' 는 네덜란드에서 사용하는 백분율을 나타내는 "procent"를 보통 '프로' 로 줄여서 쓰는데 '100프로다' '1프로도 안 된다.' 등과 같이 쓰기도 하지만 이때는 procent를 줄여 쓴 말이기 때문에 원 단어는 '백 프로' 가 아니라 "백 프로센트"이다. 글자 수가 3이 되어야 하는데 이를 초과하기 때문에 제약을 받게 되는 점을 유의해야 한다. 100이라는 숫자는 꽉

찬 수이므로 가격을 말 할 때는 '제값을' 또는 '온전히' 라는 표현을 써야 하지 않을까 생각한다.

만약 종장에 '백 프로 제값을 주고 옷 한 벌을 사서입네.' (3.5.4.4) 하면 음수가 틀린 것이다. '프로' 는 기호로 나타내면 '%' 이고 '프로(procnt)' 처럼 병기를 했다면 '프로센트' 가 되므로 종장 초구 3자 불변이 파괴된다. '100%' 나 '제값' 이나 똑 같은 표현으로 겹친 말이 된다. 그러나 가능하면 순수한 우리말로 된 낱말을 찾아 써야 한다. 물건을 할인하여 산다는 표현을 하려면 '제값' '반값' '헐값' '할인가' 등과 같은 표현이다.

외래어(영어)표기

1. 외래어(영어)표기시 주의할 점

① 외래어의 1음운은 1기호로 적는다.
예 : [ou]는 '오우' 라 적지 않고 '오' 라고 쓴다.

② 받침에는 ㄱㄴㄹㅁㅂㅅㅇ 만 사용한다.
예 : 커피숖 → 커피숍, 케잌 → 케이크

③ 파열음은 된소리를 쓰지 않는 것을 원칙으로 한다.(ㄲ, ㄸ, ㅃ, ㅆ, ㅉ)
예 : 까페 → 카페, 빠리 → 파리

④ 따로 설 수 있는 말의 합성어(복합어)는 단독으로 쓰일 때 표기법을 따른다.
예 : headlight → 헤드라이트

⑤ 원어에서 띄어 쓴 것은 그대로 표기하되 붙여 써도 된다.
예: top class → 톱 클래스/톱클래스
inline skate → 인라인 스케이트/인라인스케이트

⑥ and로 연결된 말은 and를 빼고 쓰되 띄어 쓴다.
Jane and Sam → 제인✓샘

⑦ 한글의 영문표기

- 동화작용이나 구개음화가 일어나는 말은 발음 나는 대로 쓴다.

  예 : 종로 → jongno, 이같이 → igachi

  좋고 → joko 놓다 → nota
- 이름에서 된소리되기는 반영치 않는다.

  예) 낙동강(Nakdonggang) : 낙똥강으로 소리가 나도 적용치 않음

  팔당(Paldang) : 팔땅으로 소리가 나도 적용치 않음
- 사람이름은 성 이름은 띄고 이름은 붙여 쓰되 글자 그대로 쓴다.

  예) 김복남 → Kim Boknam(kimbongnam이라 쓰지 않는다.)

  또는 붙임표(-)도 허용 함. Kim Bok-nam
- ㄱ, ㄷ, ㅂ 은 모음 앞에서는 g, d, b 로, 자음이나 어말에서는 k, t, p로 쓴다.

  예) 구미(Gumi), 합덕(Hapdeok), 호법(Hobeop)
- ㄹ은 모음 앞에서는 'r' 로 자음이나 어말에서는 'l' 로 적는다.

  예) 구리(Guri) 칠곡(Chilgok)

2. 일상화 된 외래어들

뉴스, 티비(텔레비젼), 레인지, 아파트, 보일러, 페인트, 볼펜, 원피스, 컴퓨터, 모델, 파마 등과 같이 일상화 된 외래어와 호치키스(만든사람 이름), 스카치테이프(제조회사 명), 미원, 제록스, 바바리, 봉고, 호빵(이상은 상품 명) 등도 그대로 쓸 수 있으나 외래어 한글 표기법을 따라야 한다.

3. 이미 굳어진 외래어는 관용을 존중하되 그 범위와 용례는 따로 정한다.

예) radio(레이디오) → 라디오

나) 시행(詩行) 바꾸기(행갈이)

시행을 가르는 목적은 시행(詩行)에 따라 일반적으로 운율이 형성되고 의미가 분할되며 시각적 효과를 누릴 수 있기 때문이다.

그러나 행갈이를 하는 것도 무조건 하는 것이 아니다. 시조가 3장 6구 12절(마디)이라고 정의 한다면 행갈이 하는 것도 이 원칙을 크게 벗어나서는 안 된다고 생각한다.

김춘수 시인은 리듬, 의미, 이미지 단위로 행갈이를 하라고 한다. 시조도 마찬가지로 이 범주를 벗어나지는 않는다고 본다. 그러나 현대시조를 쓰는 시인들은 소위 낯설게 하기를 위해, 문장의 이미지 효과(미적 장치)를 높이기 위해 그림을 그리듯 행갈이를 하는 경향이 있다. 행갈이의 목적이 강조(의미전달의 정확성포함), 운율(리듬), 이미지 등의 낯설게 하기에 있는 것이지 시조의 형식을 파괴하거나 리듬(운율)을 단절시키면서까지 해야 하는 것은 아니다.

행갈이를 잘 못하면 작가의 심상이나 사상을 전달하는데 오해를 불러 올 수 있기 때문이다. 운율에 맞춰 3.4,3.4/3.4,3(4).4/3.5.4.3으로 깔끔하게 쓴 시조는 의관을 바르게 갖춘 선비 모습이다. 솔숲을 지나가는 푸른 바람이다.

시조의 행갈이 원칙도 새로 정립 되어야 할 중요한 문제라고 생각한다.

가장 무난한 방법은 평시조의 경우 3장 또는 초, 중, 종장을 두 구씩 6구로 배열 하되 장과 장 사이를 띄어 쓰고, 연시조의 경우는 3장씩 배열하되 수와 수 사이를 띄어 독립성을 유지하는 것이 좋다고 생각한다.

예문) : 행갈이에 따라 달라지는 의미를 보면

"그는 산사(山寺)에 가서 낡은 석탑을 보았다."라는 문장을 행갈이 해 보면,

1) 그는 산사에 가서
낡은 석탑을 보았다....산사와 석탑을 강조

2) 그는
산사에 가서
낡은 석탑을 보았다.....그는, 산사, 석탑 강조

3) 그는
산사에 가서
낡은
석탑을 보았다........그는, 산사, 낡은, 석탑 강조

4) 그는 산사에
가서
낡은 석탑을
보았다.........그는, 가서, 낡은, 보았다 강조

5) 그는 산사에 가서 낡은
석탑을 보았다. ....그는. 석탑 강조

* 이미지를 살리기 위한 자유시의 행갈이의 예를 보면

비늘
돋친

해협은

배암의 잔등

처럼 살아났고

아롱진 아라비아의 의상을 두른 젊은 산맥들

– 김기림의 기상도 –

– 김기림의 〈기상도〉는 7부로 된 424행의 장시이다. 위 예문은 제1부 "세계의 아침" 중 일부이다.

– '비눌 돋친'은 반짝거리는 아침바다를, "긴 해협"을 배암의 잔등으로, '살아났고'는 바다가 출렁이는 모양으로 그려내고 있다. 시행을 바꾸기를 여러 번 한 것은 이미지를 강조하기 위한 것으로 볼 수 있다. 즉, 이미지 단위로 행갈이를 하였다고 볼 수 있다.

다음은 여러 형태의 현대시조 행갈이 예다. 강조하기 위한 것도 있고 멋을 내보려고 한 것도 있는 반면 아무런 의미나 시각적 효과(미적장치)도 없이 한 것도 있다.

㉮ 행갈이 없이 연달아 쓴 예문

a. 봄의 뿌리/***

부라린 눈

딱 벌어진 몸

변강쇠 같은

힘이다
불감증
세월이면
꼿꼿하게
날을 세워
언땅에
오옴씬 옴씬
오르가즘
올리는 놈!

이 시조를 형식에 맞춰 보면

부라린 눈 딱 벌어진 몸/변강쇠 같은 힘이다(4.5, 5.3)
불감증 세월이면/꼿꼿하게 날을 세워(3.4, 4.4)
언 땅에
오옴씬 옴씬/ (3.5.4.4)
오르가즘 올리는 놈!

– 이렇게 틀 속에 넣고 보면 형식에 크게 어긋나는 시조는 아니다. 하지만 행갈이에 문제가 있는 것이다. 초 중 종장의 구분이 없고 운율도 맞추기가 어렵다. 특히 종장은 어색함을 피할 수 없다. 이미지나 이미지 단위로 행갈이를 한 것으로 보기도 어렵다.

– "옴씬"이라는 낱말은 없고 "옴씰 또는 움찔"의 의미로 사용된 말이라면 더욱 어색하다. 이런 말은 깜짝 놀라서 뒤로 움츠러드는

모양을 나타내는 말인데 봄의 뿌리는 더 커지며 앞으로 나가기 때문이다.

작가는 무엇을 강조하려고 이처럼 많은 행갈이를 하였을까.

b. 분재 습작기/***

잘려지고 꺾어지는
아픔과 고통 없이
뻗힌 가지 기운대로
살고 싶은 길을 찾아
산천을 헤매었어요
선택되기 전까지는
내 바라던 모습 아닌
그분이 원하는 대로
내원하는 모습 아닌
그분의 방식대로
순종의 형상을 닮은
작품하나 만듭니다.

– 예문b 역시 두 수로 된 연시조임에도 수와 장의 구분 없이 두 구씩 행갈이를 하고 연이어 쓴 점 때문에 오히려 어색한 모양이 되고 말았다.

– 첫 수와 둘째 수의 구분이 없다.

– 둘째 수 종장 '순종의/ 형상을 닮은/ 작품하나 /만듭니다.'는

'순종의 형상을 /닮은/작품하나 만듭니다.' 로 되기 때문에 종장 첫 마디 3자 불변의 원칙과 둘 째 마디 5~7의 원칙이 깨져 있다.

㉯ 특이한 행갈이 예문

한!/***

겹
겹
이
쌓아 올린
해묵은 사연들을

말
아
서
훌 터 내려
녹물에 헹군 슬픔

아직도
타다 남은 한! 빨래 줄에 바랜다.

– 특별히 의미를 강조하는 것이 아니라 미적표현만을 강조한 것으로 보인다.

– 여기서 '겹'이나 '말'은 단독으로는 뜻이 없고 '겹겹이', '말아서'처럼 되었을 때 비로서 낱말의 구실을 하게 된다. 물론 '겹겹이'와 '말아서'의 의미로 세로로 쓴 것이라는 점을 모르는 바는 아니다.

그러나 단순히 낱글자만 가지고 행갈이를 하는 것은 문제가 있다고 본다.

– 중장 '훌 터 내려'는 '훑어내려'로 써야 맞고 '빨래 줄에'는 "빨랫줄에"로 써야 맞다.

이 시조도 3장의 틀 속에 넣어 보면

한!/

겹겹이 쌓아올린 해묵은 사연들을
말아서 훌 터 내려 녹물에 헹군 슬픔
아직도 타다 남은 한! 빨랫줄에 바랜다.

– 시조 형식을 잘 지킨 시조인데 행갈이 때문에 운율이 오히려 어색해 짐을 느낀다.

㉰ 강조의 예문

저물 듯 오시는 이/***

저물 듯 오시는 이

늘
쉽은
눈빛이네

엉겅퀴 풀어놓고
시름으로
지새는
밤은

봄벼랑
무너지는 소리
가슴 하나 깔리네

– 낭독할 때 의상(意想)의 지연 효과를 노리고 여러 행갈이를 하였으나 시조 정형의 틀에 넣고 낭독을 해봐도 별 차이가 없다. 의미, 이미지, 강조의 효과를 위해 여러 번 행갈이를 하였으나 오히려 운율이 끊겨서 어색한 느낌을 받는다.

형식을 잘 갖춘 시조인데 행갈이를 과하게 하였다

– "저물 듯 오시는 이/✓늘/✓섧은/✓눈빛이네//"로 띄어서 읽어야 하기 때문이다.

– "섧다"는 불규칙 활용 "설운"이 표준어이고 "서럽다"는 "서러운"이 표준어이다.

저물 듯 오시는 이

저물 듯 오시는 이 늘 섧은 눈빛이네(3.4, 3.4)
엉겅퀴 풀어놓고 시름으로 지새는 밤은(3.4, 4.5)
봄벼랑 무너지는 소리 가슴 하나 깔리네(3.6.4.3)

㉣ **연시조를 달아 쓴 예문**

a. 완도를 가다/***

주루룩면발처럼작달비가내린다바람은날을세워빗줄기를자르고지하방몸을일으켜물빛냄새맡는다
첫차타고눈감으니선들이꿈틀댄다잠덜깬바다속으로물김되어가라앉아저너른새벽어장에먹물풀어편지쓴다
사철내내요란한엔진소리끌고간아버지낡은배는걸쭉한노래뽑았다그절창섬을휘감아돌아해를접어올립니다

이 시조는 세 수로 된 연시조인데 오히려 행갈이와 마침표가 없어 의미전달의 효과가 오히려 감소하였다. 아무리 개성을 나타내려 하였다 해도 독자에게 의미 전달이 잘 안 된다면 작가의 의도가 희석되고 만다.

우선 정형의 틀에 맞도록 다시 써 보면

완도를 가다/

주루룩 면발처럼 작달비가 내린다.
바람은 날을 세워 빗줄기를 자르고
지하방 몸을 일으켜 물빛 냄새 맡는다.

첫차 타고 눈 감으니 선들이 꿈틀댄다.
잠 덜 깬 바다 속으로 물김 되어 가라앉아
저 너른 새벽 어장에 먹물 풀어 편지 쓴다.

사철 내내 요란한 엔진소리 끌고 간
아버지 낡은 배는 걸쭉한 노래 뽑았다.
그 절창 섬을 휘감아 돌아 해를 접어 올립니다.

– 형식에 잘 맞는 시조를 행갈이 때문에 독자를 혼란스럽게 하고 있다.

b. 주산지 물빛/***

청송땅 샛별 품은 갈맷빛 외진 못물 갓밝이 저뭇한 숲 휘
감아 도는 골짝만 된비알 뼈마디 꺾는 물소리 가득하다.
호반 새 울음 뒤에 퍼지는 새벽 물안개 실오리 감긴 어둠
도 한 올씩 풀어내고 삭은 살 연기가 되고 재 되는 저 춤사
위, 사는 일 짐 부려 놓고 제 거울 들여다보는 고요도 버거

운 이 차갑게 돌아앉고 못 속에 누운 왕버들 퉁퉁 부은 발이 시리다. 숨 돌릴 겨를 없이 짙붉게 타는 수달래 먹울음 되재우고 저마 다 갈 길 여는가 내 앞에 툭툭 튄 물살 쌍무지개 지른다.

위 예문은 4수로 된 연시조이다. 그러나 수와 수가 구분되어 있지 않아 독자에게 혼란을 주고 있다.

– 낯설게 하기를 하기 위한 작가의 의도가 있는지 모르지만 시행을 가르지 않아 오히려 운율, 이미지, 리듬 모두가 감소했다고 본다. 일부러 시조가 아닌 산문시 같은 느낌을 주려고 한 것이라면 차라리 시조의 형식을 감추려 하지 말고 자유시로 쓰면 될 것이다.

– 예문 라)의 a. b. 같이 쓴 시조는 낭송할 때에 많은 어려움을 불러온다. 리듬(운율)을 맞추기가 어렵기 때문이다.

c. 연어를 꿈꾸다/***

시작이 끝이었나, 물길이 희미하다
매일 밤 고향으로 회귀하는 꿈꾸지만
길이란 보이지 않는 미망迷妄속의 긴 강줄기
바다와 강 만나는 소용돌이 길목에서
은빛 비늘 털실 풀 듯 올올이 뜯겨져도
뱃속에 감춘 꿈 하나 잰걸음 꼬리 친다
내 다시 태어나면 참꽃으로 피고 싶다
붉은 구름 얼룩달록 켜켜이 쌓인 아픔

흐르는 물속에 풀고 가풀막을 오른다
끝없이 이어지는 도저한 역류의 몸짓
마지막 불꽃이 타는 저녁강은 황홀하다
비로소 바람에 맡겨 눈감고 몸을 연다

– 예문c)는 네 수로 된 연시조인데 작가의 특별한 의도 때문인지 수를 구분하지 않고 잇대어 쓴 시조이다. 효과보다는 어색함이 더한 시조가 되었다. 산문시와 시조의 차이점을 분명 알고 있을 텐데 아름다운 시조를 망친 느낌이다.

– '미망迷妄'은 '미망(迷妄)'처럼 한자를 ( )에 병기한다.

▶ 시조 창작 과정의 흐름도

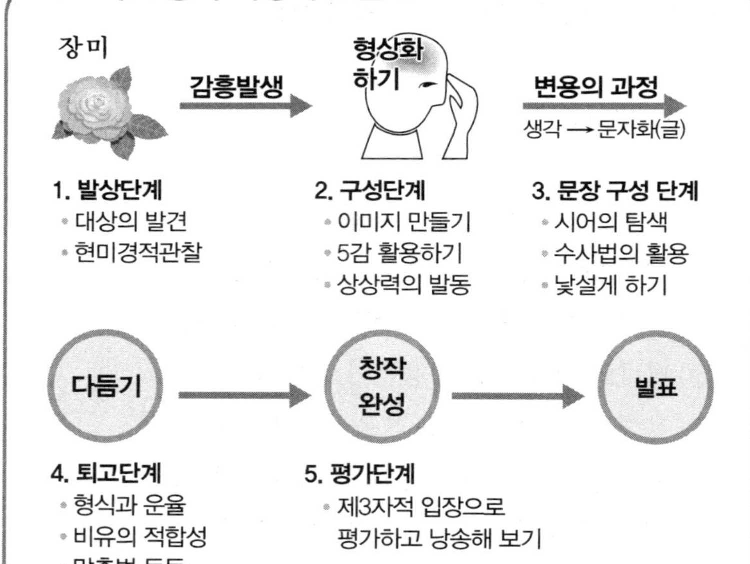

ⓜ 그림 그리듯 한 예문

a. 삿갓 마을/***

산
산
산
나 · 무 · 나 · 무
구 름 한 점
　구 름 두 점

물
　물
　　물
　　　굽 이
　　　　굽 이

주막집
　　여기 · 저기
삿갓이
　　두고 간 삿갓
나도 삿갓
　　　김 삿갓.

– 이 시조는 미적장치를 하려고 시도한 행갈이다. 운율도 문제가 생긴다.

– '나무 나무' '여기 저기'의 글자 사이에 가운뎃점(•)을 의미 없이 찍었다.

맞춤법에도 안 맞게 문장부호를 사용하였다.

– 반복된 어휘와 배행을 통하여 이미지를 나타내려 했으나 시조의 리듬만 망가진 꼴이 되었다.

이 시조를 정상적인 틀 속에 넣어 보면

삿갓마을

산산산 나무나무
구름 한 점 구름 두 점

물물물 굽이굽이
주막집 여기저기

삿갓이
두고 간 삿갓 나도 삿갓 김삿갓

b. 선량(選良)들의 허리각도/***

널
린
표 모으느라
갈퀴질이 바쁘다.

허
기
져 구걸할 땐
ㄱ 자로 꺾이더니

잔
치
가 끝나고 나니
배가 불러 못 굽혀.

– 이 시조는 "널린 표/모으느라/"(3.4조)인데 행갈이 때문에 "널린/표 모으느라/"(2.5)로 읽게 된다. 중장도 마찬가지로 "허기/✓져 구걸할 때/"인지 "허기져/✓ 구걸할 땐"인지 헷갈린다. 종장은 "잔치/✓가 끝나고 나니/"처럼 끊겨 읽히기 때문에 어색한 문맥 또는 낭독이 될 뿐 아니라 종장 첫마디 3자 불변의 원칙이 깨지게 된다.

이런 시조는 형식을 변형하는 새로운 시도로 볼 수 있으나 과하다는 생각이다.

상당한 주의와 더불어 전통시조를 빛내는 길인지 재고해 볼 필요가 있다.

c. 을숙도 揷畵/***

사
냥꾼
의공포
한발에달
이지는三漢의
하류겨
울어귀에
나를내리고
돌아가는빈배
를
보
면
눈물을 보이지 않지만 그대 거짓은 너무 희다

– 위 예문은 글자 배열이 돛단배 모양이다.
– 시각적 효과 외에 운율이나 이미지 등과는 거리가 있다.
이 시조를 정형의 틀 속에 넣어 보면

을숙도 揷畵

사냥꾼의 공포 한발에/ 달이지는 삼한의 하류 (6.3.4.5)
울 어귀에 나를 내리고/ 돌아가는 빈 배를 보면 (5.5.4.5)
눈물을 보이지 않지만/ 그대 거짓은 너무 희다. (3.6.5.4)

– 정형에 어긋나 있다. 초장 전구 후구의 조사 "의" 때문에 "사냥꾼의 공포" "삼한의 하류" 까지를 한 마디로 보아야 한다. 외형이 돛단배 모양으로 있을 때는 정형인지 아닌지 얼핏 알기가 쉽지 않더니 이처럼 정형의 틀 속에 넣고 보니 무엇이 어긋나 있는 것인지 금방 알게 된다.

㉥ 기타

a. 고백/***

봄마다
내 봄 속에
죄가 꿈틀, 거린다네.
티 없는 눈길로는 피는 꽃도 차마 못 볼
들키면 알몸이 되는
죄가 꿈
틀, 거린다네.

죄가 꿈
틀, 거린다네.
들키면 알몸이 될
망치로 후려치고 때릴수록 일어서는 두더지 대가리 같은
피는 꽃도
차마
못
볼.

– 위 시조는 특이한 형식의 시조이다. 물론 작가가 형식을 몰라서 이같이 배열한 것 같지는 않고 단순히 새로운 느낌을 주기 위한 시도를 한 것으로 보인다. 여기서 하나의 문제점을 발견하게 된다. 즉 종장 후구 '차마 못 볼.'을

「차마
못
볼.」처럼 세로로 쓰고 마침표를 찍었는데, 이를 가로쓰기로 볼 것이냐, 아니면 세로쓰기로 볼 것이냐 하는 문제가 생긴다. 문맥으로 보면 이는 분명히 세로쓰기를 한 것이다. 그런데 마침표(.)를 찍었다. 세로쓰기의 경우에는 마침표(.)가 아니라 고리점(。)을 찍어야 한다.

별것 아닌 것 같지만 대단히 중요한 문제이다. 잘 쓴 시조란 물론 시조의 내용, 시어의 선택, 조탁 등도 중요하지만 맞춤법에 맞느냐 안 맞느냐 하는 것도 중요하다.

– 이 시조도 정형의 틀 속에 넣어 보면

고백

봄마다 내 봄 속에 죄가 꿈틀거린다네
티 없는 눈길로는 피는 꽃도 차마 못 볼
들키면 알몸이 되는 죄가 꿈틀거린다네

죄가 꿈틀거린다네 들키면 알몸이 될
망치로 후려치고 때릴수록 일어서는
두더지 대가리 같은 피는 꽃도 차마 못 볼.

– 첫 수 초장 3.4.2.6, 중장 3.4.4.4, 종장 3.5.2.6
둘 째수 초장 2.6.3.4, 중장 3.4.4.4, 종장 3.5.4.4로 되어 있는 바 모두가 정격을 벗어나 있다.

b. 새벽타종/***

둔중한 울림으로
파열음 낮게 깔아

새벽을
끌고 가는 결기 또한 날렵하여

유벽한 날것을 먹고 우두거니
떨고 섰다.

퍽 차게 거느렸던 그 여운
길고 깊어

파동에 혀 깨물고
어둑새벽 잠깬 사이

유연한 두 손을 쥐고 설은
꿈을 모은다.

– 이 시조 행갈이를 보면 첫 수 중장 '떨고 섰다', 둘째 수 초장 '길고 깊어'를 별도로 배행을 하였는데, 이것은 강조의 의미로 보이지만 큰 효과는 없는 것 같다.

– 문제는 둘째 수 종장 후구를 갈라 쓴 점이다. "유연한/두 손을 쥐고 설은/꿈을 모은다.//"로 읽힌다. 왜냐하면 "설은" 다음에서 행갈이를 한 관계로 이는 특별한 의도가 있다는 점을 암시하고 있기 때문이다.

"두 손을 쥐고 설은/"이 아니라 "유연한 두 손을 쥐고/설은 꿈을 모은다."가 정상인데 배행을 잘 못하여 어색한 문장이 되었다. '꿈'만 강조하는 것 보다는 '설은 꿈'까지 강조하는 것이 더 효과적이다.

요점 정리

- 초장, 중장, 종장 3행으로 쓰는 것을 원칙으로 한다.(장단위 배행)
- 구 단위로 시행을 바꾸는 것은 가능하다. 단, 종장은 첫 마디 다음에서 행갈이 할 수 있다.(강조의 의미)
- 다만 과도한 행갈이로 형식의 이탈이나 혼란을 주어서는 안 된다.
- 행갈이 할 때는 운율(리듬), 이미지 등을 고려한다.

다) 구호

다 아는 바와 같이 구호는 집회나 시위 등에서 자기들의 주장을 관철시키기 위해 외치는 간결한 말이다. 앞서 언급한 바와 같이 시조는 형상화를 통한 비유와 상징을 나타내는 글이므로 구호 투의 시조는 과격하고 일방통행 식으로 보이게 만든다.

구호 투의 시조는 대부분 명령법을 도입하여 쓴 시조로 독자로부터 사회적 불만이나 이슈화 된 주제에 대하여 공감은 얻어낼 수는 있으나 신선한 맛을 느끼게 하기는 어렵다. 구호는 대부분 명령법으로 짓기 때문이다.

예문 1)

의자/***

조여라 머리 질끈
해결하라 밀린 품삯

칙칙한 숱을 베며
노동 앉힌 자갈 밭

면도날 내리 긁다가
눈물 갸우뚱 감전 된다.

– 초장 ‘조여라 머리 질끈’, ‘해결하라 밀린 품삯’ 등이 구호투이다.

‘조여라’ 라와 ‘해결하라’ 다음에는 느낌표(!)나 쉼표(,)를 찍어야 한다.

예문 2)

숨결/***

눈을 뜨자 일어나자
두 팔 다리 한껏 뻗자

온 몸을 곧추세워
하늘 땅도 밀어내자

우지끈
터진 바위틈
청보랏빛 오랑캐꽃

– 제목과 본문의 연결성이 떨어진다. ‘하늘 땅’ 은 붙여 쓰고 ‘청보라빛’ 은 무슨 색을 말하는지 떠오르지 않는다.

– ‘우지끈’ 이라는 의성어가 잘 어울리지 않는다.

예문 3)

작은 우주/***

뭍 별들 어우러진 우주 닮은 몸이야
하늘 속에 잠겼을까 하늘을 안았을까
온 우주 다스려보자
중심 축에
서보자.

이 역시 명령법으로 구호처럼 느껴진다.
'뭍 별들'은 '뭇 별들'로 써야 된다. '뭍'은 육지를 말하는 것이고 '뭇'은 여럿을 나타내는 말이다.
'중심 축에'는 '중심축에'로 붙여 써야 한다.

알아두기

* 몇 가지 상식 *

① **낭만주의** : 고전주의 에 반발하여 절대주의의 미적 가치를 배격하고 자유로운 공상의 세계를 동경하며 정서, 감정, 개성 등 상대적 가치를 중요시하는 예술 사조로서 18~ 19세기 유럽을 중심으로 발달함.

- 대표적인 작가 : 워즈워드, 바이런, 괴테, 루소, 위고 등

② **리얼리즘** : 이상과 공상 주관을 배제하고 현실을 있는 그대로 객관적으로 묘사하는 경향이나 태도로 자연적 사실주의, 과학적 사실주의, 사회적 사실주의가 있으며 과학적 사실주의는 자연주의로 불리며 사회적 사실주의는 사회주의 리얼리즘으로 발전하였다.

③ **인상주의** : 19세기 후 20세기 초 프랑스를 중심으로 한 예술조류

- 대표적인 작가: 폴 센잔, 에드가 드가

④ **상징주의** : 19세기 후반에 프랑스를 중심으로 일어난 시의 혁신운동으로, 표현방법에서 상징을 많이 쓰는 예술상의 태도나 경향.

- 대표적인 작가 : 보들레르, 랭보 릴케. 와일드

⑤ **이미지즘** : 20세기 초 영국과 미국에서 일어난 반 낭만주의 운동 정확한 일상어의 사용, 습관적인 표현의 거부, 새로운 리듬의 창조, 주제의 자유로운 선택 감각적 연상을 표현함

- 대표적인 인물 : 에즈라파운드, T.S엘리엇

⑥ **초현실주의** : 비합리적인 잠재의식이나 꿈의 세계를 탐구하여 표현의 혁신을 꾀하는 예술운동.

- 대표적인 인물 : 앙드레 브르통, 앙드레 마송

⑦ **형식주의** : 20세기 초 러시아에서 일어난 비평주의의 한 분파로 뉴크리트시즘 및 구조주의 운동의 효시가 되었다. 작품의 사회적 배경이나 사상을 배제하고 독립적인 언어구조물로 작품을 이해하고 그 행태와 수법을 밝히려는 문학 비평방법.

⑧ **실존주의** : 19세기 합리주의 관념론이나 실증주의에 반대하여 개인으로서의 인간의 주체적 존재성을 강조한 문학사상(야스퍼스, 사르트르)

⑨ **모더니즘** : 기존의 도덕 권위, 전통을 부정하고 새롭고 혁신적인 문화의 창조를 추구하는 예술상의 경향이나 태도(보들레르, 클레멘트, 그린버그, 마이클프리드)

⑩ **포스트 모더니즘** : 모더니즘의 연속선상에 있으면서 동시에 그에 대한 비판적 반작용으로 비역사성, 비정치성, 주변적인 것의 부상, 주체 및 경계의 해체, 탈 장르화 등의 특성을 갖는 예술상의 경향과 태도

⑪ **인텔렉추얼리즘(主知主義)** : 감정적인 주정주의에 반해 지성을 중시한다. 지성이나 이성을 의지나 감정보다 우위에 두는 예술상의 경향이나 태도로 20세기 초 영국의 T.S엘리엇, 에즈라 파운드 등이 새로운 시의 방법을 주장하였고 우리나라에서는 김광균, 장영만 등이 주지주의 시인으로 알려져 있다.

**

엘랑비탈(elanvitall): 생명 그 자체 안에서 일어나고 있는 항상 새로운 자기를 형성해 가는 창조적 진화. 베르그송은 이를 두고 "생명의 본질"이라고 함.

매너리즘(mannerism) : 예술의 표현기법이 같은 방식으로 되풀이 되어 독창성이나 신선미가 없는 것을 말함.

제 2 장

창작의 실제

1

같은 어휘와 동의어 중복

1) 제목과의 반복

일반적으로 같은 어휘를 반복하는 것은 앞서도 말한 바와 같이 운율(리듬)을 창출하거나 강조의 의미로 쓰이는 것이지만 이런 기법은 본문에서 일어나는 현상이고 제목으로 쓴 어휘가 본문에서 반복되는 것은 운율이나 강조의 의미와는 별 관계가 없는 것으로 독자의 상상력을 제한하는 결과를 초래 하게 된다. 즉 상상력의 폭을 좁혀 줄 뿐이다. 다시 말하면 소통지연장치가 쉽게 풀리게 된다는 것이다. 왜냐하면 이미 본문에서 찾아내야 할 화자의 의도가 제목에서 이미 노출되었기 때문에 궁금증이 떨어진다. "소통의 지연"이 아니라 "소통의 단축"을 가져온다. 모범답안을 미리 알려주고 문제를 푸는 것 같은 느낌을 받게 되어 시적 긴장감을 와해시킨다.

예문 1)

<u>분홍비/***</u>

벗이요 그대는요 비오는 날에만은 <u>분홍</u>옷 <u>분홍</u>우산 <u>분홍</u>옷
<u>분홍</u>구두 <u>분홍</u>옷 <u>분홍</u>치마를 두드리는가 <u>분홍</u>비

– '분홍' 이란 낱말의 반복과 행갈이도 없고 마침표도 찍지 않은 시조이다.

반복법을 써서 '분홍' 을 강조 하거나 운율을 창출하기 위해서 반복 한 것처럼 보인다. 실제 분홍비는 존재하지 않는 비(雨)지만 분홍색 우산 치마 구두 옷 등을 보며 지금 내리고 있는 비마저도 분홍색이란 상상을 하면서 쓴 시조인 것 같다. 그래서 비오는 날에만은 벗이라고 말하고 있는 것이다. 여기서 소통의 지연을 가져 오려면 본문에서 '분홍' 이란 어휘를 들어내지 않고 독자가 분홍비가 된 이유를 찾아내도록 해야 되리라 본다.

이 시조를 다시 틀 속에 넣어보면

벗이요 그대는요/ 비오는 날에만은(3.4,3.4)
분홍 옷 분홍 우산/ 분홍 옷 분홍 구두(3.4,3.4)
분홍 옷 분홍치마를/ 두드리는가 분홍 비(3.5.4.3)

– 외형적 형식만 보면 완벽한 정격시조 작품이다.

그러나 중장을 보면 명사의 나열만 했을 뿐 어떤 의미를 담고 있지

못하다.

예문 2)

산행/***

오르는 산행길엔 하늘만 보이더니(3.4,3.4)
정상을 올라서니 산 아래도 다 보인다(3.4,4.4)
위로만
보고 사는 이는 외눈 백이 하루살이 (3.6.4.4)

– 이 시조도 역시 형식은 잘 지켰으나 제목이 산행인데 본문에도 산행이라는 말이 나온다. 이러한 중복은 독자로 하여금 행간을 읽게 하는 맛을 잃게 하기 십상이다. 즉 제목만 보고 '이 시조는 산행을 하면서 지은 시조구나' 하는 예측을 하게 만든다. 따라서 가급적 제목으로 사용한 어휘는, 본문에서 반복하여 쓰지 않도록 할 필요가 있다.

– '보이더니' 처럼 '~니' 가 되는 표현은 고시조 티가 나므로 피해야 하고

– 초장을 중장이 이어받고 종장에서는 일대 전환을 일으켰다가 매듭을 지어야 하는데 그렇지 못한 느낌이다. '하루살이 닮았다' 든지, 아니면 '위로만 보고 사는 가, 하루살이 삶처럼' 하고 도치법을 써서 강조해야 완전한 문장이 된다.

– 제목을 '삶' 이라든지 '인생' 라든지 하여 등산을 하면서 느낀

바를 우리의 삶에 비유함으로써 산행과 본문의 연결고리를 찾아내도록 해야 한다.

– 중장 후구 ‘다 보인다’에는 마침표(.)를 찍어야 한다.

– 종장에 ‘외눈 백이’는 ‘외눈박이’로 붙여 써야한다.

예문 3)

햇보리/***

햇보리 한 자루를 동생이 차에 얹네
뙤약볕에 김매고 거름주며 땀밴 햇보리
배 곯던 보릿고개에 허기채운 그 보리

이 시조는 새로 농사지은 보리쌀을 동생 집에서 가져오며 느낀 소감을 시조로 쓴 것이다. 옛날 보릿고개 시절에는 미쳐 여물지도 않은 보리를 찧어 허기를 채워주던 곡식이었으나 지금은 건강에 좋다하여 그 가치가 높아진 곡식이다.

말하자면 상승된 신분으로 귀한 대접을 받고 있는 것이다.

– 이 시조는 설명문에 가깝다.

– 제목 ‘햇보리’와 같은 어휘가 5번 반복 된다.

– 띄어쓰기를 무시하였다. 즉 ‘배 곯던’은 ‘배곯던’으로 ‘거름주며’는 ‘거름 주며’로 ‘땀밴’은 ‘땀 밴’으로 써야 맞고

– ‘보릿고개에 허기채운 그 보리’로 표현하여 독자의 몫이 없는 밋

밋한 시조가 되었다.

– 이 시조도 제목을 '우애' 라든지 '가난의 추억' 이라든지 해야 한다.

– 초장 후구 '없네' 와 종장 후구 '그 보리' 다음에 마침표를 찍어야 한다.

틀 속에 넣어보면 다음과 같다.

우애 / ***

차에 실린 햇보리에 묻어 있는 동생 웃음
뙤약볕에 절은 땀이 내 어깨 툭툭 치며
배곯던 보릿고개를 들렸다가 가자하네.

동생이 보내준 햇보리를 보며 애틋한 형제애를 느낀다. 한 자루의 햇보리에서 동생의 진한 땀 냄새를 맡는 형은 배고프던 어린 시절을 회상하며 애상에 젖는다.

예문 4)

팔당댐에서/고두석

윗물이 아랫물을 보내는 엄숙한 장(場)
물소리 우렁차게 행해진 이 의식은

물길을
함부로 바꾸는 이 시대를 꾸짖는가.

– 제목이 본문에서 한 번도 나오지 않았다.
– 종장에서 무엇인가 독자에게 전하고 싶은 이미지를 만들었다.
– 정격을 유지한 절제된 시조이다.

예문 5)

잡초/고현숙

보잘 것 없는 자리 기쁜 듯 찾아와서
무심한 눈길 따라 온 몸을 흔들다가
한 자락 향기로 남아 시가 되는 넋이여.

– 엄격하게 정격을 유지한 시조로 제목과 본문이 잘 어울린다.
– 잡초를 의인화 하여 우리에게 메시지를 전달한다.

요점 정리

- 제목으로 쓴 말은 본문에서는 가능하면 쓰지 않는다.
- 제목은 구체적인 것으로 한다.
- 제목은 본문의 내용과 부합되어야 한다.
- 본문을 통하여 제목의 이미지를 살려낼 수 있도록 한다.

2) 초, 중, 종장에서 중복

평시조 연시조를 불문하고 같은 어휘가 반복되면 신선미가 떨어질 뿐 아니라 상징이나 이미지화가 잘 안 된다. 독자는 읽는 맛을 못 느낀다.

여기서 말하는 어휘의 반복이란 강조의 의미가 아니거나 운율의 창출 등 특별한 의도 없이 동일한 어휘가 거듭 나옴을 말하는 것이다.

3장 중 어느 한 곳이라도 겹친 말이나 유사한 어휘가 사용되면 – 물론 화자는 특별한 의도를 가지고 썼겠지만– 독자의 입장에서 볼때 새로운 의미를 찾기가 매우 어렵게 된다. 특히 연시조에 있어 매 수마다 같은 어휘가 반복되면 연시조가 지녀야 할 품격이 떨어지게 된다. 연시조를 쓴 목적이 없어진다. 작품 어딘가에 자기 의도를 살짝 드러내어 독자가 그 의도를 찾아내도록 하는 기술도 필요하다고 본다.

〈초, 중, 종장에서 반복〉

예문 1)

알맞다/장순하

알맞고도 알맞아
알맞게도 알맞다

알맞지 않은 것이
하나 없이 알맞다

몸과 맘
안팎 둘레가
어김없이 알맞다.

작가는 누구나 의미 있는 글을 쓰고자 할 것이다. 이 시조 역시 독자로 하여금 운율(리듬)을 더 잘 느끼도록, 그리고 강조하기 위해서 반복된 어휘를 사용한 것으로 보인다. 하지만 같은 어휘가 너무 많이 반복되어 특정된 단어만 가지고 작가의 의도를 충분히 헤아릴 수 없는 아쉬움이 남는다. 도종환 시인은 "흔들리지 않고 피는 꽃이 어디 있으랴" 하고 노래한다. 이 말처럼 시인치고 고뇌하지 않고 시를 쓰는 시인이 어디 있으랴. 여기서 '알맞다'라는 표현은 모든 여건이나 환경이 넘치지 않고 분수에 맞아 마음이 너무나 편하여 더 바랄 게 없다는 마음상태를 강조하고 싶은 것이다. 작가의 구체적 심중이 보다 더 확실히 독자에게 전달될 때 시조는 더욱 그 빛을 발하는 게 아닌가 한다.

이러한 표현법은 고시조나 판소리가사에서 자주 볼 수 있는 희언법(喜言法)이라 할 수 있다. 그러나 같거나 비슷한 말이 되풀이됨으로써 생겨나는 리듬감, 재미, 공동체의 공감성 등의 효과를 거두기도 하지만 반대로 언어의 낭비가 되어 기대한 효과를 반감 시키는 경우도 있다.

예문 2)

에워쌌으니/***

에워쌌으니 아아 그대/ 나를 에워쌌으니(5.4,2.5)
향기로워라 온 세상/ 에워싸고 에워쌌으니(5.3,4.5)
온 누리 향기로워라 /나 그대 에워쌌으니.(3.5.3.5)

– '에워쌌으니'가 무려 6번이나 반복 되는데 이는 강조의 의미와 운율의 효과를 거두기 위하여 반복 한 것 같고

– 총 글자 수는 50자이나 기본 음수율을 3.4.3.4로 했을 때, 각 장이 모두 정형을 벗어나 있다. 중장 후구 '에워싸고 에워쌌으니'는 연결어미 '~고'로 되어 있어 사실상 마디 하나가 모자라는 것이다. 종장 후구 역시 4≧4(3)의 규칙에 어긋난 3<5로 되어 있다.

– 제목이나 본분이나 같은 어휘의 반복으로 신선미는 물론이고 전달하려는 메시지와 상징성을 찾기가 힘들어짐에도 불구하고 이처럼 절제를 파괴한 의도는 '행복감' 또는 '충만한 사랑'에서 비롯되었으리라 생각 된다.

아무튼 언어의 낭비라는 느낌을 지울 수 없다.

예문 3)

옷 가게에서/***

점원인가 하고 마네킹을 바라본다(4.2, 4.4) → (6.4.4)
마네킹인가 하고 점원을 바라본다(5.2, 3.4) → (7.3.4)
누군가 날 쳐다본다 사람인가 하고(3.5.4.2) → (3.5.6)

점원인가 하고 마네킹에게 말을 건다(4.2.5.4) → 6.5.4)
마네킹인가 하고 점원을 지나친다.(5.2.3.4) → (7.3.4)
인생이 날 지나친다 마네킹인가 하고(3.5.5.2) → (3.5.7)

– '점원' '마네킹' '바라본다.' 라는 어휘가 여러 번 반복되었다. 이 반복을 통하여 운율의 효과를 거두고 있다.

– 음수로 보나 음보로 보나 정형에는 어긋나 있다.

음보 율을 기준으로 하면 '점원인가 하고' 가 되어 6자가 한 음보이다.

그렇다면 초장, 중장, 종장 모두 3음보로 이루어져 있어 각 장 두 구씩 총 6구로 이루어져야 한다는 원칙에서 벗어나 있다.

– 첫 수 초장, 중장에서 '바라본다.' 다음에는 온점(.)을 찍어야 하고 종장 중간에 '쳐다본다.' 다음에는 쉼표(,)를 찍어야 한다. 그리고 종장 '하고.' 처럼 마침표를 찍는 것이 좋다.(둘째 수도 같음)

– '점원인가 하고', '마네킹인가 하고' 는 자신의 생각을 드러낸 표현이므로 점원, 마네킹에 작은따옴표를 붙이고 '하고' 는 붙여 써

야 된다. ('점원인가' 하고, '마네킹인가' 하고)

– 우리는 살아가면서 참으로 많은 것을 지나친다, 마네킹처럼 무덤덤한 표정으로. 특히 인간관계에서 관심과 사랑으로 살아간다면 삶은 나를 그냥 지나치지 않을 것이다.

〈강조의 의미로 반복된 예문〉

예문 1)

진달래/이은상

수집어 수집어서 다 못타는 연분홍이
부끄러 부끄러서 바위틈에 숨어피다
그나마 남이 볼세라 고대지고 말더라

– 여기서 '수집어 수집어서, 부끄러 부끄러서'는 강조의 의미로 반복된 것이다. 아주 많이 수줍고 부끄럽다는 의미의 강조이다.

강조의 의미로 접미사 "~디"를 붙여 "수줍디 수줍어서" "부끄럽디 부끄러서"처럼 할 수도 있다.

다른 예문을 본다.

예문 2)

너무 큰 의자/***

어떤 의자는 너무 커서 앉기에 너무 커서
의자에 앉아있는 사람을 파묻어 버리거나
제 위에 앉는 사람을 자기 위(胃)로 먹어버린다.

– 여기서 '너무 커서'의 반복은 강조의 의미로 볼 수 있으나 '의자'와 '앉아 있는 사람'이 본문에 두 번 반복 된 것은 강조의 의미와는 다소 거리감을 느낀다. 제목과 본문에도 같은 말이 반복되는 것은 바람직하다고 볼 수는 없다. '자기 위로 먹어버린다'는 아마도 의자가 주인의 존재감을 상실시킨다는 의미로 쓴 것으로 보이나 '초라하게 만든다.'와 같은 온유한 표현으로 바꾸면 어떨까 하는 생각이다. '먹어버린다'는 아름다운 시어(詩語)로 보기 어렵다.

하지만 요즘 일부 세태를 보면 때로는 의자가 사람을 정말 먹어버리는 느낌을 받기도 한다. 높은 자리에 오를수록 약자를 먹어치우기 일쑤이고, 돈으로 모든 것을 다 사서 먹으려는 듯한 행태를 많이 보이기도 한다.

– 제목이 '너무 큰 의자'이므로 초장에서 '어떤', 중장에서 '의자에'는 생략해도 의미전달에는 지장을 주지 않는다. 한 마디를 줄이게 되어 정격으로 다가가게 된다.

**** 중복된 어휘**

특별한 의미가 없는 한 어휘가 중복되면 절제와 신선미가 떨어지고 긴장감도 없어진다. 때문에 소위 시조의 멋과 맛이 없어지고 장난 같은 느낌을 받는 경우도 있다. 작가가 의도적으로 어떤 어휘를 반복했다면 독자가 그 의도를 분명히 짚을 수 있도록 약간의 팁(tip)이라도 주어야 한다. 시조는 품격 있는 한국인의 전통 시이다. 입에서 나오는 말이 그 사람의 향기라면 정신세계에서 나오는 시인의 글은 그의 인품이며 품격이다. 이 품격은 시인 스스로 지키고 누려야 할 권한이며 의무이다. 누가 만들어주는 선물이 결코 아니다.

매끄럽고 참신성 있는 글이란 결국 비유를 잘하고 시어의 선택과 생략, 그리고 같은 어휘의 반복을 피하여 이미지를 형상화함으로써 상징성을 표출해야 하는 것이 아닐까 한다.

요점 정리

- 같은 어휘의 반복을 가능하면 피한다.
- 강조하기 위한 반복은 연달아 씀을 원칙으로 한다.
- 초 중 종장은 유기적 관계를 유지한다.
- 희언법으로 같은 어휘를 반복할 때는 긴장감, 흥미, 리듬이 살아나도록 한다.

2

조사 선택의 미(美)

조사의 선택에 따라 그 의미가 달라질 뿐 아니라 효과적인 조사의 선택은 시조를 매끄럽고 간결하게 쓰는 방법이며, 이는 연습을 통하여 습득 할 수 있는 테크닉이기도 하다.

예 : <u>그 남자가</u> 눈도 깜짝 하지 않는다……상태. 현상 : 주어
<u>그 남자는</u> 눈도 깜짝 않는다…………의지 : 주제어, 분별
<u>그 남자도</u> 눈도 깜짝 하지 않는다……동일동작의 비교. 현상

예문에서 보듯이 주격조사 '가' '는' '도'에 따라 받는 느낌이 완연히 다르게 나타난다. 즉 조사 하나로 인하여 문장의 뜻이 달라짐을 알 수 있다. 시조에서는 맛이 달라지고, 멋이 달라지고, 품격이 달라진다.

"남도의 끝자락에(3.4) → 남도 맨 끝자락"은 과감하게 조사를 없앤 경우다. '의'와 '에'를 생략한 예이다. "맨"이라는 관형어를 도입하여 끝자락을 강조하는 효과를 거두었다. 조사의 생략과 적절한 관형어의 도입은 이처럼 훨씬 시적인 표현이 되고 의미 전달에도 아무런 문제가 발생하지 않는다. 즉, 작가의 의도를 왜곡시키지 않는다.

"순간에 고통의 가시"는 "한 순간 고통의 가시"라고 하면 더욱 시적인 표현이 되며 '순간에'에서 '~에'를 생략해도 되고 "한"이라는 관형어의 도입으로 "순간"이 지니는 의미가 한층 분명해지고 강한 이미지를 가져오는 효과를 얻게 된다.

"영혼을 치는 맑은 소리" → "말갛게 영혼을 치는 소리"는 전자에서 '맑은'을 '말갛게'라는 부사로 만들어 맨 앞으로 끌어내 사용하니 문장이 전체적으로 세련되어 느낌이 달라지는 표현이 되었다.

"나 문지기로나 서 있을까"라는 문장에서 주어 '나'와 '문지기로나'의 조사 '나'를 생략하고 그냥 '문지기로 서 있을까' 해도 아무런 문제가 없다. 주격인 앞에 '나'는 화자(작가)라는 것을 누구나 아는 사실이다. 안 써도 될 낱말이다. 뒤에 '나'는 불필요하게 들어간 조사이다.

몇 가지만 예를 더 들어보면(의미 전달에 문제가 없어야 한다.)

• 저마다 자기 내력을 갈바람에 싣고 있다. → 자기 내력 갈바람에(목적격)
• 떠나는 희망버스를 철탑에서 바라보며 → 희망버스(목적격)
• 청사에 오르는 꽃은 → 청사에 오르는 꽃(주격)
• 수위가 높아지는 한반도의 기상이변 → 한반도 기상이변(관형격)

• 전례 없는 한랭전선의 변덕스런 → 전례 없는 한랭전선 변덕스런(관형격)

• 어머니의 눈빛은 뼈저리게 거룩하다 → 어머니 눈빛 뼈저리게 (주제어)

• 후미진 어느 골짝에 → 후미진 어느 골짝 (부사격)

• 창안에 갇힌 벌레가 유리에 달라붙어 → 갇힌 벌레 (주격)

• 땀이 밴 동전 하나가 고액의 신권 같다.

→ 동전 하나 고액의 신권 같다.(주격)

• 우수에 얼음이 풀린 냇가에 나가 보렴

→ 우수에 얼음 풀린 냇가에(5→4)(주격)

• 눈이 부시도록 → 눈 시도록(주격)

• 가지 끝에 걸린 연이 → 가지 끝 걸린 연이(부사격)

위 예에서처럼 조사를 적당히 생략하여 음수를 줄일 수가 있다.

예문 1)

굴참나무/***

오랜 세월 비바람 맞아 구부러진 굴참나무
눈 쌓인 언덕길에서 햇볕을 쬐고 있다.
긴 겨울 얼었던 얘기들을 내려놓고 길을 떠난다.

– '비바람 맞아'는 '비바람에'로 줄여도 되며 '언덕길에서'는

'서'를, '길을 떠난다.'에서 조사 "을"을 생략하고 '길 떠난다'로 해도 된다. '얘기들을'에서 복수의 의미로 쓰인 '들'과 조사 '을'은 모두 생략해도 아무런 문제가 없다. '얼었던 얘기'가 되어 7자에서 5자로 줄일 수 있다.

– 현재 햇볕을 쬐고 있는데 무슨 '길 떠난다.'로 종결을 지어 문장 전체가 어색한 느낌을 준다. "긴 겨울/얼었던 얘기/ 내려놓고/가겠지."처럼 상상에 맡기는 종결이 더 좋을 것 같다.

– 제목이 본문에서 반복된다.

예문 2)

병실에서/***

창문을 열어보니 오월의 바람 일렁이고
중장: 생략
종장: 생략

–"을"과 "의"를 빼는 게 매끈하다. 글자 수를 맞추기 위해서라면 "을"은 그냥 두되 "의"는 생략하여 (3.4.4.4)로 하면 된다. (3.4.5.4) → (3.4.4.4)

예문 3)

긴 날을 문밖에서/***

행여나 그대일까
대문 열고 나서보네

먼 길을 떠나던 날
그날은 올 것 같아

긴긴 날
몸단장하고 그리움을 적시네

– 중장의 "을"과 종장의 "은"은 생략 가능하나 글자 수와 의미를 모두 고려해야 한다.

특히 종장 후구 "그날은 올 것 같아"는 '그날에는 올 것 같다.'는 의미로 썼지만 '그날은' 하면 이미 정해져 있거나 예상한 어떤 날이 다가 오는 것으로 이해된다. 그래서 보조사 "~따라"를 붙여 '그날따라'로 하는 게 낳을 것 같다. "많은 날들을 두고 하필 왜 그날따라"라는 의미로 되니까.

예문 4)

수련/***

해뜨면 수면에 올라
가부좌를 틀고 앉아

몸으로 팔만사천
외우던 그 뜻을 찾아

긴 하오
입을 다문 채
좌선에 든 저 정적(靜寂)

– 목적격 조사 "를", "을"을 생략해도 무리가 없어 보인다.
– 종결어미로 결론을 내 주어야 한다.
– 팔만사천 : 불교에서 말하는 천상(天上)계 중에 무색계에 존재하는 제4천의 계가 비상비비상처천계이다. 여기서는 수명이 84,000겁(劫)이라 한다.
또는 많은 번뇌(84,000 가지)를 말하기도 함.

요점 정리

- 조사의 생략은 시조를 매끄럽게 만든다.
- 조사의 생략으로 문장의 연결이나 의미가 이상하거나 달라지지 않는지 살핀다.
- 도치법을 도입하여 생략 가능성을 찾는다.

알아두기

조사의 생략 조건

① 조사의 생략은 체언의 자격이 분명 할 때만 가능하다.

예) • 한이 맺힌 인생길에 → 한 맺힌 인생길에(주격 조사)
• 녹이 슬어 없어지고 → 녹슬어 없어지고(주)
• 너는 학교 가니? → 너 학교 가니?(주)
• 맘과 몸을 다스려서 → 맘과 몸 다스려서(목)
• 깊은 뜻을 읽어 낸다. → 깊은 뜻 읽어 낸다.(목)
• 패기에 찬 푸른 파도 → 패기 찬 푸른 파도(부)
• 어느 때에 찾아와서 → 어느 때 찾아와서(부)
• 서러운 몸짓에는 → 서러운 몸짓은(부)

② 서술격 조사 '이다'는 생략할 수 없다.

③ 소유격 조사 '의'는 경우에 따라 생략 가능하나 종장 첫마디에서는 쓰지 않는다.

④ 부사격 조사 중 '~로, ~라고, ~와, ~로, ~에게' 등은 생략이 어렵다.

예) • 뽕나무 밭이 바다로 변했다.
• 선생님께서 "옳게 살아라."라고 말씀 하셨다.
• 칼로 연필을 깎다.

• 강도에게 빼앗기다. 친구한테서 받았다.

⑤ 보격 조사는 생략가능하다.

예) • 나는 어른이 아니다. → 나는 어른 아니다.

⑥ 기타, 다른 격의 조사는 생략 시에 의미가 변하지 말아야 한다. 의미 전달에 제약을 받아서는 안 된다.

위 여러 예문에서 보는 것처럼 주격조사와 목적격 조사는 생략 가능하다하여 무조건 생략해도 되는 것이 아니라 문장의 구성과 의미 전달에 문제가 없을 때만 가능하다. 문장의 구성이 어색해지거나 운율(리듬)이 어색해지지 않아야 한다는 점을 강조한다.

3

주어와 서술어

"문장은 사고나 감정을 말로 표현할 때 완결된 내용을 나타내는 최소의 단위이다. 하나 이상의 어절(語節)로 구성 되며 주부(主部)와 술부(述部)로 나뉜다." 따라서 시조 역시 주어 또는 주어부와 술어 또는 술어부로 구성되어야 한다. 고시조에서는 창으로 불렀기 때문에 술어가 종종 생략된 경우를 발견하게 되지만 현대시조에서는 창으로 부른다 해도 술어(종결어미)는 있어야 한다.

문장의 어순에 따라 의미하는 바가 달라진다.

예를 들어 "설탕은 우리건강에 좋지 않다."라는 문장의 어순을 보자.

위의 문장은 서술적 표현이다. 그런데 "우리건강에 설탕은 좋지 않다."라고 하면 우리 건강을 강조한 것이고, "좋지 않다, 설탕은 우리건강에" 하면 "좋지 않다"는 말을 강조한 것이다. 이처럼 문장의 순서를 어떻게 하느냐에 따라 강하고 덜 강한느낌을 받는다. '설탕'이라 제목을 달고 본문에서 '건강에 좋지 않다.'라고 했다면 이 때 주어는 제목이 된다.

때로는 화자 자신이 되어 문장 어느 곳에서도 주어가 나타나지 않는 경우도 있다. 아래 예로 든 시조가 바로 주어를 화자 자신으로 하고 있는 문장이다.

예문 1)

오백년 도읍지를 필마로 도라드니
산천은 의구한데 인걸은 간듸 업다
어즈버 태평연월이 꿈이런가 하노라.

〈길 재/청구영언진본〉

– 이 문장에서 주어는 작가 자신이다. 즉 주어가 숨어 있다. 오백년 도읍지 앞에 나 = 화자가 숨겨져 있다.
– 작자가 독자에게 전하고 싶은 메시지는 일장춘몽 같은 삶이다.
– 이처럼 주어를 문장 속에 숨길 수도 있다.

예문 2)

내속 허물/***

내가 만약 장미라면 허물은 가시로다(4.4, 3.4)
애써 벗으려해도 못 벗을 내 아토피(2.5, 3.4)
하얀피(3)

애옥같은데(5)
붉은 꽃 터지는 거(3.4)

– 주어는 초장에서는 '나' 이지만 전체로 보면 제목 '내 속 허물' 이 주어이다.

– "벗으려 해도, 하얀 피, 애옥 같은데"는 띄어쓰기를 한다.

애옥은 '고름, 진물' 의 뜻을 가진 제주도 사투리다.

– '붉은 꽃 터지는 거' 어떻다는 말인지 결론이 안 나고 있다. 즉 종결 어미가 안 보인다. 종장만 보면 '하얀 피' 가 주어이다. 가시가 되는 것은 아토피 때문이다. 장미에 가시가 돋듯 몸에는 아토피 피부염이 있다는 표현이다.

– 중장 "벗는다"라는 어휘의 반복을 피하는 게 좋다.

– 이 시조는 정형의 틀에 어긋난 것은 아니지만 다음과 같이 써 보면 훨씬 정형의 틀에 가까워짐을 알 수 있고 독자에게 화자의 뜻을 보다 분명하게 전달 할 수 있으리라 생각 된다.

'애써 벗으려 해도(2.5) → 벗으려 애를 써도(3.4)

전자는 '애써' 다음에서 휴지(休止 caesura)가 생기게 된다. 즉 '애써✓벗으려 해도' 가 되고 후자는 '벗으려✓애를 써도' 처럼 읽게 된다.

'하얀 피 애옥 같은데 붉은 꽃 터지는 거'

→ '붉은 꽃 터진 자리에 하얀 피가 흐른다.'

예문 3)

"높은 치사율 때문에 에볼라 환자가 나오지 않는 우리나라에서도 '막연한 두려움' 이 확산되고 있다."

– 위 예문은 어느 기자가 쓴 기사 내용 중 일부로 "높은 치사율"을 강조하기 위해 문장의 맨 앞부분으로 끌고 온 형태이다.

– 위 예문을 읽으면 우리나라에 "에볼라" 환자가 없는 것이 마치 높은 치사율 때문인 것으로 이해하기 쉽다.

– 이 문장을 "에볼라 환자가 나오지 않는 우리나라에서도 '막연한 두려움' 이 확산 되는 것은 높은 치사율 때문이다." 라고 쓰던가,

– 예문 "높은 치사율 때문에, 에볼라 환자가 나오지 않는 우리나라에서도…"라고 반점(쉼표,)를 찍어주면 오해의 소지가 없게 된다.

– 특별히 강조하고 싶은 경우에 도치법을 쓰기는 하지만 어순을 잘못 나열해 엉뚱한 글이 되지 않도록 해야 한다.

– 특히 관형어를 연거푸 쓰거나 한 문구가 다른 문구를 수식하는 경우에 적절이 배열하여 오해나 어색함을 피하여야 한다.

예문 4)

흰고무신/***

아버지 흰고무신 조심스레 놓인 댓돌
반생을 사투하며 얇게 닳은 십일 문 반
아릿한 시간의 뒷길 초연하게 걷는 아침.

– 정형의 틀을 조금도 벗어나지 않은 완벽한 시조의 형식을 지키고 있다. 하지만 술어가 없어 답답하다. 3장이 모두 명사형으로 끝맺음을 하고 있기 때문이다. 주어 '흰고무신'은 '흰 고무신'처럼 띄어 써야 한다. 이 문장의 구성을 보면 초장에서 '댓돌'이 주어처럼 되어 있다. 그러나 '댓돌'을 주어로 놓고 보면 중장과 종장이 연결이 되지 않는다. 그러므로 '흰 고무신'이 주어임이 드러나게 되는데 종장에 종결어미가 없어 '흰 고무신이 걷는 아침'이 되므로 어색하게 된다. 흰 고무신은 이미 댓돌위에 조심스럽게 놓여 있다고 화자가 밝히고 있기 때문이다. '초연하게 걷고 나서' 또는 '시간의 뒷길을 초연하게 돌아와서'라고 하면 문맥이 통하게 되어 상황은 그려지지만 술어가 없어 결론을 내지 못하는 결과를 초래하고 있다.

예문 5)

바둑돌/***

인생이란
한번가면
다시 올 수 없는데
여러 번
태어나고
여러 번 죽다보니
열아홉 곡예길 위에 지혜로운 착지점.

– '착지점' 이란 명사로 끝맺음을 하고 있어 완벽한 종결을 지었다고 보기 어렵다. 아직도 화자는 할 말이 남아 있는 듯하다.
– 초장과 중장이 배치(背馳)되고 있다.

예문 6)

어머니 말씀/***

해맑아 고운 얼굴
볼수록 자애롭고

부드런 말 한 마디
미묘한 향기 일어

깨끗해 티없는 말씀
뿌리 깊은 사랑이.

– '뿌리 깊은 사랑이' 어떻게 된다는 결론이 없어 제목 또는 초장, 중장과 연결성 역시 떨어질 수밖에 없다.

– '깨끗해 티없는' 은 같은 말이며 '티없는' 은 '티 없는' 으로 띄어 써야 한다.

이 문장의 어순은 "티 없이 깨끗한"으로 해야 정상적인 문장이 된다.

요점 정리

- 문장의 어순을 맞춘다.
- 강조를 하기위한 도치법 등 수사법을 바꿀 때는 예외로 한다.
- 마침표, 따옴표, 등 한글맞춤법을 준수한다.
- 종결어미에는 반드시 마침표를 찍고, 도치법을 쓸 경우는 쉼표(반점)와 마침표(온점)를 모두 찍는다.
- 제목에는 마침표를 찍지 않는다.

알아두기

① 명사의 나열만으로 주어가 될 수 있는가?

참고로 중장에서 "삼태기며 맷방석 망태기며 가마니가"는 마치 명사의 나열 같으나 "~며, ~가"라는 주격조사를 씀으로서 주어부를 형성한 것이니 아무런 문제가 없다고 본다. 하지만 주어(주어부), 술어(술어부)가 없는 단순한 명사의 나열이나 낱글자만으로는 문장이 성립되지 않기 때문에 이런 표현을 해서는 안 된다.

예를 들어 "빨주노/ 초파남보" 처럼 첫 글자를 따서 기억하기 쉽도록 만든 낱글자는 문장으로 볼 수 없다. 전자는 '빨강 주황, 노랑' 은 무지개의 일곱 가지 색깔을, 기억하기 쉽도록 첫 글자만 따서 외울 때 쓰는 약속 내지 문자의 조합이지 독립된 문장으로 보기는 어렵다. 따라서 이런 말들은 시조를 지을 때 반드시 피해야 할 것이다.

만약에 '빨주노초파남보는 무지개 색깔 첫 자를 조합해 만든 것이다.' 라고 썼다면 "~는"이라는 주격조사와 함께 "~이다."라고 했으므로 주어와 술어가 있는 완전한 문장이 된다.

② 일어문(一語文)에 관하여

위에서 언급한 바와 같이 문장은 주어와 술어로 이루어지는 것이 원칙이겠으나 일어문도 있다는 점을 알아야 한다.

일어문(一語文)이란 말 그대로 독립어로 된 문장을 말한다.

예를 들면 "아!", "어머나!"와 같은 감탄사이다. 분명히 한 문장이다. 이런 경우는 "." "," "?" "!"와 같은 마침표가 반드시 찍혀야 한다, 문제는 시조에서 "아! 그래"와 같은 것을 3자로 인정하느냐, 아니냐 하는 점이다.

예를 들어 "아! 그래 그날부터 네 모습은 안 보인다."라는 문장을 분석해 보면 "아!/ 그래/ 그날부터/네 모습은/ 안 보인다."가 되어 독립어가 "아!"와 "그래"가 되고 이럴 때 표기는 "아, 그래!"처럼 해야 맞는 표현이다.

종장이 "하! 세월/ 말 못하는 바위/ 등을 치는/ 성난 파도"로 되어 있다면 이 역시 "하!/세월 말 못하는 바위/ 등을 치는 /성난 파도"처럼 "하!"를 감탄형으로 쓴 것인지, "하 세월" 로 쓴 것인지 구분하기 어렵다.

"하 세월"로 보면 '하' 다음에 느낌표(!)를 없애야 한다.

"어! 추워! 노란 꽃 덜덜 떨다 두 손 잡던 봄 햇살"

이 문장 역시 "어, 추워!/ 노란 꽃 덜덜 떨다/ 두 손 잡던 봄 햇살"로 해야 한다.

"아! 그래"는 "아, 그래!"로 "어! 추워!"는 "어, 추워!"로 작은 느낌을 나타내는 쉼표(,)를 찍는 것이 좋다.

문장부호 하나라도 옳게 쓰는 것이 시조시인의 인품임을 잊지 말고 세심한 주의가 필요하다. 시조시인 뿐만 아니라 글을 쓰는 모든 이가 기울여야 할 사명이다.

③ 마침표 사용에 대하여(마침표. 물음표? 느낌표!)

문장부호는 분명히 문장의 일부분이다. 문장을 읽고 이해하는데 많은 도움을 준다. 시에서는 마치 마침표 같은 문장부호를 안 쓰는 것이 당연하거나 유행처럼 되어 있는데 필자의 생각으로는 그렇지 않다고 본다.

시조에서도 마찬가지이다. 특히 연시조인 경우 각 수마다 종결을 표시하는 마침표를 찍지 않으면 다음 수로 이어진다는 의미로 이해 될 수도 있기 때문에 더욱 세심한 주의가 요청된다.

한글맞춤법에 보면

1) 서술, 명령, 청유 등을 나타내는 문장 끝에는 마침표(.)를 찍도록 되어 있다.

예) • 학생은 나라의 미래이다. ---- 서술
• 황금 보기를 돌같이 하라. ---- 명령
• 학생은 학교로 돌아가자. ---- 청유

다만 표제어나 표어에는 쓰지 않는다.

예) 한강은 흐른다 ------ 표제어
꺼진 불도 다시보자 --- 표어

2) 가로쓰기에는 마침표(.), 세로쓰기에는 고리점(｡)을 쓴다.

3) 감탄형 어미라도 정도가 약할 때는 마침표를 쓸 수 있다.

4) 제목에는 마침표를 찍지 않는다.

5) 직접 인용한 문장에는 둘 다 허용 된다.

예) : 그는 '지금 당장 가자.' 고 했다('가자' 다음에 온점 있음)

그는 '지금 당장 가자' 고 했다('가자' 다음에 온점 없음)

6) 용언의 명사형이나 명사로 끝나는 말도 둘 다 허용 된다.

예) : 몸과 마음을 다하여 애를 씀.(온점 찍음)

몸과 마음을 다하여 애를 씀(온점 안 찍음)

최선을 다하기.

최선을 다하기

7) 여운을 남기고 싶을 때는(……)처럼 6점 또는 (…)처럼 온점 셋을 찍거나 ~지, ~까, ~겠지, ~려나 등에 온점(마침표)를 찍어도 여운을 남기는 문장이 된다.(~할까. ~하겠지. ~하려나.)

8) 가벼운 감탄을 나타낼 때는 느낌표(!) 대신 쉼표(,)를 쓸 수 있다.

예) 아, 그랬군.

9) 일반 접속어(그러나, 그리고, 그러면, 그런데, 그러므로) 다음에는 반점을 찍지 않는다.

10) 문맥상 끊어서 읽어야 할 때는 쉼표를 찍는다.

11) 특정한 의미를 나타낼 때는 가운뎃점(•)을 찍는다.

예) 3 · 1절 8 · 15광복

13) 같은 계열의 단어 사이에도 가운데 점을 찍을 수 있다.

예) • 사과 · 배 · 감,

4

서술문 형식의 시조

1) 설명문 형식

시조는 시조다워야 한다. '시조답다'라는 말은 비유, 상징, 변화, 강조 등 수사법을 쓰라는 의미이다.

그런데 비유법을 쓰지 않고 화자 자신의 생각이나 느낌을 객관적으로 진술하듯이 시조를 지으면 맛이 나지 않는다. 설명문이나 기행문이 되고 말기 때문에 여운이 남지 않으며 맛과 멋이 사라지게 된다. 설명문이나 묘사문, 기행문 같은 경우에는 화자와 독자 간에 소통이 빠르면 빠를수록 좋다. 화자의 감정이나 느낌이 일상적 언어처럼 막힘없이 독자에게 전달되어야 하기 때문에 특별한 수사적 기법이 요구되지 않는다. 하지만 시조에 있어서는 함축성, 리듬, 이미지 등을 살리기 위해 소통의 지연을 위한 미적장치가 적절히 채워져야 좋은 창작이라 할 수 있다.

위산 과다/***

필요이상 산이 많이/ 나오는 위산과다는(4.4, 3.5)
세 가지 증세로 /신호를 보내온다.(3.3, 3.4)
속 쓰림 (3.5.4.3)
더부룩한 속, /신트림이 나온다.

글자 수만 맞춘 시조이다. 이 글을 (/)에서 행갈이를 했다고 해서 시조로 탈바꿈 하는 것도 아니다. 그냥 위산과다가 어떤 증세를 나타내는지를 설명한 글이다. 즉 아래처럼 행갈이를 해도 역시 시조는 아니다.

위산 과다/***

필요이상 산이 많이
나오는 위산과다는

세 가지 증세로
신호를 보내온다.

속 쓰림
더부룩한 속,
신트림이 나온다.

– 행갈이를 하여 시조 흉내를 냈을 뿐 시조는 아니다. 더구나 초장은 "필요 이상 산이/ 많이 나오는 위산과다는(4.2.5.5)"과 같이 되어 음수율이 맞지 않는다.
소통의 지연효과가 전혀 없는 설명문이다. 즉 일상적 언어로만 작품이 조립되어 있다.

예문 1)

복제품/***

자연이 또 여름을 복제해 놓았다.
작년이나 올해나 똑 같은 여름이다.
기술이 너무나도 뛰어나 모두가 원본 같다.

– 위 시조는 여름을 설명해 놓은 시조이다. '작년이나 올해나 똑 같은 여름이다'는 작년이나 올해나 여름이라는 계절이 같다는 표현만 했을 뿐 무엇이 같다는 것인지 구체성이 안 보인다. 화자가 여름이라는 여러 변수 중에서 무엇을 보고 시조를 쓰려는 동기가 발동했는지 그 부분에 대해서 구체적 심안을 가지고 창조적 형상화가 이루어져야 맛있는 시조가 나오리라 본다.

여름이라는 너무 크거나 넓은 범주를 가지고 핵심 있는 표현을 하기란 참으로 어려운 것이다.

예문 2)

행복은/***

행복은
별게 아냐
어제처럼 지금처럼

마음 맞는
사람과
한자리에 앉아서

바라만
보아도 좋은 것
그게 바로 행복이지.

– 행복을 정의 하기란 매우 어렵다. 바라만 봐도 좋은 것도 역시 행복의 하나이긴 하지만 주관적인 화자의 일반적인 서술문 형태가 되고 만 느낌이다.

예문 3)

투표/***

마음을 정할 때
'찍는다' 는 말을 쓰고

머슴을 찍는 일을
'투표' 라고 일컫는다.

'선거' 라 부르기도 한다
손을 들어 준다고

– 설명문이다. 왜냐하면 '일컫는다.' 라는 말과 '부르기도 한다.' 라는 말에서 설명문이라는 의미가 드러난다. 전혀 시적 형상화가 되지 않았다.

예문 4)

물난리를 보며/***

하느님 어이 이리 물로 말씀하십니까?(3.4,2.6)
곳곳이 둥둥 뜨고, 핏줄 잃고 일터 잃어(3.4,4.4)
그 물이 미워졌지만(3.5.4.4)

그 물 먹고 또 사네요.

물에 골은 산이 화살같이 날아가(2.4,4.3)
눈에 걸린 것을 거침없이 삼켜버려(2.4.4.4)
하늘은 마지막 경고하듯(3.7.4.3)
불을 물고 떠네요.

– 대화체 시조로 서술적 표현을 하였다는 느낌이다.

– 종장 후구 '그 물 먹고 또 사네요.'는 '또 그 물 먹고 사네요.'라고 해야 어순이 맞는다. 왜냐하면 우리에게 아픔을 준 물이지만 안 먹으면 죽으니까 또 먹어야 하기 때문이다. '또 산다.'라는 표현은 죽었다가 그 물 먹고 다시 살아난다는 의미가 강하다.

– "하느님, 어이 이리"처럼 '하느님'은 호명이므로 수사기법상 돈호법이다.

따라서 반점을 찍는 게 좋다.

산이 물에 곯은 것이라면 '골은'은 '곯은'으로 해야 된다.

예문 5)

인연/***

삼십여 년 직장생활 수많은 만남 중에
더러는 오랫동안 따뜻하게 사귀었어도
무심한

시절을 따라
끊어지고 마는데.

일 년에 두서너 번 어쩌다가 이어지면
언제나 편안하게 마주할 수 있는 얼굴
그 누구
선물이런가
이 소중한 인연들이.

– 인연은 참으로 많다. 우연이든 필연이든 간에. 이 세상에 태어나는 순간부터 죽을 때까지 사람은 인연이란 연결고리로 이 세상을 살아간다. 위 시조는 정형은 잘 유지하였으나 비유가 전혀 없어 밋밋한 시조가 되고 만 느낌이다. 직장이란 공간에서 만난 인연이 선물처럼 소중하다는 이야기로 서술적 표현이다.

예문 6)

시간/***

오랜만에 카메라를 꺼내서 사용하려니
작동이 되지 않는다 고장인가 살펴보니
방전이 되고말았다 쓰지도 않았는데

– 이 역시 카메라가 작동되지 않는 이유를 설명해 주고 있는 글이다.

– 종장 "되고 말았다" 다음에는 쉼표를 찍고 "앉았는데" 다음에는 마침표를 찍는다.

예문 7)

커다란 은행나무/***

커다란 은행나무 마을의 자랑이다
낮이나 깊은 밤도 그 자리 지켜 서서
컴컴한
우리 동네를
보고 섰다 말없이

새들도 불러들여 노래도 불러주고
시원한 바람까지 땀방울 씻어주며
언제든
쉬지 않고서
기쁨 가득 넘치나

끄덕도 하지 않고 새끼줄 동여맨 채
수많은 소원 쪽지 무겁게 걸은 채로
누구든
꿈을 이루게
밤낮 없이 빌고서

– 이 시조 역시 마을에 있는 커다란 은행나무를 묘사해 주고 있는 글이다.

첫 수 종장 후구 '보고 섰다, 말없이.' 처럼 쉼표와 마침표를 찍는다.

둘째 수 초장 '새들도 불러들여 노래도 불러주고' 는 안 맞는 표현이다.

새들을 불러들여 노래를 시킨다는 표현이 어색함을 덜 하게 된다.

셋째 수는 종결이 어미가 없어 쓰다 만 문장 같다. '빌고서' 다음에 마침표를 찍으면 오해는 없을 것이다.

요점 정리

- 시조는 시적형상화가 생명이므로 일상적 설명문이 되어서는 안 된다.
- 설명조의 시조는 엄격한 의미에서 시조가 아니며 맛과 멋과 흥이 없는 일상적 언어와 다를 바 없다.
- 산수경치를 노래한 시조라 할지라도 있는 사실을 나열해서는 안 된다.

2) 묘사문 형식

일반적으로 시조(시)를 쓰고자 할 때 어떤 사물(대상)을 보고 떠오른 생각을 그대로 옮겨 적는 방법으로 글을 쓰는 경우가 많다. 특히 초보자에게 있어서는 더욱 그렇다. 다시 말해 대상의 사실적 묘사에 중점을 두고 사진을 찍듯이 자세히 설명하려는 경향이 있다. 왜냐하면 독자가 자기 글을 이해하지 못할까 하는 의구심과 더불어 친절을 베풀려는 경향 때문이다.

묘사문은 독자가 이해하기 쉽도록 어떤 사실이나 이치를 객관적이고 논리적으로 설명한 글로서 마치 그림을 보듯이 또는 디지털 카메라로 사진을 찍듯이 대상을 상세히 설명하는 형식이다. 정확하고 객관적인 정보전달이 목적이므로 자기주장이 들어가지 않는다.

앞서도 여러 번 언급했지만 시조는 함축적 이미지를 분명하게 드러내야 한다. 시조시인이라면 누구나 풍부한 상상력과 글 사이에 박힌 행간을 찾아낼 수 있는 능력을 가지고 있을 것이다. 행간을 찾을 수 있다는 말은 반대로 숨길 수도 있다는 표현이다. 수필이나 기행문에서처럼 단순 묘사 형식의 설명문 시조를 쓰면 정말 맛없는, 색깔 없는, 개성 없는 밋밋한 글이 된다. 수필이나 기행문이 맛없다거나 재미없다는 얘기가 아니라 최소한 시조에서는 그렇다는 얘기다.

이런 설명조의 시조를 짓지 않기 위해서는 많은 글을 읽어야 하고 좋은 글, 즉 수사법을 동원하여 개성 있고 의미 있는 글로 짜인 시조를 읽고 또 읽으며 되새기고 그 맛을 느껴봐야 한다.

예문 1)

사진찍기/＊＊＊

봄날 양지쪽에 세사람이 앉았습니다.
장모님과 딸 아이 그리고 아내입니다.
꽃처럼 흙돌담처럼 장독처럼 앉았습니다.

이 시조는 상황이 너무 자세히 설명 되어 있어 독자가 무엇을 생각하고 말고 할 여지를 남겨 두지 않았다. 읽을 때마다 다르게 느껴지고 새로운 의미와 감흥이 일도록 함축적이며 시적형상화가 제대로 이루어져야 한다. 특히 중장에서 '장모님과 딸 아이' 까지를 한 음수로 봐야 한다. 의미상 분리할 수 없는 문장이다. 또 종장에서 '~처럼' 이라는 조사가 연속 3번 반복되었는데 음수만 보면 3.5.4.5 로 되어 있으나 문맥을 보면 "꽃처럼, 흙돌담처럼, 장독처럼"은 세 사람이 앉아 있는 모양을 묘사한 문장이다. 또 세 어휘가 모두 동격을 이루고 있어 3.5.4.3의 규칙에 어긋난다고 볼 수도 있다. 디지털 카메라로 사진을 찍듯이 사진 찍는 장면이 눈에 선하게 그려진다.

예문 2)

철쭉/***

관악산 올라가니 철쭉이 만발했다.
연분홍색 너무 고와 꺾어 들고 오려다가
불쌍한 생각이 들어 그냥 두고 내려 왔네.

위 글은 진달래를 보고 느낀 소감이라기보다는 꺾어오려고 하다가 말았다는 얘기를 시조 형식을 빌려 쓴 것이라 할 수 있다. 이 역시 서술문에 불과하다.

☞ 고쳐보기

관악산 능선 따라 핏빛 같은 빨간 철쭉
부끄러 홍당무 된 우리 누이 얼굴 같아
꺾을까 망설이다가 용기 내어 그냥 왔다.

몇 군데 비유를 해서 진달래를 묘사했지만 시조가 된 것은 아니다. 일반적으로 누구나 할 수 있는 일상적인 언어로 표현 되어 있어 신선미가 떨어지고 독자에게 전달하려는 메시지가 없기 때문이다.

예문 3)

낙원/***

(4수 중 두 수)

생땅을 뒤지면서 돌 자갈 주워내고
석회와 밑 비료에 거름을 듬뿍 주며
고랑을 십자로 내고 평평하게 만들었다.

고추며 가지 부추 토마토 오이 모종에
달래와 돌나물도 들판에서 모셔왔다.
당뇨에 좋다는 여주를 심고 파도 묻었다.

– 텃밭을 가꾸는 모습을 묘사한 시조이다.

– 시제가 과거형으로 되어 있다. 현재형으로 바꾸는 것이 바람직하다.

예문 4)

닭싸움/***

사람들이 심심풀이로 닭싸움을 시켰다.
두 쪽으로 갈라져서 응원하는 고함소리
닭들은 서로 맞붙어 피흘리며 싸운다.

– 이 시조 역시 시조의 형식을 빌려 닭이 싸우는 상황을 설명한 글이다. 이것만으로는 부족하고 뭔가 연상하고 상징하는 중의성이 있어야 시조다운 시조가 된다.

– '피흘리며'는 '피 흘리며'로 띄어 써야 한다.

예문 5)

관계증명서/***

구청장이 발급한 가족관계증명서엔
두 자녀, 배우자, 빠짐없이 다 있는데
떠나신 아버지 칸만 여백으로 남아 있다.

– 우선 초장에서 음절 하나가 부족하다. 즉 4.3.8의 형식으로 되어있다. '가족관계증명서'는 하나의 낱말이기 때문이다. 글자 수만 고려한 탓이다. 가족관계증명서상 어떤 가족이 있는지 설명 또는 묘사한 글이라 볼 수 있다.

설명문과 묘사문의 차이

• **설명문** : 옆집에 사는 총각은 시원한 대머리에 검은 피부에 얼굴은 갸름하다.

찢어진 눈에 까만 눈썹과 반짝이는 눈동자를 가졌다. 심술 맞게 생긴 양볼 아래로 하얀 이빨은 우스꽝스러운 모습을 자아내서 코미디언의 대표적인 요소를 두루 갖추고 있는 것 같다. (화자의 판단, 또

는 생각)

• **묘사문** : 옆집에 사는 총각은 반들반들한 대머리에 피부는 검고 얼굴은 달걀처럼 갸름한데 위로 찢어진 날카로운 눈매와 새까만 눈썹은 송충이가 달라붙은 것 같았다. 쥐눈이콩처럼 작고 반짝이는 눈과 양 볼은 볼록하게 튀어나와 심술 맞은 영감을 빼닮았고 그 양볼 아래로 백옥 같은 이빨이 가지런하게 나 있어 다소 우스꽝스런 모습을 자아내고 있다.(총각 얼굴에 대한 묘사)

요점 정리

- 시조(시)는 설명하는 글이 아니다. 국어사전이나 백과사전적 설명은 독자의 관심과 흥미를 이끌어 내지 못할 것이다.
- 수사법을 동원하여 독자에게 주는 메시지 있는 글을 써야 한다.
- 묘사의 시조라 하더라도 맛이 있게 쓴다.

5

문장 어순의 묘미

시조뿐 아니라 모든 문학은 문장(文章)에 기초한다. 문장에 익숙지 못하면 소기의 목적을 달성하기 어렵다. 문학에 있어서 가장 중요한 것 중 하나가 문장 구성력이라 할 수 있다. 사상과 감정은 물론, 어떤 사건 사고의 현황을 표현하거나 묘사하는 일은 모두 문자(文字)를 빌어 문장을 만들게 되기 때문이다. 시조도 마찬가지이다.

아무리 훌륭한 내용을 형상화 하였다 하더라도 시조(時調)만이 갖는 형태를 벗어나면 시조로서의 가치는 지니지 못하게 된다. 따라서 이 제한된 틀 안에서 시적(詩的) 효과를 극대화하려면 문장의 구성을 무시할 수가 없게 된다.

강조, 의미 전달의 정확성, 미적 장치 등 특별한 이유가 없는 한 어순이 맞아야 한다. 의도적이라 하더라도 논리상 모순을 가져와서는 안 된다.

예를 들면 '뎅그렁 바람 따라 풍경이 웁니다.' 라고 했을 때 "바람 따라 '뎅그렁' 하고 풍경이 웁니다."라고 해야 맞다. 왜냐하면 '뎅그렁 바람 따라' 하면 뎅그렁 바람 즉 바람의 종류를 나타내는 것으로 오해 할 수도 있기 때문이다. 아니면 '뎅그렁'을 따옴표 처리하거나 (,) (!)를 찍어야 한다. 독자가 뎅그렁 바람으로 오해를 하면 그 바람은 어떤 종류의 바람인지 알 수 없어 그 맛을 느끼지 못하게 된다.

"높은 치사율 때문에 에볼라 환자가 나오지 않는 우리나라에서도 '막연한 두려움'이 확산되고 있다."

이 문장을 자세히 보면 마치 '높은 치사율 때문에 에볼라 환자가 나오지 않는 나라'로 오해할 소지가 많다. 높은 치사율 때문에 환자가 나오지 않는다는 표현은 모순이며 안 맞는 말이다. 사실은 치사율이 높기 때문에 에볼라 환자가 없는 우리나라에서까지 막연한 두려움이 확산되고 있는 내용인데 이는 문장의 어순에서 오는 혼란 때문이다. 이 글의 필자는 "높은 치사율"을 강조하기 위해서 문장의 맨 앞에 이 어휘를 갖다 놓은 것이다. 이 때 독자의 오해를 피하는 방법이 "때문에" 에 다음에 쉼표(,)를 찍는 것이다.

이 글을 만약 '에볼라 환자가 나오지 않는 우리나라에서도 막연한 두려움이 확산 되고 있는 것은 높은 치사율 때문이다.' 라고 썼다면 아무런 오해도 발생하지 않았을 것이다. 수사법을 동원하여 특별히 전달하려는 의도를 가진 글이 아니라면 이 같은 오해나 헷갈리는 일이 없도록 작가의 의도를 정확하게 표현해야 할 것이다.

예문을 하나 더 보면 "희미한 불빛 따라 가파른 골목길에"라는 문장이 있다고 하면 이 문장의 정상적인 어순은 "가파른 골목길에 희미한 불빛 따라"이다. 그러나 이 글의 필자는 "희미한 불빛"에 더 강한 인상을 받아 이를 강조하려고 문장의 첫 머리에 "희미한 불빛"이라는 어휘를 가져다 놓은 것이다. 즉 문장의 어순을 바꾸어 강조하는 도치법을 쓴 것이다.

예)

• 식민지 풀죽은 병든 토양에 → 식민지는 풀이 죽고 토양은 병이 들고 '풀죽은' '병든'에서 '은'이 연달아 나오기 때문에 운율이 어색하게 되므로 이를 피하기 위해 대구(對句)를 만들어 본 것이다.

그러나 강조하기 위해 도치법을 쓰는 경우는 다르다. 예를 들어 "우리 꽃밭에 예쁜 꽃이 활짝 피었다."라고 했을 때는 순진법에 따라 쓴 정상적인 글이 되지만 "피었다, 우리 꽃밭에 예쁜 꽃이 활짝"이라든가 "예쁜 꽃이 우리 꽃밭에 활짝 피었다" 등 여러 형태로 바꾸어 쓸 수도 있다. 그러나 어떤 경우든 시조의 형식을 벗어나서는 안 된다는 점을 잊지 말아야 한다.

그렇지만 "우리 꽃밭에 꽃이 활짝 피었다, 예쁜"이라고 쓰면 어딘가 어색하다. 그 어색함은 리듬(운율) 때문이다. 이럴 경우에 문장이 매끄럽도록 어순을 맞추라는 얘기다.

"병든 몸 거느리고 지팡이 의지하여"라는 문장을 보면 전후구가 바뀌어야 한다. 즉 "지팡이 의지하여 병든 몸 거느리고"가 정상적인 어순이다. '병든 몸'을 강조하기 위한 조치로 보기 어렵다.

아무리 강조 법을 쓴다 하더라도 문학성과 맞춤법을 함께 고려해야 한다.

억지로 만들어 내는 문장과 운율은 보기에 안 좋기 때문이다.

예문 1)

무꽃/***

송구하고
송구한 건
하늘도 마찬가지

거저 줘도 안 뽑아 가는
천여평 월동 무밭

여태껏
못 갈아 엎고
누리느니,
이호사!

– 시조 형식에는 잘 맞는 외형을 구사하였다.

하늘이 송구하게 느끼기 보다는 사람이 하늘에 송구한 마음을 가져야 한다.

'천여평' 은 '천여 평' 으로 띄어 써야 하고 '이호사' 는 '이 호사' 로 해야 한다.

– '못 갈아 엎고' 는 '갈아엎고' 로 붙여 써야 하고, 마땅히 갈아엎어야 되지만 이런 저런 이유로 지금까지 미뤄 온 상황이다.

– 중장 "안 ✓뽑아 가는"에서 "안" 다음에 휴지(休止)가 오게 되

므로 운율이 매끄럽지 못하다. 같은 의미로 "싫다 하던"로 하면 좀 더 부드럽고

– 종장은 "지금은 호사 누리네,/노랑나비 춤을 보며"로 하면 어순이 무난하여 운율이 잘 살아나게 된다.

무꽃이 활짝 피어 아름다운 꽃밭이 되었으므로 걱정과는 다르게 지금은 호사를 누리게 되었다는 마음을 표현한 시조이다.

예문 2)

술래잡기 소래/***

먹먹한 포구에서 천리길 삼켜먹고
내 삶의 비린 풍경, 그 저녁 떠올린다
잡아도 잡히지 않는
갈매기 저
음표들……

– 초장 '삼켜먹고'는 어떤 동작을 말하는 것인지 이해하기 어렵다. '삼키다'와 '먹다'의 합성어 같은데 삼키는 거나, 먹는 거나 같은 말이다. 포구에서 떠올린다는 말이지만 포구에서 삼켜먹고 다른 곳에 가서 떠 올릴 수도 있다. '천리길'은 '천릿길'로 써야 맞다. '천릿길 삼켜먹고'는 '지금까지 살며 지나온 먼 여정을 잊는다.'라는 의미일 것이다. 먹먹한 포구에서 그 저녁을 떠올리는 것이므로 '천리 길 삼켜먹은 먹먹한 포구에서'로 어순을 바꾸어야 한다.

종장 '잡아도 잡히지 않는'은 어색한 표현이다. 잡았는데 잡히지 않는다는 표현은 모순이다. '잡으려 해도 잡히지 않는'다는 의미로 보이긴 하지만. 여기서 종장 첫 구 3자 불변의 원칙이 깨져 있음을 모르는 것 같다. '잡아도 잡히지 않는'까지가 첫 마디이다. 즉 8자로 시작되었으므로 원칙을 무시한 결과를 초래하였다.

'갈매기 저/음표들…'에서 '저'는 '음표들'에 걸리는 관형어로 '갈매기/저 음표들…'이 되어야 한다. 따라서 종장 후구가 4≧3이 아니라 3＜4의 형태로 보아야 할 것이다.

고향을 찾아간다/***
(세 수 중 둘 째 수)

늙은 몸 흰머리 구부장 허리숙여
어른들 근황 듣다 하늘로 간지 오래
잊혀진 얼굴들 속에 손꼽아 셀정도다.

– 초장은 늙은 모습을 묘사하다보니 문장이 매끄럽지 못하고 중장은 애기듣던 사람이 하늘로 갔다는 이상한 표현이 되고 종장은 잊혀진 얼굴 속에 손꼽아 셀 수 있다는 모순된 표현이 되었다.

– 초장은 '허리는 구부정하고 머리는 백발이고'로 대구를 만들어 늙었다는 이미지를 만들어야 하고 중장은 '어른들 근황 들으니 떠나신지 오래라네'로, 종장은 '잊었던 얼굴들 모두 새록새록 다가오네.'로 하면 무난하지 않을까 한다.

어순이 어색한 몇 가지 예를 본다.

• 멀거니 줄을 서서 구부러진 지팡이가

→ 구부러진 지팡이가 멀거니 줄을 서서 (전자보다 부드럽다.)

• 저렇듯 빛바랜 애증은 산야를 물들이고(5음절)

→ 애증도 빛이 바래 산야를 물들이고(4음절)

• 발가벗겨 패인 가슴 말동무 없어지고

→ 말동무 하나 없이 깊이 패인 가슴 안고(운율이 살아난다)

• 나뭇잎은 풀이 죽어 기다리다 지친 시간

→ 기다리다 지친 시간 나뭇잎은 풀이 죽어(논리가 맞는다)

• 진부령 칼바람에 온 몸에 피 말린 뒤(바람에, 몸에)

→ 온 몸에 피 말리는 진부령의 칼바람에(운율의 어색함을 피함)

• 가슴에 옹이 하나 군불 지펴 녹이려고

→ 가슴에 군불 지펴 옹이 하나 녹이려고(전자보다 부드럽다)

• 철탑에서 바라보는 떠나는 희망버스

→ 떠나는 희망버스 철탑에서 바라보며

• 뻐꾸기 울음소리가 해종일 들려온다.

→ 해종일 뻐꾸기 울음 창밖에 와 떨어진다.
(종장 후구 역진 피하기)

• 마음이 살아나서 맑은 피는 따라 돌고

→ 마음도 살아나고 맑은 피도 따라 돌고(대구로 만듦)

• 두륜산을 병풍 두르고 해남 텃새로 깃을 접은

→ 병풍두른 두륜산에 깃을 접은 해남 텃새

• 바람도 잠시 주춤 목메던 언덕 아래

→ 바람도 주춤주춤 목메던 언덕 아래(의태어의 반복)

• 누구의 것도 아닌 흙 물 불 바람으로

→ 누구도 소유 못할 흙과 물 불과 바람('과' 로 연결)

• 우리의 서럽도록 청청한 하늘을

→ 서럽도록 청청한 우리의 하늘을

요점 정리

- 어순이 맞지 않으면 의미 전달이 잘 못 될 수도 있다.
- 수사기법의 하나로 강조를 위한 경우는 예외이다.
- 어순이 잘못 되면 이미지나 상징성을 상실한다.

알아두기

***참고로 부사의 위치에 대하여 알아본다.**

종장에 "늙어 더/ 고귀한 미소/ 봄 하늘을/채운다."로 된 문장이 있다고 치면 이는 잘 못 알고 있는 것이다. 부사는 형용사나 동사를 수식하는 말로 수식하고자 하는 어휘 앞에 오는 것이 원칙이다.

예문에서도 '더' 는 '늙은' 을 수식하는 게 아니라 '고귀한 미소' 를 돕는 부사이므로 "늙어/ 더 고귀한 미소/ 봄 하늘을 /채운다."처럼 되는 바, 종장은 첫수 3자 불변의 원칙이 깨진 것이다.

"온 몸 다/ 내어주고도/의연한 저/ 환한미소"는 "온 몸/다 내어주고도/의연한/저 환한 미소"가 된다. 부사 '다' 는 뒤에 오는 동사 '내주다' 를 수식하는 말이다.

따라서 종장은 2.6.3.5가 되는 것이므로 종장 처리 요령에 어긋나게 된다.

부사에는 '매우', '가장', '겨우' 같은 특정한 성분을 수식하는 **성분**

부사와 '과연', '그리고', '아마, 즉, 하물며' 처럼 같이 문장 전체를 수식하는 **문장부사**가 있다.

"덩그러니 대나무 저 혼자 나부끼다" 역시 부사의 위치가 잘 못 온 경우이다.

'덩그러니' 라는 부사는 명사 대나무를 수식할 수 없으므로 '나부까다' 라는 동사 앞에 와야 한다.

"대나무 저 혼자 덩그러니 나부끼다"가 맞는 말이다. 전자는 대나무의 종류가 '덩그러니 대나무' 라는 말이 된다.

"곱다고 붉은 꽃 <u>함부로</u> 꺾지 마라"에서 '함부로' 라는 부사의 위치다.

'꺾다' 라는 동사 앞에 왔으므로 어순은 맞지만 만약에 "곱다고 함부로 붉은 꽃 꺾지 마라"처럼 부사는 형용사 앞에 올 수 있으므로 어순도 역시 맞는다.

이처럼 부사는 형용사나 동사 앞에 놓여 뒤에 오는 말을 수식한다.

무심코 쓴 글자 하나가 이처럼 전혀 다른 의미의 문장 구조를 만든다는 점을 염두에 두어야 한다. 글자 수만 맞춘다고 모두 시조가 되는 것은 아니다.

6

초, 중, 종장의 연결성

시조는 초장부터 종장까지 문맥이 잘 통해야한다. 서로 연결이 안 된다든가 다른 의미를 전달하는 문장이 되어서는 안 된다. 마치 물이 흘러가듯이 3장의 문맥이 통하고 한시(漢詩)의 기승전결처럼 초장과 중장에서 일어난 일들이 종장에서 결론을 내야 하는 것이 원칙이지만, 강조의 의미로 도치법을 써서 초장에서 결론을 이미 내놓고 중장과 종장에서 원인을 밝히는 경우도 종종 있다. 또 중장에서 결론을 내리고 초장과 종장이 이를 수식하는 경우도 있다. 즉 초장, 중장, 종장은 각각의 지체를 지닌 독립적 생명체가 아니라 서로 연결되고 유기적인 결합을 하여 한 몸이 된 하나의 생명체라는 것을 의미한다. 그러므로 초, 중, 종장이 따로따로 놀아서는 안 된다.

자유시와는 달리 시조가 꼭 3장이라야 하는 이유는 시조라는 생명력을 유지해야 하는 시이기 때문이며 각 장마다 고유의 기능을 하는 전통 시이기 때문이다.

임종찬 교수의 세미나 자료 〈접속관계에서 본 시조 2013년〉에 따르면 시조 각 장의 고유기능은 초장 중장에서 시적 사건의 전개를 이루고 종장에서 어떤 결론을 얻어야 한다고 한다. 다시 말하면 대부분의 시조가 "그래서" 형과 "그런데" 형으로 나눠진다고 한다.

참고로 자료의 일부를 인용, 소개한다.

① '그런데' 형;

그리고(초장 중장) → 그런데(종장)

고시조 예문 1)

태산이 놉다 하되 하늘아래 뫼희로다.

(그리고)오르고 또 오르면 모 오를 理 업건마는

(그런데)사람이 제 아니 오르고 뫼흘 놉다 하느니

〈양사언/청구영언진본〉

초장과 중장의 결과로 '그런데' 사람이 아니 오르고 산 높은 탓만 한다는 의미를 지니게 된다.

즉, 이 예문은 초장과 중장이 '그리고'로 연결된 후 종장에서 전환되어 '그런데'라는 의미로 종결 된 예이고,

고시조 예문 2)

그래서 → 그런데

초당에 일이 업서 거믄고를 베고 누워
(그래서)태평 성대를 꿈에나 보려터니
(그런데)문전에 수성어적이 잠든 날을 깨와다

〈유성원/청구영언진본〉

천만리 머나먼 길에 고온 님 여희옵고
(그래서)내 마음 둘 듸 업서 냇가에 안자이다
(그런데)져 물도 내 안 갓도다 우러 밤길 녜놋다.

〈왕방연/청구영언진본〉

– 이 예문은 초장 중장이 '그래서'로 연결되고 종장에서 '그런데'로 의 의미로 끝나는 예이다.

예문 3)
그래도 → 그런데

눈물이 진주라면 흐르지 안케 싸 두엇다
(그래도)십년 후 오신 님을 구슬성에 안치련만
(그런데)흔적이 이내 업스니 그를 설워 하노라

〈미 상/校註歌曲集〉

– 이 예문은 초 중장이 '그래도'로 연결되고 종장이 '그런데'로 끝나는 예문이다.

예문 4)

옥을 돌이라 하니 그려도 애다래라
(그래도)박물군자는 아는 법 잇건마는
(그런데)알고도 모르는 쳬하니 그를 슬허 하노라
〈홍 섬(洪 暹)/해동가요朴氏本〉

– 이 예문은 초장 중장이 '그래도'로 연결되고 종장이서 '그런데'로 연결됨

예문 5)
그러면 → 그런데

이 뫼흘 허러 내여 져 바흘 메오며는
(그러면)봉래산 고온 님을 거러가도 보련마는
(그런데)이 몸이 정위조 가틔야 바잔일만 하노라
〈서 익/청구영언 珍本〉

– 이 예문은 '그러면' '그런데' 형이다. 초장 중장이 '그러면'으로 연결되고 다시 종장에서 '그런데'라는 형식으로 전환 된 예이다.

현대시조

예문 1)

이변(異變)/김광수

분명 무슨 까닭 있기는 있나 보다.
얼결에 한 번쯤은 서녘에서 올 법도 한데
태양은 오늘도 역시 동녘에서 걸어 나온다.

그러면 → 그런데 형이다. 좀더 정확히 말하면, 왜냐하면 → 그런데 형이다.

얼결에 한 번쯤은 동녘에서 올 법도 한데 태양은 오늘도 역시 동녘에서 걸어온다는 것은 '아니 온다' 라는 부정적 의미를 띄고 있는 것이다. '그런데' 형이다.

현대시조도 마찬가지로 이와 같은 형태의 글이 되어야 초, 중, 종 3장이 서로 유기적인 관계를 유지하여 매끄러운 글이 된다고 본다.

② '그래서' 형

고시조

예문 1)

그리고 → 그래서

흥망이 유수하니 만월대도 추초로다.
(그리고)오백년 왕업이 목적(牧笛)에 부쳐시니
(그래서)석양에 지나는 객이 눈물계워 하드라.

〈원천석/청구영언진본〉

– 이 예문은 초장과 중장이 ‘그리고’로 연결되고 다시 종장에서 ‘그래서’라는 결론을 내는 형태의 예이다.

예문 2)

그런데 → 그래서

백설이 자자진 골에 구루미 머흐레라
(그런데)반가온 매화는 어늬 곳에 피엿는고
(그래서)석양에 홀로 셔 이셔 갈 곳 몰라 하노라.

〈주의식/청구영언 진본〉

– 이 예문은 초장과 중장이 ‘그런데’로 연결되고 종장이 ‘그래서’라는 결론을 이끌어 내고 있는 형태이다.

예문 3)

왜냐하면 → 그래서

꽃이 진다 하고 새들아 슬허마라
(왜냐하면)바람에 흣날리니 곳의 탓 아니로다

(그래서) 가노라 희젓는 봄을 새와 무슴 하리오

〈미 상/청구영언진본〉

어버이 사라신제 셤길 일란 다 하여라

(왜냐하면) 지나간 후면 애닯다 엇지하리

(그래서)   평생에 곳쳐 못할 일은 잇분인가 하노라

〈정 철/청구영언진본〉

– 이 예문은 초장 중장이 '왜냐하면' 으로 연결되고 종장이 '그래서' 로 결론을 내는 형태이다.

예문 4)

그러면 → 그래서

희여 거믈지라도 희는 일이 셜우려든

(그러면)희여 못 검는 듸 남에 몬져 힐 줄 어이

(그래서)희여서 못 검는 인생이니 그를 슬허하노라

〈미 상/청구영언 六堂本〉

– 이 예문은 초 중장이 '그러면' 으로 연결된 후 종장에서 '그래서' 라는 결론을 내고 있는 형태이다.

– 각 장 첫머리에 "희여"를 넣어 지음으로서 두운을 살린 작품이다.

현대시조

예문 1)

벼슬나리꽃/김흥열

수풀에 파묻혀서 청렴만 키운 뜻을
무시로 찾은 벌이 소문낼까 두려워서
발그레
얼굴 붉힌 채 풀잎 뒤에 숨어 핀다.

위 예문은 필자의 졸작을 예로 든 것이다. 왜냐하면 → 그래서 형태이다.
종장 '발그레' 앞에 '그래서'라는 말이 생략된 형태이다.
'그래서'는 ~ 이유 때문이고, '그런데'는 ~ 결과에도 불구하고 ~이 되지 않는다는 부정적 의미를 지니고 있다.

예문 2)

작곡중/서관호

제비들이 전깃줄에
작곡을 하고 있다

마디마디 모닥모닥
음표를 그려놓고

음정을
조율하느라 지지배배 바쁘다.

그리고 → 그래서 형태이다.

– 제비들이 전깃줄에 앉은 모습을 마치 악보처럼 느끼며 쓴 시조로 '그래서' 형에 속한다.

– 제목과 본문 초, 중, 종장이 모두 연결성을 가지고 있다.

– 정격을 잘 지킨 시조이다.

③ 도치법을 쓴 시조의 예

"왜냐하면 → 그래서" 형

현대시조

예문 1)

장마/김석철

하늘도 곁에 내려
무상을 앓고 있다.

허물 많은 가슴 적셔
우울을 달래지만

아직도
회한의 세월
궂은비만 내리니.

– 이 시조는 초장에서 이유를 밝히고 있다. 왜냐하면 → 그래서 형태로 된 시조이다.

예문 2)

너는, 거기/김소해

내 여기 벼랑에서 먹먹하게 저물거든

너는 거기 노을로 물들었다 가거라

오래전 편지의 회답 지금 막 도착했으니

– 무상을 앓고 있는 이유는 아직도 궂은비가 내리기 때문이다. '왜냐하면 → 그래서' 형이다. 도치법을 쓴 예문이므로 의미상으로는 종장이 초장 역할을 하고 있는 것이다.

위에서 예로 든 시조는 모두 종장에 결론이 나와 있다. 그래서 초장 중장에서 그 이유를, 당위성을 밝혀야 한다. 그렇기 때문에 '그런데' '그래서' 라는 결론이나 원인이 숨어 있다고 봐야 한다.

④ 연결성이 부족한 작품의 예

예문 1)

사물놀이/***

계곡의 물소리
　　　　고구려의 말발굽

한을 두드리는
　　　　여인네의 다듬이 소리

저문 날 종종걸음
　　　　재촉하는 귀가길

동해의 일출에
　　　　눈이 부신 비단물결

천둥 번개 뒤에
　　　　우레속의 소나기

촉촉이 젖어드는

소녀의 속눈썹

이 시조를 보는 순간 초장부터 종장까지 무슨 연관성이 있는 건지 의심을 하게 된다. 이 시조 역시 작가는 혼신의 힘을 기울여 쓴 것이겠지만 아무리 그렇다 하더라도 시조로 이해하기에는 무리가 따른다. 서술어가 없기 때문에 문장이 딱딱하고 중간에서 문맥이 끊겨버린다. 시조로 분류하기에는 무리가 있다.

전혀 관련 없는 문장의 나열로 글자 수만 맞추려고 노력은 했는데 첫 수와 둘째 수 모두 종장 첫 마디 3자는 맞으나 둘째 마디는 4로 되어 있으므로 3.5.4.3형식에 맞춰 5자 이상이 되어야 하는데 이를 무시한 것이다. 종장 첫 구를 제외하고 (±) 는 가능하다고 하더라도 둘째 구는 5이상 7자 이내만 허용되어야 운율 상 큰 문제가 없다고 본다.

상기 예문에 특이한 점은 각 장마다 주어와 술어가 없다는 점이다.

후구(句)가 모두 명사형으로 끝나는 문장의 나열이며 제목 사물놀이와 연관관계도 찾기가 어려운 시조가 된다.

예문 2)

왜 이리도/***

텃밭에

내리는 건

간지러운 봄햇살

해질녘
이 그리움
일렁이는 고향바다

수평 끝
여울져오는
사랑 그 쓸쓸함.

– 초장은 중장 종장과 서로 연관성이 없는 독립된 문장으로 보여진다.
– '봄햇살'은 "봄 햇살"로 띄어 써야하고 종결 어미가 모두 명사형으로 되어 있어 술부가 없는 형태가 되고 말았다.

예문 3)

인연/***

한 백년 먼저 갔을 발자국 남긴 사연
한 천년 범종 울음 바람이 전해주네
한 겁쯤 지친 기다림 동백 숲이 말하네.

– 초, 중, 종장을 연결하기 어렵다.

원인과 결과가 없다. “그런데” 형과 “그래서” 형 어디에도 해당함을 찾기 어렵다.

– 초, 중, 종장 모두 ‘한’이라는 글자로 두운을 두고 있다.

예문 4)

아버지/***

이제나 망할것들
저제나 오려는가
당신의 생일날만 손꼽다가 손톱닳고
애매한 깻대만 태워 안방 장판 눌었다.

– ‘이제나저제나’는 언제일지 알 수 없을 때, 어떤 일을 몹시 안타깝게 기다릴 때 쓰는 말로 분리해서 쓸 수 없는 단어이다.

– 논리상으로도 ‘이제나 망할것들’ ‘저제나 오려는가’는 안 맞는다. 대구(對句)도 아니다.

‘저제나’는 이미 지난 때를 이름인데 과거에 저질러진 어떤 행위를 지금 와서 ‘오려는가’ 하고 묻는 것은 맞지 않는다.

– “망할 것들”은 어휘 선택의 문제이다. 어른이 애칭으로 자식들에게 이처럼 말 할 수도 있으나 ‘망하다’라는 표현은 좋은 시어가 아니다. 신중을 기할 필요가 있다.

예문 5)

여행을 떠나요/***

쏟아지는 아침 햇살은 누구의 소리일까
두둥둥 넝마타며 한 개 꿈을 낚아 볼까
어엿차 날개짓하며 여기저기 떠나볼까

가까이 모여 앉아 수다를 떨다가도
갑자기 놓쳐버린 나를 찾아 헤매게 돼
왼종일 떠돌아 다니다 지친 나를 보게 돼

녹슬은 사진 한 장
두고온 추억 한 장
저마다의 가슴속에 이 정도는 안고 살까
가보자, 기억을 동여매고 가뿐히 떠나보자.

– '날개짓'은 '날갯짓'으로, '왼종일'은 '온종일'로, '떠돌아 다니다'는 '떠돌아다니다'로, '녹슬은'은 '녹슨'으로, '두고온'은 '두고 온'으로 해야 맞고
– 첫 수 종장 '어엿차'라는 어휘가 어색한 표현이다.

글이 물 흐르듯 편치 않으면 각 장을 바꾸거나 어순을 바꿔보며 새로운 조합을 만들어 보아야 한다.

⑤ 실습해보기

〈개작하기 전〉

고물상의 초상/김흥열

저승꽃 달고 나온 고릿적 물건들이
제 몸값 하느라고 예서제서 몰려들어
앞줄에 죽 늘어 앉아 귀한 대접 받는다.

이 작품은 다듬기 전 작품인데 장과 절 마디를 바꾸어 보게 되면 훨씬 시적인 맛을 느끼게 된다.

〈개작한 후〉

예서제서 몰려나온 고릿적 물건들이
저승꽃 피었어도 제 몸값 하느라고
맨 앞에 자리를 잡고 보물 대접 받고 있다.

–그런데 → 그래서 형이다.

중장 후구 '예서제서'를 초장 첫 구로 끌어내고 초장 '저승꽃 달고 나온'을 저승꽃 피었어도' 로 고친 후 중장 초구에 배치하였다. 그리고 종장 초구 3자 "앞줄에"를 "맨 앞에"로 하고 "죽 늘어 앉아"는 서술적이므로 의인화 하여 '자리를 잡고'로 고치고 보니 초장과 중장의 행위의 결과로 '그래서' "맨 앞에 자릴 잡고…"가 되는 결과를 가져오게 되었다.

전보다 훨씬 글이 매끄럽고 조금은 시조다워짐을 알 수 있다.

요점 정리

- 종장에서 결과를 도출해 내도록 쓴다.

  초장과 중장에서도 결론은 낼 수 있으나 "그래서" 또는 "그런데"를 종장 첫 머리에 넣어보면 초 중 종장이 서로 연결이 잘 되었는지 알 수 있다.

  초장에서 결론을 먼저 낼 경우에는 '왜냐하면' 이라는 말을 중장이나 종장에 넣어보면 된다.
- 3장 중 어느 장이라도 연결성이 미흡하면 다시 고쳐 써야 한다.
- 연시조의 경우에도 똑 같다.

7

연시조의 독립성

연시조는 각 수 마다 독립된 시조로서 손색이 없어야 하고 제목과 연관성을 지녀야 한다. (독립성, 완결성, 연관성)

첫 수에서 다음 수로 넘어갈 때 특히 주의할 점은 종장 후구 끝마디에서 다음과 같은 어휘로 연결 시켜서는 안 된다. '~고', '~며', '~데', '~고서', '~면서' 등등

그러나 수사기법상 이 같은 말로 끝맺음을 할 경우가 종종 생기는데 이럴 때는 반드시 마침표(.)를 찍어 다음 수와 연결 되지 않는 다는 작가의 의도를 분명하게 드러내야 한다. 왜냐하면 시조는 3장 6구 12절(마디)로 이루어진다고 정의를 내리고 있기 때문이다. 각 수마다 종결을 짓지 않고 다음 수로 넘어가면 3장 6구를 벗어나 독립성과 완결성이 결여되는 결과를 초래할 수도 있다. 즉 원칙에 위배되므로 자유시로 분류가 되는 것이 맞는다고 본다.

즉 각 수마다 종결어미에 마침표(.)를 찍어주고 도치법으로 종결어미가 중간에 올 경우는 반점(,)을 찍어야 한다.

예문 1)

참꽃/***

바람이 부리고 간 봄비가 전하기를
저 언덕 외진 곳에 참꽃 밭 불이 붙어
두견이 밤이 새도록 울고 갔다 합니다.

어느새 봄이 가서 길 떠난 참꽃들이
오가는 길목마다 두고 간 연서들은
암호로 그려져 있어 판독할 수 없지요.

여름이 떠나면서 불러온 가을에는
암호 속 몸을 숨긴 꽃잎의 아라리는
휘모리 장단 풀어서 이 가슴을 칩니다.

– 3연으로 된 연시조로 각 수마다 형식은 잘 지켰는데 셋째 수는 제목과 연관 짓기가 어려운 시조이다. 그 이유는 참꽃은 봄에 피는 꽃으로 첫 수에서는 봄 이야기가 나오고 셋째 수에서는 여름 가을 이야기가 나와서 그렇다.

– 이 시조의 가장 큰 실수는 셋째 수이다. 종장 '휘모리/ 장단 풀어서/ 이 가슴을/ 칩니다.'의 "휘모리장단"은 한 낱말로서 분리하여 쓸 수 없는 말이므로 "휘모리장단/풀어서/이 가슴을 /칩니다." 로 써야 맞는다. 따라서 종장 첫 구는 3.5가 아니라 5.3이 되었으므

로 기본 원칙에서 어긋나 있는 것이다.

다음은 제목과 본문의 연관성 여부이다. 첫 수와 둘째 수를 없다고 가정하고 참꽃이라는 제목에 셋째 수 하나만 있는 평시조(단시조)라 생각하면 이해가 잘 되리라 본다. 즉 제목과 본문 내용이 어울리고 있지 않은 것이다.

예문 2)

보리밭/***
(두 수 중 둘째 수)

아낌없는 사랑 안에
멋드러진 너털웃음

한 걸음 한 걸음
촛불 켜게 하소서

단물이 흐르는 성찰들
얼마만의 행복인가.

– 위 시조는 제목과 어울림을 찾기가 어려운 예이다. 이유는 둘째 수를 읽고 보리밭이 얼른 떠오르지 않기 때문이다.

– '멋드러진'은 "멋들어진"으로 써야 하고, 추상명사 "성찰"을 복수로 표현했는데 이를 "단물이 흐르는 많은 성찰"처럼 수량을 나타

내는 형용사(수량형용사)를 쓰는 게 좋다고 본다.

예문 3)

황혼 이혼/구충회

저녁놀 조각구름 서산을 넘는구나
찬 이슬 젖은 달이 나목에 걸린 밤
깃 빠진 철새 울음은 임종 같은 메아리다.

나 죽어 슬퍼질라 앞질러 떠나는가
사랑이 미움 될라 두려워서 떠나는가
밤 깊어 시린 자리는 별빛 불러 오리다.

가지 끝 바람처럼 스치는 게 운명인걸.
황혼의 연가라면 이별도 아름다워
여보게, 달빛 앞세워 밝은 길로 떠나시게.

– 정격을 엄격하게 유지한 시조이다.

– 각 수 마다 독립적이며 제목과 연결이 잘 되어 있다. 다시 말하면 세 수의 제목을 각각 〈황혼 이혼〉으로 하여 3개의 단시조(평시조)를 만든다 해도 아무런 문제가 없다.

– 시사성이 있으며 이미지가 분명하다.

예문 4)

일흔 셋 해/***

하얀 찔레꽃 가지마다 환한 미소 짓고 있는
달빛이 여러 봉우리를 삼킬 듯 뱉을 듯
순수가 용솟음치며 솟아오르는 초저녁.

무너지는 마음을 다독이며 굳굳이 서
생의 끝에서 또 한 번 재기를 꿈꾼다.
가슴을 찢는 허무와 절망을 짓누르며.

본문을 읽고 제목과 연결성이 있음이 드러나야 하는데 그렇지 못하다면 제목을 다시 생각해 봐야 한다. 말하자면 '일흔 셋 해'라는 의미와 본문과 연결성이 있어야 한다는 얘기다.

우선 초장부터 음수가 안 맞는 시조이다. 첫 마디(음절)가 (5)로 시작한다.

초장에서 문장 전구와 후구를 바꿔 "가지마다/ 하얀 찔레꽃/ 환한 미소/ 짓고 있는4.5.4.4"으로 하면 첫마디가 5자로 시작되는 어색함은 피할 수 있다. 중장에서 '여러'라는 말을 빼도 전혀 문제 되지 않으며 후구에 '뱉을 듯'을 '내뱉을 듯'으로 하면 3.4.3.4가 되어 운율도 살아난다.

첫 수는 종결어미가 없어 둘 째 수 '꿈꾼다.'에 연결 되는 것 같은 느낌을 준다.

종장도 '용솟음치는' 것이나 '솟아오르는' 것은 유사한 낱말이다. '순수가 용솟음치는(솟아오르는)' 으로 하여 3.5.로 맞춰놓고 초저녁이 '~하다' 라는 종결어미를 끌어 와야 한다.

불필요한 말들을 빼버린 후 다시 정리해 보면

가지마다 하얀 찔레꽃 환한 미소 짓고 있는
달빛이 봉우리를 삼킬 듯 내뱉을 듯
순수가 용솟음치는 초저녁이 상쾌하다.

– "일흔 셋 해"는 "일흔세 해"로
– 제목과 각 수의 연결성이 부족하다.
– '굳굳이 서' 는 '꿋꿋이 서' 나 '꼿꼿이 서' 로 해야 된다.

예문 5)

봄, 아직 살아 있다/***

첫 수
"짐짓 딴전 피우다가"(초장 후구)
"보슬비 껴안더니"(중장 후구)
"앙감질로"(종장 후구 끝 마디)

둘째 수
"분주하고"(초장 끝마디)

"배울 때쯤"(중장 끝마디)
"불꽃 하나"(종장 끝마디)

셋째 수
"옮겨 붙어"(초장 끝마디)
"발령이다"(중장 끝마디)
"꽃불이야"(종장 끝마디)

넷째 수
"전율 속에"(초장 끝마디)
"삶인 것을"(중장 끝마디)
"앓는 거야."(종장 종결어미)

– 연시조의 독립성이 보이지 않는다. 각 수 종장마다 끝났음을 알리는 마침표가 없어서 자연스럽게 다음수로 연결된다. 문맥상으로만 본다면 넷째 수에 와서야 "앓는 거야." 하고 종지부를 찍었으므로 각 장 모두가 네 째 수에 와서 종결을 짓고 있는 형태이기 때문이다.

연시조에서 앞 수 종장의 끝마디 처리를 다음과 같이 해서는 안 되고 반드시 매 수 종장 끝에 마침표를 찍어야 완전하게 된다.

① 둘 이상의 일이나 상태를 같은 자격으로 나열하는 말
예 : "~이며, ~하며"처럼 '며'로 끝맺음을 해서는 안 된다.

예문)

"인욕의 차가운 바다에 뜨거운 꿈 뿜으며"(첫 수 종장)
"입 다문 호수에 햇살이 튕겨 오른다."(다음 수 초장)

"바다와 국경사이를 순식간에 오가며"(첫 수 종장)
"빈가지 하나 얻어 한 생을 맡겼지만"(다음 수 초장)

② 어떤 동작이 그치고 다음 행위로 넘어감을 나타내는 말

예) "~ 웃다가, ~가다가, ~하다가"처럼 '~가'로 끝나는 말

예문 1)

"비경에 노닐다가도 턱을 괴고 생각다가" (첫 수 종장)
"골마다 전설 읽고 사람마다 정을 품다."(다음 수 초장)

예문 2)

사랑, 피었다 지기까지 /***
(3수와 4수)

엷어진 그 꽃잎이 한 잎 두 잎 떨어지고
퇴색된 그믐 달빛 빈 가슴을 채울 때 쯤
빛바랜 하얀 옥양목 차가움에 눈부시다가

시들어 마른 꽃에 서리꽃이 피는 날에
동강나 재만 남아 불씨조차 꺼져버린
누우런 삼베 조각만 빈 가슴에 서걱인다.

위 예문은 모두 종결 어미가 없거나 마침표를 찍지 않고 있어 다음 수와 연결되는 형태를 취하고 있다.

① “뿜으며”, “오가며”, ② “생각다가”, “눈부시다가” 다음에는 마침표를 찍어야 한다.

③ 앞 내용과 다른 내용을 말할 때 앞뒤 문장을 연결해주는 말

예) “~ 였지만, ~하지만”과 같이 ‘~지만’ 으로 끝나는 말

예문)

“왕성한 생명들이 자유롭길 원하지만”(첫 수 종장)
“넘어선 무늬 속에 여린 발 더 감으면”(둘 째 수 초장)

– ‘원하지만’ 다음에 마침표(.)가 없어 다음 수로 연결 되는 문장의 형태이다.

④ 앞 절의 내용과 뒷 절의 내용을 대립되도록 이어주는 말

예 : “~도와주었는데, ~몰아치는데, ~바꾸었는데”처럼 ‘~는데’ 로 끝나는 말

예문)

"아직도 다 보지 못한 발자국이 남았는데"(첫 수의 종장)
"눈자위 찡그려야 맥 잡히는 얼굴 하나"(다음 수 초장)

– 이 역시 "남았는데" 다음에 마침표(.)를 찍어야 한다.

⑤ 둘 이상의 사실을 대등한 자격으로 나열하거나, 앞 절의 일이 일어난 뒤 뒷 절의 일이 순차적으로 일어남을 나타내는 경우

예 : " ~ 고"

예문)

초가을/***

"푸른빛 커튼을 걷어내 커피색으로 바꿔놓고"(첫 수 종장)
"바람은 웅성거리며 흰 이불을 펴겠지."(둘째 수 종장)

– 여기서도 '~ 바꿔놓고'가 다음 수로 넘어가 종장에서 종결을 짓고 있다.

'바꿔 놓고.' 처럼 온점(.)을 찍었다면 '첫 수는 여기서 끝난다.' 라는 의미가 되지만, 이 같은 표시를 하지 않으면 다음 문장과 연결 된다는 의미이다.

⑥ ~ 따라서

이 말은 앞 내용이 뒤 내용에 대한 이유나 근거가 될 때 쓰여서 앞뒤 문장을 이어주는 말로 '그렇기 때문에' 라는 의미 이다.

예문) 앞 수에서 온점을 찍지 않고 다음 수에서 초장 첫 음절이
"따라서"라고 시작 하면 연결의 의미를 갖게 된다.

초, 중, 종장 중 어디에도 술어나 술어부가 없고 종장 끝에 마침표(.)를 찍지 않은 경우

예문)

5월, 누에고치/***

할머니 지문이 찍힌 뽕잎마다 이랑진 삶
넉잠 든 잠실에 들면 반투명 누에들이
큰스님 넉넉한 손처럼 가진 것 죄 내줄 때

이따금 명주실 같은 부드러운 바람결이
자디잔 물비늘을 은어 떼로 풀어놓고
풀벌레 달빛 속에서 반짝반짝 울고 있다.

– 예문에서 보는 것처럼 첫 수 어디에도 종결어미가 보이지 않으며 종장 '~내줄 때' 다음에 마침표(.)를 찍지 않고 다음수와 연결

된 문장임을 알 수 있다. 즉 "큰 스님 넉넉한 손처럼 가진 것 죄 내줄 때/ 이따금 명주실 같은 부드러운 바람결이"로 연결되고 있다. 둘째 수 종장에서 '~울고 있다.' 라고 종결을 짓고 있기 때문이다.

– 제목과 둘째 수의 연관성이 부족하다. 둘째 수는 '바람결이 울고 있다' 는 내용의 시조이기 때문이다. '명주실' 은 바람을 수식하는 형용사 역할만 할 뿐 제목과는 관련 없는 낱말이다.

완벽한 시조의 형태를 지니려면 첫 수 종장 "~가진 것 죄 내줄 때"로 하면 안 되고 '~가진 것 죄 내준다.' 처럼 종결어미가 와야 한다. 이런 형식을 취할 때 첫 수와 다음 수는 제목과 어울리는 별개의 독립성을 갖게 된다.

예문)

"겨울밤 기침소리조차 얼어붙는 날에는"(첫 수 종장)
"고드름 제 몸 녹여 시간을 당긴 뒤끝"(둘째 수 초장)
중장 –생략–
"거짓은 하나도 없이 알몸으로 당당하다."(종장)

– 이 예문에서도 첫 수 종장 말미 "날에는" 하고 다음 수로 넘어가는 형태이다.

말하자면 '얼어붙은 날에는 ~ 이 당당하다' 처럼 되어 둘째 수 종장에서 결론을 끌어내고 있는 형태이다. 초장에 종결어미가 없으므로 "날에는."처럼 마침표를 찍어 다음 수에 연결되지 않는다는 점을 분명하게 나타내야 한다.

다음 예문은 첫 수 종장 끝이 명사로 마감되어 있고 둘째 수 종장에서 종결을 지었기 때문에 첫수 종장이 주어부가 된 형태의 글이다.

동망봉에서/***

단종의 왕위찬탈 노산군 강봉되어
왕후가 궁을 떠나 불교에 귀의하여
눈 감고 염불하다가
곱게 늙은 불보살님

광목천 염색하며 채소 심어 연명하고
동망봉 올라서서 영월 땅 굽어보며
눈물로 지새우다가
망부석이 되었네.

– 첫수 초장 첫 마디에 "단종의"로 시작되어 마치 단종이 왕위를 찬탈한 것처럼 되었고 단종 자신이 '노산군'으로 강봉한 것이 되므로 상당한 모순을 발견하게 된다.

– 중장 모두 '불보살님'을 수식하는 문장으로 주어부이다.

둘 째 수 초장 중장도 종장을 수식하고 있다. 문맥상으로 보면 '불보살님'이 '망부석이 되었다'라는 문장의 형태이다. 이런 점에서 연시조 각 수의 독립성이 없어졌으며 8행의 시가 되어 버린 것이다. 따라서 여기서도 '불보살님' 다음에 분명히 마침표를 찍었다면 문법적 오류는 있어도 오해는 벗어난 글이 되었을 것이다.

왜냐하면 첫 수는 주어가 '불보살'이 확실하다. 다른 어느 것도 (제목까지도) 주어로 볼 수 있는 어휘가 없기 때문이다.

위 연시조 두수를 각각 단시조로 독립시켜놓고 제목을 '동망봉에서'라고 붙여보면 두 수 모두 주어가 없거나 술어가 없는 반쪽짜리 문장형태를 취하고 있다.

위에서 예로 든 예문 모두가 앞문장이 뒤 문장과 연결되는 형식을 취하고 있음을 알 수 있다. 이는 시조의 기본 원칙 3장 6구 12절(마디)에 어긋나므로 정격에 어긋나는 시조이다. 각 수마다 독립된 종결어미를 가져다가 완결된 문장을 만들어야 한다.

요점 정리

- 연시조는 각 수마다 제목과 어울려야 하고 종장 끝마디에 종결어미를 붙여서 다음 수와 연결되지 않음을 분명히 해야 한다. 따라서 각 수마다 종장 끝 마디에는 온점(마침표)를 찍어야 한다.

8

생략과 간결미(簡潔美)

생략은 문장의 구절을 줄이거나 빼서 나머지 부분을 독자의 상상이나 판단에 맡기는 방식이다. 과거 경험을 바탕으로 상상력에 의하여 구체적인 감정을 마음속에 그린 것을 글로 표현하는 것이 시조라고 한다면 이런 시상의 전개에 있어서 불필요한 사족은 떨어버리고 간결하게 압축적으로 표현해야 한다. 이것이 시조의 함축성(含蓄性)이다.

불필요한 조사나 어휘들을 과감히 생략하여 문장이 간결하면 독자는 우선 매끄러운 글이라는 이미지와 함께 생략된 언어 때문에 글이 어색한 게 아니라 더욱 아름답고 감미로운 정경을 연상하게 될 것이다. 연문(衍文 군더더기 말)은 독자에게 지루함을 느끼게 함으로 맛깔나지 않는 밥상을 차려주는 것과도 같다. 그러나 무리하게 생략을 하다보면 문맥이 이상하게 되고 무슨 말을 하는 것인지 헷갈리게 하므로 화자의 생각이 충분히 반영되는 범위 안에서 생략하고 간결미를 찾아내야 할 것이다.

예를 들면 학생이 학교를 가면서 다른 친구에게 이렇게 말한다고 하자.

"너 어디 가니?" "학교 가." 하거나 더 줄여서 "학교"라고 했다면 그 학생이 생략한 말은 '나' 라는 주어와, '에' 라는 조사와 '공부하러' 라는 목적어와 '간다.' 라는 동사 까지 줄여서 한 말이다. 4개의 말이 생략 되었다고 그 학생이 말하는 뜻을 알아듣지 못할 이유는 하나도 없다.

특히 시조에서는 조사의 생략을 많이 하게 된다.

예문1)에서도 '손톱' 앞에 "튀기는 주체"가 생략된 것이고 '금이 갈 듯' 은 '금이 갈 듯 하고' 에서 '하고' 를 줄인 말이고 '출렁일 듯' 은 '출렁일 듯하다' 에서 '하다' 를 생략한 경우이다. 이처럼 주어나 조사를 생략하여 간결성을 추구한 작품이라 생각한다.

예문 1)

벽공/이희승

손톱으로 툭 튀기면 쨍하고 금이 갈 듯
새파랗게 고인 물이 만지면 출렁일 듯
저렇게 청정무구를 드리우고 있건만.

예문 2)

목격4/김광수

부서진 벽돌 조각
증언처럼 널린 비탈

통곡마저 허물어진
참담한 폐허에 남아

실의로
아픈 일상을 꽃피우는 저 봉선화.

상심의 골을 에도는
바람도 서러운 날

애릿한 진홍의 숨결
내연하는 잎새 끝에

무너진 하늘 한 쪽이
넋을 잃고 굴렀다.

이주할 곳 어디냐고
묻는 말이 귀찮은지

할 말을 잊은 아낙은
안타까이 손만 흔들고

풀벌렌
몸을 숨긴 채 긴 여름을 울고 있다.

이 시조 역시 비유와 간결미가 뛰어난 작품이다.

우선 첫 수에서 생략된 조사를 찾아보면 "벽돌조각들이"에서 "들이", "널린"은 "널브러진"의 줄인 말이고 "비탈에"서 조사 "에" 그리고 "봉선화야"에서 "야"를 생략하였다. 즉 첫수 종장은 영탄법으로 된 문장이다. 이 시조에서 생략된 낱말을 펼치거나 조사를 되살려 놓는다면 독자는 간결한 맛을 느끼지 못할 것이다.

"부서진 벽돌 조각"을 보면 "벽돌 조각들"이라고 복수형을 쓰지 않고 단수형으로 표현하였는데 의미전달에 문제가 있기는커녕 오히려 간결한 맛을 더하게 만들었다. 바로 생략의 묘미가 이런 것이 아닐까.

예문 3)

초승달/김사균

깎아서 버린 손톱
푸르게 날이 섰다.

작살로 역사를 잡던
서녘하늘 썰고 있다.

사초(史草)를
고쳐 쓰는 아픔에
저리도 패인 가슴.

– 이 시조 역시 비유와 생략을 통하여 시조의 맛을 살린 작품이다.

– 깎아서 버린 손톱(이), 서녘하늘(을), 패인가슴(아)에서( )의 '이', '을', '아' 와 같은 조사가 생략된 것이다.

예문 4)

무관심/***

내 친구가 삼색 볼펜 한 자루를 주기에(4.4,4.3)
빨강색은 안 쓰고 검정색만 계속 쓰다가(4.3,4.3)
어느 날(3)
빨강색을 쓰려니까(8)
나오지가 않네요, 굳어서. (7.3)

– 설명문 투의 시조로 간결한 맛이 없다.

– 글 전체가 '무관심' 이라는 이미지를 떠올리는지?

– 따라서 이 시조는 형식에서 벗어났을 뿐만 아니라 본문을 읽고 '무관심' 이라는 제목을 유추해 내기는 어려울 것이다.

요점 정리

- 생략은 미적 장치의 하나이다.
- 독자로 하여금 상상의 여백을 제공한다.
- 긴장감을 느끼게 만든다.
- 글을 맛깔나게 만든다.

알아두기

복수 "들"의 사용에 관하여,

반드시 복수형으로 써야 될 명사와 복수로 안 써도 될 명사를 알아본다.

① **줄여도 어색하지 않은 명사**(일부 대명사 뒤에 붙어 여럿임을 나타내는 말)

예) 우리들은, 너희들은, 저희들은, 이웃들은

이 경우에 '우리는, 너희는, 저희는, 이웃은' 처럼 **'들'**을 안 쓰는 경우도 별로 어색함이 없다.

② **체언 뒤에 오는 접미사로 수가 여럿임을 나타낼 때**는 줄여도 가능하며 대신 많고 적음을 나타내는 형용사를 도입하여 복수의 의미를 느끼게 할 수도 있다.

예) 사람들이 많다. → 사람이 구름 같다, 소나무들이 많다. → 소나무가 빽빽하다.

철새 떼들 → 철새 떼(무리), 학생들 → 여러 학생 또는 많은 학생

③ **조사로 쓰인 경우**는 생략해도 큰 무리가 없다.

예) 먼저들 가게나 → 먼저 가게나, 안녕들 하세요. → 안녕하세요,
여러분, 그만 떠들고들 어서 자게 → 그만 떠들고 어서 자게.

④ **셀 수 없는 말**은 '들' 을 붙여 쓰면 안 된다.

예) 물, 햇빛, 바람, 공기, 우유,

⑤ **사랑, 희망, 행복, 평화 같은 추상명사**는 경우에 따라 다르다.

"들"이 붙어 복수로 쓰일 때도 있다.

예) 우리들의 소망들, → 우리의 소망들, 우리들의 소망, 우리의 소망,
우리 소망

'우리' 는 이미 복수를 나타내는 대명사이므로 소망 역시 여럿일 것이다. 따라서 구태여 '들' 이라는 복수를 쓰지 않아도 된다고 본다.

위에서 본 것처럼 무조건 복수형을 쓰지 말라는 의미는 아니고 의미 전달에 무리가 없다면 가능한 한 복수형은 피하고 단수형을 취하되 다른 어휘를 도입하여 복수임을 은근히 드러내는 방법도 문장을 간결하고 뜻은 선명하게 나타내는 방법 중 하나이다.

- 마당에 피고 있는 풀꽃들은 세월이 가도 언제나 똑같은데

이 문장을 간결하게 만들어 보면 '피고 있는' 을 '피는' 으로 '풀꽃들은' 을 '풀꽃은' 으로 '세월이 가도' 를 '세월 가도' 로 '언제나 똑같은데' 를 '똑같은데' 로 줄여 보면 23자에서 다음과 같이 16자로 할 수 있다.

→ 마당에 피는 풀꽃은 세월가도 똑같은데

복수 '들'을 사용한 예문)

팽목항/***

천장이
바닥 되고
바닥이
천장 되고

이승과 저승이
뒤바뀌었다
저기

차고도 슬픈 것 들이

엎드려 있다
바닥에

– 우선 종장 첫마디 3자 불변에 어긋나 있다. '차고도 슬픈 것들이'까지가 첫구이다. 즉 8.5.3의 형태가 되었으며 '것 들이'는 사람(어린 학생)을 지칭하기에 적합지 않으며 붙여 써야 된다. 그리고 후구는 도치법을 썼으므로 '엎드려 있다, 바닥에'처럼 종결어미 다음에 쉼표를 찍고 '바닥에' 다음에 마침표를 찍는다.

9

시제(時制)의 사용

시제(時制)는 '말하는 시간'을 중심으로 사건이 일어난 시간의 앞뒤를 표시하는 문법의 범주이다. 문학의 시간은 자연의 시간과는 다른 개념이다. 즉 자연적 시간을 왜곡한 상상의 시간으로 현재의 장르이다. 작가의 사상과 철학을 반영한 시(詩)는 시간을 초월한다. 따라서 시는 "영원한 현재"라고 말하기도 한다.

서정시의 특징 중 하나가 바로 현재시제의 사용에 있는 것이다.

서정적인 시라하면 정서적 감정을 불러일으키는 시를 말하며 이 때 정서는 감정을 불러일으키는 순간이 되고 사상은 견해나 생각을 나타내는 것이므로 이 때 시간이란 관념은 무시하게 된다. 말하자면 시간을 초월하게 된다. 그러므로 '시는 과거도 미래도 아닌 영원한 현재가 되는 것이다.'라고 말하는 것이다.

물론 과거형이나 미래형 시제로 시를 쓰면 안 된다는 원칙은 없지만 시에서 현재법(現在法)이라는 수사법을 많이 쓰고 있는 이유도 시의 무시간성 때문일 것이다.

시조도 마찬가지로 이 범주를 벗어날 수 없다.

따라서 시조(시)는 가능하면 과거형을 쓰지 않는 것이 좋긴 하지만 그러나 시의 화자가 표현하는 시간 이전을 나타낼 때는 과거로, 그 이후로 표현할 때는 미래형으로 써야 할 수 밖에 없는 경우도 없지 않다. 문법의 범주에서 보면 분명 맞는 말이다.

그렇다 하더라도 과거의 경험으로부터 얻은 창작이라고 해서 반드시 과거형을 요구하는 것은 아니다. 착상을 한 시점이 현재이므로 현재형으로 써야 된다고 본다. 미래형도 마찬가지다.

"내가 사랑했던 여인" 하면 지금은 헤어졌거나 사랑하지 않는다는 말이다. 논리적으로는 지금 헤어졌든가 아니면 과거엔 사랑했지만 지금은 사랑하지 않는다는 뜻이니까 틀린 말은 아니지만 죽어버린 사랑이다. 시조는 살아 숨 쉬는 생명체이므로 가능하면 현재형으로 쓰는 것이 좋다.

'푸르던 나뭇잎에' → '푸르른 나뭇잎에'
'불꽃 튀던 시간마저' → '불꽃 튀는 시간마저'
'있었다' → '있다'
'~했었다' → '~한다' 또는 '~하고 있다.'

그러나 때로는 간접화법을 써서 현재시제로 표현 할 수도 있다.

예를 들면 "관악산 단풍이 다 떨어졌다"를 "관악산 단풍이 다 졌다고 한다."처럼 "~고 한다"를 활용할 수 있다. 여기서 "고"는 생략가능하다.

"단풍이 졌다고 한다."를 "단풍이 졌다 한다." 해도 아무런 어색함이 없다.

예문 1)

은사시나무/***

늙은 복서처럼 꿋꿋이 서 있었다.

바람위에 몸을 세운
당신의 푸른 손짓.

하얗게
바스러지는 햇살
마지막 인사였구나

– '복서'라는 외래어 사용이 안 되는 것은 아니지만 '권투선수'로 하면 좋을 것 같다.

– '있었다' '인사였구나' 등 과거형 시제는 현재형으로 바꿔보면 '늙은 복서처럼 언제나 꿋꿋하다.' '마지막 인사인 듯'

– '과거형은 절대 안 된다.'라는 말은 아니지만 오랜 생명을 유지하기 위해서는 현재형으로 하는 것이 바람직하다.

– '바람위에'는 '바람에'라 해도 어색하지 않다.

– 은사시나무는 꼿꼿하게 자라므로 '꿋꿋이' 보다는 '꼿꼿이'라는 표현이 더 적합할 것 같다.

예문 2)

꽃, 피다/***

네 곁에 늘 <u>섰었다</u> 무색으로 조용히
없는 줄 <u>알았나봐</u> 기척도 없더라
외로움 꼬옥 다져 꽃등을 <u>내걸었다</u>

– '섰었다', '알았나봐', '내걸었다' 등 과거시제를 사용하였다.
– 종장 전구가 3.5로 되어야 하는데 3.4로 되어 있다. 그것도 '꼭'이라는 말을 늘여 '꼬옥'으로 했는데도 4자 밖에 안된다. 이런 경우는 '다진다'라는 말을 강조하기 위해 '꼭'을 반복할 수 있다. 즉 '외로움 꼭꼭 다져서 꽃등 하나 내걸었다'로 하면 3.5.4.3으로 틀에 어긋나지 않게 쓸 수 있다.
– '섰었다' 다음에는 쉼표를 찍어야 한다.

예문 3)

U턴은 없다/***

직진에서 우회전으로
가속 페달 밟아가며

두렵고 <u>지칠적엔</u>

좌회전도 돌려봤지만

그길은
아무리 달려도
U턴 신호는 없었다.

– '돌려봤지만', '없었다' 등이 과거형이다. 제목은 '없다'로 현재형이다.
– U턴은 "유턴(U-Turn)"이라 쓴다.
– '지칠적엔'은 '지칠 적엔'으로 띄어 쓰고, '그길은'은 어떤 길인지 막연하므로 좀 더 구체성을 띈 말로 표현하고 '그 길은'이라 띄어 쓴다.

예문 4)

어리연 피던날/***

못 떠난 사람을 위해
묵향 짙은 매화가 피고

분노를 다독이는
겨울바다로 출렁이다가

흰 여백

숨 죽여 기다리던
어리연이 피던날.

– '어리연' 은 '어리연꽃' 으로 써야하고 '피던날' 은 '피던 날' 로 띄어 써야 맞다.

– 초장 후구에서 '매화가 피고' 중장 후구에서 '출렁이다가' 종장에서 어떻게 되었다는 결론이 없다. 초장 중장에서 현재형인데 종장은 과거형이며 종결어미가 없어 시제가 분명치 않다. '어리연' 이 피던 날에 '매화가 피고' '겨울바다로 출렁거렸다' 라고 한다면 시제는 분명해진다.

예문 5)

봄눈/***

만발한 눈꽃위에 해살이 눈이부셔
온 세상 은빛으로 선경을 그립니다
아쉬운 겨울 그 끝에 그대 얼굴 있었네

– 초장 중장은 현재형인데 종장에서 과거형이 온 사례이다. '있었다' 는 어떤 자리(곳)에 '과거엔 존재 했는데 지금은 존재하지 않는다.' 는 의미이다.

이런 경우는 종장 역시 현재형이 되어야 하므로 '있네' '있구나, 또는 보이네' 와 같이 현재 시제로 해야 한다. 종결어미 뒤에는 온점

(.)을 찍는다.

– 햇살이 눈이 부셔 선경을 그리는 게 아니라 햇살이 눈부시게 선경을 그린다고 해야 맞는 표현이다. '눈이부셔' → '눈부셔서'

"온 세상 눈빛으로 / 만발한 눈꽃 위에 // 햇살이 눈부시게 / 선경을 그려내면 //아쉬운 / 겨울 그 끝에 / 그대 얼굴 보인다." 처럼 초장, 중장, 전구 후구를 다시 배치해보면 봄눈의 이미지를 좀더 잘 살릴수 있을 것 같다.

어느 〈별빛〉이라는 詩를 보니 "지상에 내려 뛰어다니는 달빛이 이제는 허공에 걸려 있었다."라는 표현이 있었다. 낯설게 하기를 한다고 이런 표현을 한 것 같은데 이 구절에는 두 가지 모순이 있다. 하나는 "뛰어다니는 달빛"과 "이제는 걸려 있었다."라는 시제의 모순이다. 허공에 걸린 것은 지금이고 뛰어다닌 것은 과거이고 "이제는"이라는 어휘는 현재이므로 이 문장의 올바른 표현은 "뛰어다니던 달빛이 허공에 걸려 있다."처럼 현재 시재로 되어 있어야 한다.

요점 정리

- 시조의 시간은 자연적 시간이 아니라 초자연적이다.
- 가능하면 과거형이나 미래형을 지양하고 현재형으로 쓰도록 한다.
- 초, 중, 종장에 시제를 혼용해서는 안 된다.
- 시조(시)는 영원한 현재성을 갖는다.

10

표현의 모순과 오류

1) 모순된 표현

여기서 말하는 모순된 표현이란 반어법이나 역설법과는 다르다. 초장 중장 종장이 이치에 안 맞는 표현을 말한다. 이는 수사법이 아니라 착각이거나 낱말을 지나치게 미화하려다 저지른 실수다. 예를 들면 '보슬비 내리는 날 밤에 애인과 함께 벚꽃 구경을 갔는데 달빛이 부끄러운 듯 가지사이에 숨어 있었다.' 라는 표현과 같은 것이다.

허구는 사실이 아닌 것을 사실처럼 꾸민 것이다. 말하자면 독자가 거짓을 믿게 하려는, 사실이 아닌 것을 사실처럼 착각하게 만드는 행위라 할 수 있다. 소설은 허구의 세계를 허용하지만 시나 시조는 허구의 세계를 허용하지 않는다. 또한 사실이 아닌 것을 사실처럼 단정 짓지 않는다. 시조는 허구의 세계를 쓰지는 않지만 아차 하는 실수로 상호 모순된 표현을 할 때가 있다.

예를 들면 어떤 사람이 연필을 깎다가 툭 부러지는 것을 보고 영감을 얻어 '힘 앞에 안 부러지는 것, 그 뭐도 없더라' 라고 했다면 이것은 사실이 아닌 것을 사실인양 쓴 것이다. '그 뭐도' 라는 말 때문이다. 어떤 깨달음을 얻은 개인의 주장일 수는 있으나 단정적으로 확정하기 어려운 사안이므로 여운을 남겨두는 형태가 되어야 한다.

왜냐하면 '힘' 이라는 말은 단순히 물리적인 힘만을 의미하는 게 아니라 '권력' '재력' 등도 비유적으로 표현되는 말이기 때문이다. '부러지다' 는 물건이 꺾여 잘라지는 물리적인 현상만을 말하는 것이 아니다. 절(節)이 꺾이는 것, 굴복하는 것, 무릎을 꿇어 항복을 표시하는 행위 등도 의미 한다.

절대 왕권시대에는 제 뜻을 꺾지 않고 왕의 뜻을 거역하다가 목숨을 잃은 사람도 많지 않은가? 우리나라만 해도 조선 왕조에서 사육신이나 생육신이 그 대표적인 예이며 자기의 신앙을 목숨과 맞바꾼 순교자들은 또 왜 나왔겠는가? 그래서 이런 경우에는 단정적인 말로 결론을 내지 말고 독자가 결론을 내도록 여운을 남겨 두어야 한다. 즉 '~을까?' 또는 '~ 했나, ~겠지' 처럼.

소설은 없는 이야기를 작가의 상상력을 동원하여 있는 것처럼 만드는 문학 장르라면 시조는 작가의 상상력을 동원하여 과거의 실제적 체험과 결부시켜 만들어 내는 비유 내지 상징적 산물, 즉 창조하는 문학 장르이다. 허구의 세계는 만화 같은 세상일 수도 있지만 시조의 세계에서는 생명력이 부여되어 부활하는 세상이다. 숨소리가 들리고 향내가 나며 소리가 들리는 문학이다.

흔히 말하기를 시에서는 문법에 어긋나도 별 문제가 되지 않는다고 한다. 그러나 이것은 잘못된 생각이다. 오히려 품격 있는 시조창작을 위해서는 낱말 하나, 맞춤법 하나에까지 세심한 주의와 진실을 담으려는 노력이 더 필요하다고 본다.

예문 보기)

- 마음이 지는 쪽으로 해가 진다.
- 발을 들고 물을 건넜다.
- 살얼음 녹은 내에 얇은 눈이 쌓였다.
- 비오는 달밤에 도롱을 쓴 농부가
- 송편 같은 보름달
- 창 옆에 앉으면 달빛이 찾아온다.
- 민들레 홀씨
- 힘 앞에 무릎 꿇지 않는 것은 그 뭣도 없다.
- 시퍼런 은장도는 녹이 슬어 간곳없고
- 강가에 나와 서면 다가오는 먼 바다
- 똬리 틀은 개구리
- 책상다리로 앉은 부처 절간인양 착각하고 가부좌 하고 있다.
- 진땅에 무릎 꿇어 그림자 깔고 설 때
- 선명한 달빛가락 구름에 심어놓고
- 지상에 내려와서 뛰어다니는 달빛이 이제는 허공에 걸려 있었다.

예문 1)

빨강 /***

봄여름 가을 없이 꽃들은 빨강이다

바람의 바깥에서 구름의 안쪽으로
숨소리 타들어가는 내 목구멍도 빨강

– 초장은 사실이 아니다. 다른 색깔의 꽃들도 피는데 모두 '빨강다.' 라고 단 정해 버린 오류가 있는 문장이 되었다.

'봄여름 가을 없이 빨간 꽃이 지천이다.' 라고 하면 이 같은 어색함은 피할 수 있다.

예문 2)

삶/***

'살다' 의 명사형으로
'사람' 이라 이름하고

'사람' 의 줄임말은
'삶' 이라 부르노니

'삶' 이란
살아가는 것
낳고 죽는 일이다.

이 글에서도 "살다"라는 말은 동식물에 다 해당된다. 그러면 살아 있는 모든 생물은 "사람"이라는 결론에 도달하게 되므로 이 역시 모순이거나 논리에 안 맞는 표현이다. 사람의 줄임말도 '삶'은 아니다. '삶'은 '살다'의 명사형이다. 어간 '살'+명사형 어미의 결합으로 시의 화자가 착오로 쓴 것 같으며 형상화가 되지 않았다.

이럴 경우는 중장 후구 "부르노니"를 "부르는가"로 표현하면 화자가 어떤 사실을 단정 짓지 않고 독자의 상상력에 맡기게 되므로 덜 어색하게 된다.

예문 3)

여우비/***

어디에다 감쪽같이
숨겨 뒀던 것일까

닷 말 가웃 구슬을
좌르르 쏟아 붓곤

태양은 밑천 바닥나
머쓱하여
손 턴다

– 물론 시 속의 질서는 이 세상의 질서와는 달라서 태양이 닷말 가웃의 구슬을 뿌린다는 창조적 질서라고 볼 수는 있으나 태양이 여우비를 내리는 것은 아니다.

– 종장 "태양은 밑천이 바닥나 머쓱하여 손 턴다" 보다는 "밑천이 바닥난 태양 머쓱하여 손을 턴다"로 하는 것이 더 좋을 것 같다.

– 비를 뿌린 주체가 태양이 아니라 구름인데 구름이 시치미를 떼고 태양에게 뒤집어씌우고 있는 형상을 만들어 내야 제목 '여우비' 에서 말하는 '여우' 의 이미지를 잘 살릴 수 있으리라 생각 된다.

'말 가웃' 은 붙여 써야 한다.

이처럼 초장, 중장, 종장은 서로 모순되거나 어색하지 않아야 한다.

물론 경우에 따라서는 의도적으로 그렇게 쓸 수는 있겠으나 논리상의 모순은 수사법상 특별한 경우를 제외하고는 피하는 것이 좋다. 앞에서는 이렇게 말하고 뒤에 서는 딴말하는 글이라면 독자들은 고개를 갸우뚱 할 것이다.

외형을 너무 화려하게 꾸미다 보니 이 같이 논리상 모순을 가져오게 되는 경우가 많다. 정장을 하고 외출하면서 깜빡하고 고무신도 아닌 짚신을 신은 경우라고나 할까,

예문 4)

여름강/***

한 여름 푸른 밤에
보름달은 강에 지고

도롱이 늙은 어부
**** **** *** ****

***
***** **** 빗방울

– 푸른 밤은 날씨가 맑다는 얘기다. 보름달이 강에 진다고 표현할 수 있는 것은 두 가지 경우다,

하나는 날이 샌다는 뜻이고 다른 하나는 구름이 많이 낀다는 것인데 초장 첫 수에 푸른 밤이라고 전제를 해놓은 것으로 보아 날씨가 흐린 것은 아니다. 그런데 느닷없이 도롱이 입은 어부가 나온다. 물론 이슬을 피하기 위해서도 도롱이를 입을 수는 있다. 하지만 일의 효율성을 따진다면 단순히 이슬을 피하자고 일하기에 거추장스러운 도롱이를 입고 나온다는 추리는 다소 지나친 감이 있다.

게다가 빗방울이 떨어진다? 초장에서 '한여름 푸른 밤'이라 했는데 흐리지도 않은 밤에 부슨 빗방울이란 말인지.

얼핏 이해하기 힘들다. 화자만의 다른 의도가 있는지는 모르지만.

예문 5)

'살얼음 얇은 눈이 안 녹은 듯 녹은 내를'
'우리는 해진 발 대신 신을 들고 건넜다'
– 종장 생략 –

– 살얼음과 녹은 내는 동시에 공존할 수 없는 현상이다.

– '해지다' 는 '낡아서 닳아지다' 라는 뜻인데 '해진 발 대신' '신을 들고 건넜다' 는 이상한 논리의 전개이다. 발이 해졌으므로 오히려 신을 신고 건너야 하지 않을까? 살얼음위에 얇은 눈이 있는 것으로 보아 아직 살얼음도 있고 눈도 약간 있어 보인다. 그런데 초장 후구에 '녹은 내를' 이라고 했으니 어떤 상황인지 그 정경이 그려지지 않는다.

'얇은 눈이' 라고 했으므로 '눈' 은 보이고 있는 상황인데 '녹은 내를' 이라고 했으니 모순이다. 눈이 녹으면 물이 되는 데 눈으로 보일 리가 없지 않은가?

예문 6)

破字/참외/***

참외는 참으로 외롭다의 준말이다
외로움과 열패감
참외처럼 씹어보라
잘 익어 달콤한 과육 친구마냥 감미로워.

– 참외에 대한 설명문이다. 그러나 '참외' 가 '참으로 외롭다' 라는 말의 준말은 아니다. 글자풀이를 재미있게 하려는 의도로 파자를 한 것이지만. 즉 희언법으로 보인다.

– "참외는 '참으로 외롭다' 의 준말이고"처럼 인용부호를 사용해

야 되며 중장 '외로움과 열패감'은 '~과'라는 접속사로 연결되어 있어 두 마디가 아니라 한 마디로 보아야 한다. 그래서 구(句) 하나가 부족하게 되는 결과를 초래하였다. 4.3, 4.4가 아니라 7.4.4가 되어 정격에 어긋나게 된다.

예문 7)

나나니 벌/***

나나니는 둘치라서
새끼를 못 낳는다네

남의 자식 잡아다가
나 닮으라 나나나나

가엾은
나나니 같은 그런자들 있다네

– 나나니벌은 알을 낳고 새끼를 기른다. 그런데 못 낳는다고 단정한 것, 닮으라고 해서 나나니가 되지는 않을 것이다. "나나니는 둘치라고 사람들은 말하지만"처럼 표현 했다면 '아닐 수도 있다'는 전제가 깔려 있다고 볼 수 있다.

예문 8)

'앎' 자 뜯어 읽기/***

'앎' 자는 '알아감'을 줄인 말 아닐까

사는 일 그것이 곧
알아가는 일일 텐데

살만큼
산 듯도 한데 왜 이리도 캄캄하냐.

– 이 예문은 다른 예문과는 다르게 '아닐까'라는 표현으로 확정을 짓지 않은 채 시상을 전개해 나가고 있다.

요점 정리

- 모순된 표현은 품격을 떨어뜨린다.
- 작성한 글이 논리에 맞는지 살펴본다.
- 경험에서 얻은 사실은 모순이 될 수 없다.
- 특별한 의도를 가지고 썼다면 표현하려는 이미지와 맞는지 살핀다.

2) 유사한 의미의 표현

함박웃음, 파안대소, 미소, 배꼽을 잡다, 등은 표현만 다를 뿐이지 결국은 웃는 다는 의미이다. 또 '눈물, 혈루, 피눈물, 홍루, 고배를 마시다,' 등도 같은 눈물의 종류이거나 비슷한 의미의 말이다.

'오솔길 산책로에' 라고 했다면 얼핏 보기에는 말이 되는 것 같지만 오솔길이나 산책로나 그게 그거다. 틀린 말이 아니라 비슷한 어감을 주는 어휘라는 점 때문이다. 따라서 이 어휘를 꼭 쓰고 싶다면 '산책하는 오솔길에' 처럼 바꾸어 써야 한다.

'세월이 멈춰버린 정지된 사진 한 장' 이라 했다면 '멈춰버린' 이나 '정지된' 이나 같은 말이다. 유사한 말로 3.4.3.4 형식을 지키고 있으나 이는 잘못된 표현이다. 그리고 '~린', '~된' 에서 'ㄴ' 'ㄴ' 이 연속되므로 운율도 매끄럽지 못하게 된다.

"솟구친 바위산이 돌바위 웅장하다" '돌바위' 는 없는 말이다. 바위는 모두 돌이다.

위 문장에서 '바위산', '돌', '바위' 는 모두 같은 말이다.

불과 50자 미만의 짧은 글에 하고픈 말은 많은데 같은 말 유사한 말을 반복해서 쓴다면 변죽만 울리다가 마는 꼴이 된다. 핵심이 들어갈 자리를 잃게 되는 것이다. 정성껏 끓이고 달여 응축된 진액을 먹기는커녕 대충 끓인 한약을 한사발이나 먹는 것과 같다.

예문 1)

노숙자/***

지하도 한 구석에 책상다리로 앉은 부처
절간인 양 착각하고 가부좌하고 앉았다.
전생의
무거운 짐을 혼자 지고 가는 고행(苦行)

– '책상다리' 나 '가부좌한' 모습이나 유사성이 있다. "앉은"과 "좌(坐)"가 같은 뜻이고 앉은 모습이 비슷하기 때문이다. 그러나 여기서 초장과 중장은 '책상다리로 앉은 부처 가부좌하고 앉았다' 가 되어 모순된 표현이다.

물론 "노숙자가 책상다리하고 앉은 모습 같다"는 표현이지만 초장과 중장을 제대로 연결하지 못해서 이런 오해를 불러일으키는 것이다.

"지하도 한 구석에 눈을 감고 앉은 부처"로 하는 표현이 더 좋을 것 같다.

– 종장 첫 마디가 '전생의' 에서 소유격 '의' 가 쓰였으므로 첫 마디는 '전생의 무거운 짐을' (8자)까지가 되므로 "3자 불변" 원칙을 벗어나게 된다.

이럴 경우 '무거운' 을 첫마디로 하여 '무거운 전생의 짐을' 로 하면 3.5.4.4로 종장 음수율 규칙을 지킬 수 있게 된다.

– 종장 '고행' 이 어떻다는 것인지 종결 어미가 없다.

여기서도 '혼자 지신 고행인가.' 로 하여 독자에게 답을 구하는 형식을 취하면서 자연스럽게 종결어미로 문장을 마감할 수 있게 된다.

예문 2)

웃음/***

그녀의 함박웃음 세상이 다 환하고
그 남자 파안대소는 얹힌 속을 뻥 뚫는다.
우리도 이들을 닮아 웃으면서 살아가자

– 초장, 중장, 종장 모두 같은 말이 중복되었다. (함박웃음, 파안대소, 웃으면서)

– 이처럼 유사한 어휘를 반복 사용하면 언어가 헤퍼서 시적 함축성에 역행하는 결과가 된다.

예문 3)

청학동의 단풍/***
(3수중 2수)

높은 산 봉우리에 불꽃놀이 한창이다.
오색의 폭죽들이 온산을 뒤 덮는다
소리는 들리지 않고 섬광만 요란하다.

– 여기서는 '불꽃놀이' '폭죽놀이' '섬광'이 비슷한 어휘들이다.

예문 4)

참나무/***
(첫 수)

내 고향 참나무정 울창한 참나무 숲
상수리 흐른 수액 곤충들 먹거리 전쟁
생채기 얽힌 곳마다 풍뎅이들 격전지.

– 참나무나 상수리나무는 비슷하다. 중장 '상수리 흐른 수액'은 정확히 말하면 잘 못된 표현이다. 상수리는 나무가 아니라 열매(도토리)이다. 나무에서 수액이 흐르고 도토리에서는 흐르지 않는다.

예문 5)

손금/***
(3수 중 첫 수)

손등의 거친 피부 솔껍질을 입혔는가
뭉툭한 손가락은 볼품 사난 굵은 마디
손바닥 굳은 살점은 억척으로 싸운 가난.

– 여기서는 '뭉툭한 손가락' '굵은 마디' 등이 유사한 어휘들이다.

– '솔껍질'은 '솔 껍질'로, '입혔는가'는 문장 전체의 종결어미 구실을 하므로 '입혔는가.'처럼 마침표를 찍어야 한다.

'억척으로 싸운 가난'은 가난이 억척으로 싸운 게 아니라 가난을 극복하려고 억척스럽게 살았다는 표현이므로 '가난과 싸운 흔적이다.'처럼 되어야 문맥이 맞게 된다.

'주머니 지갑은 얇지만' '터벅머리 숫총각' 등도 유사한 말이다.

요점 정리

- 유사한 말은 핵심을 잃게 된다.
- 멋과 맛이 없어진다.
- 상투적인 표현은 성의 없는 글이 된다.

11

관념어와 일상어(常套的인 말)

관념어란 구체적 대상이 아닌 추상적 생각이나 심리를 나타내는 말로 생각자체가 이미 언어 속에 들어 있다. 시조를 잘 쓰려면 상상력을 키워야 한다. 시조가 인기를 상실해가고 있는 이유는 옛날에 쓰던 방식을 아직도 고수하는 사람이 많기 때문이다. 예를 들면 음풍농월 조나 고어 체의 흉내(~할꼬, ~하니 등)내기나, 맞춤법을 지키지 않거나 신선도가 없는 언어조립 등 구태의연한 태도에 있는 것이 아닐까 한다.

대표적인 관념어가 바로 다음과 같은 것들이다.

가) 관념적인 말 : 그리움, 고독, 사랑, 소망, 허무, 평화, 진실, 민중 등 구체성이 떨어지는 어휘들

나) 그, 이렇게, 이만큼, 여기, 저기, 거기, 저다지도 등 구체적 계량화가 안 된 어휘들

다) 뭐만큼, 뭐랄까, 그 어찌, 어쩌면, 얼마나, 이만큼, 그토록 등 무엇을 말하려는지 애매한 표현 들

라) 관형사 "그, 저, 이, 어느" 같은 말도 피해야 한다.

마) 상투적인 격언 속담 그리고 흔히 쓰는 말들도 피하는 것이 좋다. '같은 값이면 다홍치마' '밑져야 본전' '울며 겨자 먹기' '쥐구멍에도 볕들 날 있다'와 같은 속담, 격언, 예를 들면 '노력은 성공의 어머니, 밤하늘의 별빛처럼, 넓은 바다, 높고 푸른 하늘, 서쪽 하늘은 핏빛으로 물들고, 을씨년스런 가을바람' 등 당연한 사실이나 늘 써서 다 알고 있는 표현은 피해야 한다.

이런 말들은 우리가 일상적으로 쓰는 말이라 독자의 시선을 끌어오기가 어렵다.

예문 1)

전보/***

1981년 1월 8일 금요일 하오 네 시
시상식 참석바람 중앙일보 문화부
지례면
우체국 지붕에 첫눈이 내리던 날.

– 이것은 일상적 언어로 쓴 공고문 또는 통지문이다.

예문 2)

사랑은/***

볼 수 없는 너의 모습
항상 거기 머무는 곳

작은 우주 곱게 펼쳐
태양으로 불태우고

어제도
거기 있었고
내일 또한 있으리니

– 제목이 '사랑'이라는 구체성이 없는 낱말로 되어 있다.
– 초장 후구와 종장 둘째 구 첫 마디에 '거기'는 어느 곳인지 구체성이 없다.

예문 3)

서커스/***

한 평생 내가 타던

아슬한 그네줄에

나 어린 곡예사들

묘기를 부리는데

박수를

치는 손바닥

왜 이렇게 아픈가

– 한 줄씩 띄어 놓는 행갈이는 적절한 것인지?
– '그네줄에'는 '그네 줄에' 또는 '그넷줄에'라고 써야 맞는다.
– 종장 후구 '왜 이렇게 아픈가'에서 '이렇게'는 얼마 만큼인지 독자는 알 수 없다. 즉 구체성이 없다.

예문 4)

내 사랑/***

그대가 건넨 사랑
한 알 왕사탕이었다.

녹을수록 빨려드는
한 입 가득한 향기로움

어쩌면 서로를 섞는
예비 연습 하는 걸까.

– 사랑이라는 구체성 없는 어휘가 쓰였고 '왕사탕이었다' 라는 과거형으로 된 시조이다.

예문 5)

행복은/***

행복은
별게 아냐
어제처럼 지금처럼

마음 맞는
사람과
한자리에 앉아서

바라만
보아도 좋은 것
그게 바로 행복이지.

– 형상화가 안 된 평범한 일상어로 쓴 시조이다. 신선한 어휘를 동원해야 된다.

– 행복이란 일상적 언어이다.

상투적인 표현들 ☞

- 잉걸불 같은 그리움
- 텅 빈 가슴에
- 상처투성이의 삶
- 밤하늘의 뭇별들
- 은빛으로 반짝이는 강물
- 핏빛으로 물든 노을
- 개밥에 도토리처럼
- 내 마음은 호수요
- 식은 죽 먹듯이
- 아련한 추억들
- 달콤한 첫 키스
- 행복, 사랑, 바람소리, 사모님, 오솔길 과 같이 흔히 사용하는 낱말.
- 쏜살같이 빠른 세월. 주마등처럼 지나가다.
- 불을 보듯 뻔하다.
- 칠흑 같은 어둠. 닭똥 같은 눈물
- 땅이 꺼지는 슬픔
- 백마 탄 왕자. 앵두 같은 입술.

** 상투적인 말이라고 해서 모두 나쁘다는 것이 아니다. 어떤 경우에는 이런 표현을 적절하게 쓰면 예술성을 더 잘 드러낼 수도 있다.

요점 정리

- 관념어와 지시관형사 그리고 상투적인 말은 피하고 내용은 구체성이 있어야 신선한 느낌을 준다.
- 독자로 하여금 궁금증 갖도록 해야 한다.

알아두기

참고로 '그'를 붙여 쓸 때와 띄어 쓸 때

- **인칭대명사** '그'는 붙여 쓴다. 예) 그는, 나는, 자네는
- **지시대명사** 사물 장소 방향을 가리키는 '그'는 붙여 쓴다.
  예) 그보다, 그쪽, 거기, 그것
- **지시관형사** '그'는 띄어 쓴다. 예) 그 사과, 그 가방, 그 사람
- **감탄사** 일 때 '그'는 (,)를 찍는다. 예) 그, 참으로 불쌍하구나.

12

행간 읽기

행간이란 글 속에 숨어 있는 뜻을 말함이다. 행간이란 말 자체도 비유이다. 화자의 말 속에 숨겨진 뜻의 올바른 해석이다. 이 해석은 때로 독자의 정서와 맞물려 다른 의미로 나타나기도 한다.

이처럼 행간읽기란 글속에 숨겨진 진실, 즉 진짜 알맹이를 찾아보고 해석하는 행위이다. 시조를 읽는 즐거움은 바로 이 행간 찾기에 있는지도 모른다. 꼭꼭 숨겨놓은 보물을 찾아냈을 때 그 기쁨이 크듯이. 예를 들어 "나는 여의도를 보기도 싫다."라고 했다면 지리적인 "여의도"가 싫다는 말은 아닐 것이다.

여의도가 품고 있는 또 다른 의미는 무엇인지를 살펴보는 것이 행간을 읽는 것이다. 숨어 있는 참 의미, 즉 화자가 하고 싶은 말을 드러내지 않고 반드시 글 속에 숨겨 놓는다. 숨겨진 진실을 찾아내는 일은 독자의 몫으로 남겨두어야 한다는 얘기다.

고시조

예문 1)

청산리 벽계수야 수이 감을 자랑마라
일도 창해하면 도라오기 어려오니
명월이 만공산 하니 수여 간들 엇더리.

〈황진이/청구영언진본〉

– 행간에 숨은 뜻은 무엇일까? 〈사랑하는 님〉이다.
– 상징으로 인한 중의적(重義的 : ambiguity) 표현이다.

예문 2)

냇가에 해오라비 므스 일로 서 잇는다
무심한 져 고기를 여어 므슴 하려는다
두어라 한 물에 잇거니 니저신들 엇더리

〈신　흠/해동가요 박씨본〉

– 같은 물에 살면서 왜 날 잡으려 하느냐. 한 임금 아래 같은 임금을 위하여 충성하는 신하이니 시새우거나 반목질시를 하지 말자는 뜻
– 해오라비 : 권력자, 무심한 고기 : 약자, 한 물 : 같은 나라, 같은 백성 등

예문 3)

엊그제 버힌 솔이 낙락장송 아니런가
적은덧 두던들 동량재 되리더니
어즈버 명당이 기울면 어느 남기 바치리

〈김인후/古今歌曲〉

– 명종 2년에 일어난 정미사화 때 장래가 촉망되던 친구 임형수의 죽음을 안타까워하는 시조이지만 억울하게 죽음을 당하면 어느 누가 나라를 위해 몸을 바치겠는가 하고 꾸짖는 내용이다.

– 버힌 솔 : 목숨을 잃은 선비, 낙락장송 : 큰 인물, 동량재 : 훌륭한 인재, 명당 : 나라, 조정, 기울면 : 중심을 잃으면, 사리판단을 못하면 등

현대시조

예문 1)

상황(狀況)/김광수

황소 머물다가
배설하고 돌아선 자리

쇠똥구리 말똥구리가

좌우로 편을 갈라

한 덩이
분구(糞球)를 두고
서로 엉겨 물고 뜯는다.

– 황소, 돌아선 자리, 쇠똥구리, 말똥구리, 분구 등은 무엇을 상징하는가를 살펴봐야 한다. 그러면 이 시조를 통하여 하고픈 말, 문자 밖에 숨겨진 의미를 찾을 수 있다.

예문 2)

가위/***

오려진 몸에서 붉은 피가 흐른다

청계천을 물들이며 촛불로 타오르던

무참히 잘린 혀들이

비명마저 삼킨다.

– 가위 : 숨어 있는 권력의 실체에 의해 조정 되는 도구
오려진 몸 : 핍박, 탄압받는 사람,

잘린 혀 : 입이 있어도 말을 못함. 구속된 자유.

요점 정리

- 직설을 피하고 글 속에 화자의 하고픈 말을 숨겨 둔다.
- 독자가 생각할 공간을 제공한다.
- 맛과 멋이 있다.
- 독자에게 감동을 줄 수 있다.

13

관형어 겹쳐 쓰기

이것은 운율상의 문제이며 언어의 절제에 역행한다. – 미적, 예술적, 표현이 안 되기 쉽다.

보다 읽기에 편하고 부드럽고 어색함을 피하기 위해서 기술하는 것으로 문법적 체계와 관련된 것은 아니다.

"강물에 너울대는 붉은 가슴 속에"라고 썼다면 '너울대는' '붉은'과 같이 관형어가 겹쳐 써지는 경우가 있는데 가능하면 피해야 한다. 그래야 세련된 문장이 된다. 관형어가 겹쳐 쓰이는 경우는 드물기는 하지만 "가능하면 겹쳐 쓰기를 피한다."라는 것은 문장의 어순이나 맞춤법의 문제가 아니라 운율상의 문제 때문이다. 이럴 경우에는 어휘를 바꿔 보아야 한다. 윗글에서 "너울대는 강물에 가슴은 붉어지고" 라든지 "강물은 너울대고 가슴은 붉게 타고"처럼 말을 바꾸거나 대구(對句)를 만들어 운율 상 어색함을 피하는 것이 외형상으로나 운율 상으로나 잘 어울리는 글이 된다.

– '한 핏줄 열풍 퍼져 모든 오신 모인 사람들' 라고 쓴 아래 시조를

예로 들면, "모든, 오신, 모인"이라는 관형어 셋이 와서 '사람들'을 수식하고 있는데 매우 부적절한 표현이다. '오신' 사람도, '모인' 사람도, '모든' 사람도 다 겹친 말이다. 이 글도 "한 핏줄 열풍 퍼져 사람들이 모여들고" 처럼 다듬어 쓴다면 운율을 넣어 읽는 데에도 큰 문제가 없게 된다.

'신사, 숙녀 여러분!' 이라고 하면 이 말 안에는 이미 '이 자리에 오신, 여기에 모이신, 모든 신사와 숙녀' 라는 말이 포함 되어 있는 것이다.

꽃밭에 알록달록한 꽃이 피어 있다고 볼 때 알록달록 이라는 표현은 색깔이 다양하다는 의미이다. 빨간 파란 노란 보라 등등. 이럴 때 여러 색깔의 관형어를 나열하여 쓰지 않으려면 '알록달록' 이라는 단어를 찾아내야 한다.

또 색깔과 모양이 다른 꽃을 표현할 때의 관형어가 연달아 나올 경우, 즉 키가 큰 것, 작은 것, 빨간 것 노란 것, 꽃의 크기가 다른 것, 등을 표현 할 때는 '~과' 또는 '~고' 와 같은 접속 조사를 들여와야 한다.

"키가 크고 작은 것, 빨갛고 노란 것, 꽃이 큰 것과 작은 것"처럼 해야지 이를 "큰 노란 작은 꽃이 핀 꽃 밭"이라고 쓰면 리듬이 깨져서 읽는 맛이 별로 안 난다.

예문)

월드컵 열기/***

나라를 위하는 맘
너도 나도 한마음이라

한 핏줄 열풍펴져
모든 오신 모인 사람들

천지가 흥분속에서
어려움을 이겨냈다.

온 세계 나라마다
욕망이야 있지만은

십육강 대한민국
거리마다 흥분일고

흥분한 대한민국
거리마다 십육강 함성

재빨리 적을 따돌려
골인하자 국민 환호성.

– '마음' '십육강' '거리마다' '흥분일고' '대한민국' 이란 어휘의 중복과 "모든 오신 모인 사람들"은 어순이 어색하다.

– '열풍퍼져' 는 '열풍 퍼져' 로 띄어 써야하며

– '십육강 함성' 이라는 어휘가 어색하므로 '십육 강 오르자며/흥분한 대한민국' 으로, 종장은 '외친다, 한골 넣자고 상대편을 따돌려서.' 라고 도치법을 쓰면 글자 수를 맞출 수 있다.

– '너도 나도 한마음이라' 는 '너와 내가 다를 거냐.' 로 설의법을 쓰는 편이 좋을 것 같다.

– '어려움을 이겨냈다.' 에서 '을' 과 '이겨주길 바라지만은' 에서 조사 '은' 은 생략해도 된다.

'키가 큰 호리호리한 <u>늙은 남자</u>가' 라는 문장은 '큰' 의 'ㄴ' 과 '호리한' 의 'ㄴ' 과 '늙은' 의 'ㄴ' 이 세 번 겹쳐 나오므로 이를 읽기 좋게 고쳐보면

'키가 크고 호리호리한 <u>노인</u>이' 처럼 '~고' 로 연결하거나 '늙은 남자' 는 '노인' 으로 바꾸고,

'낡은 <u>두 개의</u> 높은 <u>빌딩</u>' 은 '낡고 높은 <u>쌍둥이 빌딩</u>' 처럼 접속조사 '~고' 를 사용하여 운율을 살려줘야 한다.

요점 정리

- 운율에 문제가 생긴다.
- 문장의 어순이나 조사 부사 등을 도입하여 단어를 환치해 본다.
- 문장이 매끄럽지 않게 된다(품격이 떨어진다).

14

명사의 나열

명사의 나열만으로는 문장이 성립하지 않는다. 구(句)는 사고나 감정을 표현할 때 완결된 내용을 나타내는 최소 단위로 주어(주어부) 술어(술어부)로 구성되어야 한다. 일어문(一語文)도 있으나 이는 주로 감탄을 나타낼 때 쓰는 문장이다.

명사의 나열은 문장이 아니라 단순히 낱말을 표시할 뿐이다.

시조는 3장 6구로 되어 있으므로 둘 이상의 단어가 모여 한 구를 이루어야 한다. 예를 들면 "무더운 여름에는 매미가 운다."라는 문장에서 '무더운 여름에는', '매미가 운다.'가 각각 구가 되는 것이다. 여기서 '무덥다 여름 매미 울다'처럼 썼다면 무슨 말인지 그 의미는 짐작이 가나 완전한 문장의 형태를 갖추었다고 보기는 어렵다. 이처럼 문장의 성분 없이 단순한 낱말의 나열은 구를 형성할 수 없기 때문에 문장이 성립되었다고 볼 수가 없는 것이다.

예문 1)

사자성어로 읽는 시국/＊＊＊

안하무인
무소불위
양두구육
인면수심
설상가상
동문서답
적반하장
마이동풍
오호라
목불인견에
망연자실하것다.

부화뇌동
유유상종
호가호위
점입가경
후안무치
불문가지
비몽사몽
속수무책

통재라
유구무언에
혼비백산 지경일다.

이런 유의 시조는 보기 드문 경우이긴 하지만 과연 시조로 분류될 수 있는지 의구심이 든다. 음수나 음보만 가지고 본다고 해도 좀 어색하다.

사자성어간에 어떤 연관성이 숨어 있는 것도 아니고 단순히 나열만 했을 뿐이다.

왜냐하면 각 어휘의 배치가 상호 특별한 관계를 유지하고 있는 것 같지도 않기 때문이다. 종장 낱말 하나만으로도 문장이 성립되는 '오호라, 통재라' 등 그 다음에는 느낌표(!)나 반점(,)이 와야 된다.

예문 2)

다랑논/***

탑골 산비알에
다닥
다닥
열린
다랑논

호르늪 위
장구배미
돌팍재
그 위 황새머리

느린 삶,
하늘바라기
발자국소리 먹고 사는.

위 시조는 정격에서 벗어나 있지만, 작가는 초장(2.4,6.3), 중장(4.4,3.6), 종장(3.5.5.4)으로 쓴 시조를 별 의미 없이 행갈이를 과하게 하였다고 본다. 강조의 의미도, 이미지의 단위도, 의미의 단위도 아닌 행갈이다. 구태여 말한다면 리듬(운율) 때문에 혹은 다랑논의 이미지를 배행수법으로 나타내려는 의도 때문에 많은 행갈이를 하였다고 볼 수 있으나 오히려 운율이 어색하게 되었다고 볼 수 있다. 중장 '돌팍재/ 그 위 황새머리'에서 '그'는 없어도 되는 관형사이다. '돌팍재 위 황새머리'로 했다면 (4.4)의 형식이 되었을 뿐 아니라 운율도 더 살아났으리라 본다.

• 다랑논이라는 표현이 제목과 본문에 반복 되고 표현도 어색하다.

• 명사의 나열(산비알, 다랑논, 장구배미, 황새머리, 느린 삶, 하늘바라기)을 하였으며 "느린 삶" 다음에 (,)은 불필요하다.

• 종결어미가 없다…… "발자국소리 /먹고 사는"이라는 관형어로 종결됨.

• 자기만 아는 지명 : 흐르늪, 돌팍재, 탑골 등등. 이럴 경우는 주석을 달아야 함.

• 저자가 이 시를 통하여 독자에게 전달하고자 하는 이미지는 무엇인가?

• 다닥다닥은 한 단어인데 위에서처럼 분리해서 써도 되는가?

이 외에도 무지개 7가지 빛 "빨주노초파남보"를 "빨주노/ 초파남보"로 한다면 이는 성립되지 않는 문장이다. 이유는 간단하다. '빨주노초파남보' 라는 낱말이 존재하지도, 문장구조를 이루고 있지 않기 때문이다.

구(句)라 함은 둘 이상의 단어가 모여 어절이나 문장의 한 성분이 되는 토막을 말함이고 단어는 1개 이상의 형태소로 이루어져 일정한 뜻을 지닌 가장 작은 말의 단위라 한다면 위에서 말한 '빨 주 노 초 파 남 보'는 일정한 뜻을 지닌 형태소로 보기 어렵다. 따라서 구를 형성할 수 없다. 시조가 '3장6구'로 이루어진다는 말은 완전한 구(句)의 형태를 지니고 있어야 한다는 말이 된다. 역으로 말하면 구를 이룰 수 없으면 안 된다는 얘기다.

'빨' '주' '노' '초' '파' '남' '보'를 각각 띄어 놓고 보면 이는 낱말도 아니고 일어문도 성립할 수 없는 그냥 글자일 뿐이다. 시조는 말마디(節)로 구를 형성하는 문장구조를 지녀야 하기 때문에 일곱 글자를 합친다 해서 구가 이루어지는 것은 아니다. 시어(詩語)의 창작(創作)이라는 측면에서 절대 안 되는 일은 없겠지만 깊이 생각하며 쓰자는 취지로 이점을 강조하는 것이다.

예문 3)

무지개/***

빨 주 노 초 파 남 보
일곱 빛깔 무지개

저기다 줄을 걸고
순돌아 그네타자

그러면
산 너머 먼 바다도
무지개가 될 거야

– 위 시조에서 '빨주노초파남보'는 두 마디가 모여 만든 구가 아니다.

초장 후구 '일곱 빛깔 무지개'는 '일곱 가지'의 '가지'라는 의존명사와 '빛깔의'에서 '의'라는 조사가 생략된 형태로 '무지개'를 수식하는 단어들이다. 그러므로 초장 전구의 '빨주노초파남보'와는 문장의 구성이 다르다.

즉 일곱 글자 낱개의 조합이다. 낱말도 구가 만들어진 것도 아니지만 만약 하나의 낱말(단어)로 본다고 해도 마디 하나가 모자라는 구가 되어 이상한 문장이 된 것이다.

또한 '일곱 빛깔 무지개'는 누구나 다 아는 사실로 설명문이 된다.

'저기다' 라는 관념어와 무지개라는 낱말도 몇 번씩 반복 되어 있다.

'순돌아' 는 호명이므로 (,)를 찍어야 한다. 이처럼 중간에 갑자기 사람이나 사물을 부르는 수사법을 돈호법이라 한다.

예문 4)

아버지의 친구들/***

홀로 사는 아버지는 친구들도 많이 있다.
삼태기 지팡이 쟁기 삽자루
밤에는 얘기를 나누는 아버지의 친구 된다.

이 시조의 중장에서처럼 특별한 경우를 제외하고는 명사의 나열은 의미가 없다. 최언진 작가의 "아버지의 미소"라는 예문을 본다.

"삼태기며 맷방석 망태기며 가마니가/힘겨운 삼남매 등을 다독이고 계시다."처럼 대구를 이루는 것은 비록 명사의 나열 같지만 단순히 글자가 아닌 낱말로 되어 있으며 '삼태기며 맷방석 망태기며 가마니가' 는 모두가 주어라는 것을 '며' 와 '가' 가 나타내 주고 있다. '삼태기며 맷방석' 하면 '며' 로 연결되어 있어 이 문장은 통사적 문장 구조를 이루고 있게 되지만 '삼태기 맷방석' 하면 명사의 나열일 뿐이다. 4개의 개체가 주어로서 삼남매를 다독인다고 했기 때문에 문제가 되지 않으나, 여기서는 '삼태기 지팡이 쟁기 삽자루가' 으로 주격조사 '가' 가 생략된 것으로 본다면 구하나가 모자라게 되어 시조의 형식을 벗어난 모양이 된다. 즉 '삼태기 지팡이/ 쟁기 삽자루가//'의 3.3,2.4형식이 아니라 '삼태기 지팡이 쟁기 삽자루/' (11.0.0.0)가 되므로 정형의 틀을 벗어나게 된다고 본다.

요점 정리

- 문장은 주어와 술어로 구성된다.
- 명사의 나열은 주체가 불분명해져 핵심을 잃게 된다.
- 지명은 주석을 달아준다.

15

주석달기

독자가 이해하기 어려운 말은 주석을 달아 이해를 도와야 한다.

특히 지명이나 전문용어 등은 일반 독자로서는 알기 어려우므로 반드시 주석을 달아 이해를 돕는 반면 작가의 의도를 충분히 이해시켜 전달하려는 의미를 배가 시킬 수 있다.

예문 1)

栗谷山房 抄 /김광수

속진에 찌든 일상 먼지 털 듯 훌훌 털고
골물에 별이 뜨는 숲 속에 터를 잡아
오붓한 부엉이 한 쌍
새 둥지를 틀었네.

까투리 산토끼가 오순도순 더불어 살고
물씬한 사과 향에 싸리꽃 발갛게 피면
풀벌레 울음에 놀라
알암 툭탁 버는 곳

숲이 짜는 산울림은 오롯한 적요를 깨고
손수 심은 과목들을 살붙인 양 가꾸는 삶
느긋한 손길을 따라
꽃이 피고 새가 운다.

– 위 작품은 마치 물이 흘러가듯 막힘이 없다.
– 주석을 달 필요도 없는 문장으로 짜여 있다. 산촌의 정경이 한 폭의 그림을 보는 듯하다.

반면에 다음의 예문은 사전을 찾아보지 않으면 일반 독자는 이해하기가 매우 어렵다. 자기의 글을 독자에게 잘 전달하기위해서라도 독자에 대한 배려가 필요치 않을까 생각해 본다.

예문 2)

큰기러기 필법(筆法)/***

발묵 스릇 번져나는 해질 무렵 평사낙안
시계 밖을 가로지른 큰기러기 어린진이

빈 강에 제 몸피만큼 갈필 긋고 날아간다.
허공은 아무래도 쥐수염 붓 관념산수다.
색 바랜 햇무리는 선염법을 기다리고
어머나! 뉘 오목가슴 마냥 젖네, 농담으로.
곡필 아닌 직필로나 허허벌판 헤매 돌다
홀연 머문 자리에도 깃털 뽑아 먹물 적시고
서늘한 붓끝 세운다, 죽지 펼친 저 골법(骨法).

– 아래 나열한 어휘들은 주석을 달지 않아 국어사전이나 백과사전을 보고 적어 놓은 것들이다. 독자에 대한 배려가 필요하다.

** 발묵 : 먹에 물을 풀어 윤곽선이 없게 그리는 그림.
붓으로 먹물이 번지게 하는 그림

평사낙안 : 모래펄에 내려앉는 기러기라는 뜻으로 여인의 아름다움을 표현하기도 함

스릇 : ?

어린진 : 물고기의 비늘이 벌어진 모양으로 치는 진

갈필 : 칡뿌리를 잘라 끝을 두드려서 쓰는 붓

관념산수화 : 생각만으로 그리는 산수화

선염법 : 화면에 먼저 물을 칠하고 마르기 전에 먹물이나 색을 섞는 방법

오목가슴 : 복장뼈 아래 오목하게 들어간 가슴

골법 : 뼈의 생김새. 동양화에서 사람을 나타내는 기법

– 전문가가 아니면 이해하기 어려운 시조이다. 즉 전문 용어의 나열이다.
– 세 수로 된 연시조이나 수와 수의 구분이 없다.
– '농담' 은 한자를 부기해야 하고
– '서늘한 붓 끝' 은 무엇을 의미하는지 이해하기 어렵다.

예문 3)

여름/***

옹송옹송한 기분으로 살피꽃밭 곁 따라간다.(5.4, 5.4)
샘바리 마냥 덜퍽진 꽃들 부러워 나도 몰래(5.5, 3.4)
바듬히 입술 내밀고 비뚜로 서서 흘기고 말았다.(3.5.5.6)

꽃송이 하나 둘씩 돌라방쳐 가슴에 안고 (3.4, 4.5)
노랑, 분홍, 자주 꽃잎 더금더금 덧게비치면서(4.4, 4.6)
애처럼 나뱃뱃한 얼굴 성긋벙긋 웃으며 논다.(3.6, 4.5)

꽃들 얼굴 봄이 단장시켜 댕가리진 지 옛날이고(4.6, 5.4)
조각보 마냥 꽃잎 덧대 여름의 연 만드는데(5.4, 4.4)
꿀벌이 둘레 춤추며 부스댄다고 부르댄다.(3.5.5.4)

위 시조를 보는 순간 아는 어휘가 몇 개 안돼서 당황스러웠다. 그리고 음수가 무시된 시조라는 점이다.

이 시조에서 참고로 낯선 어휘를 보면

- 옹송옹송 : 생각이 잘 떠오르지 않고 정신이 몽롱한 상태
- 살피꽃밭 : 건물, 담 밑, 도로 등의 경계를 따라 좁고 길게 만든 꽃밭
- 샘바리 : 샘이 많은 사람
- 덜퍽지다 : 푸지고 보기에 탐스럽다.
- 바듬히 : 작은 물건이 밖으로 약간 벋은 듯하게
- 돌라방치다 : 살짝 빼돌리고 그 자리에 대신 다른 것을 넣다.
- 더금더금 : 조금씩 자꾸 더하는 모양을 나타내는 말
- 덧게비치다 : 필요 없이 자꾸 더하는 모양을 나타내는 말
- 나뱃뱃하다 : 자그마하고 나부죽하며 덕스럽다.
- 성긋벙긋 : 눈과 입을 거짓으로 꾸미지 않고 자연스럽게 움직이며 소리 없이 밝고 환하게 웃는 모양
- 댕가리지다 : 됨됨이가 깜찍하고 야무지다.
- 부스대다 : 몸을 가만히 두지 못하고 자꾸 부산하게 움직이다.
- 르댄다 : 거친 말로 남을 나무라는 것처럼 야단스럽게 떠들어대다.

이 짧은 시조 에 쉽게 이해되지 않는 어휘가 무려 13개나 된다.

아마도 이 시조를 읽고 충분히 이해를 하려면 국어사전 하나쯤은 펴 놓고 읽어야 하리라는 생각이 든다. 아무리 시조를 짓는데 있어 낯설게 하기를 한다고 하더라도 어휘도 물론 낯설게 하기를 해야겠지만 그보다는 표현의 수사가 낯설게 하기가 되어 있어야 신선하고 독자에게 선명한 이미지를 줄 수 있다고 생각한다.

제목이 여름인데 본문에 와서는 낯선 어휘만 나열 했을 뿐 무엇을 말하고자 하는지 중심 사상이나 철학이 없다 하겠다.

본문을 들여다봐도 첫 수 후구가 '살피꽃밭 곁/따라간다.5.4'로 되어 있어 기본 율격 3.4에 ±1을 초과한 5.4로 되어 있으므로 어긋난 형태이며, 둘째 수 중장 "더금더금 덧게비치면서"는 같은 의미의 중복이고 종장에 '애처럼 나뱃뱃하다'고 했는데 애들은 보통 깔깔대며 가볍게 뛰노는 것이 본모습일진대 사전적 의미인 '나뱃뱃한'이라는 표현은 어울리지 않으며, '성긋벙긋'도 겹친 말이다. 이 말 역시 웃는 모양이므로 '성긋벙긋한다.'로 해야 한다. 셋째 수 '꿀벌이'이 누구보고 '부스댄다'고 '부르댄다'는 말인지 이해가 되지 않는 부분이 있다.

신춘문예 작품 예를 하나 보면

예문 4)

뜨개부부 이야기/***

내 가난은 에멀무지 뜨개질 하고 있다.
도안 없는 가시버시 그 실눈 크게 뜨고
허공에 색실을 놓아 곰비임비 재촉한다.

이랑뜨기 몰래하다 코놓친 지난날이
너설을 빠져나와 휘감아 본 길이지만

마음은 삐뚤삐뚤한 아지랑이 길이 된다.

어영부영 또 하루가 저녁으로 흘러가고
양지에 펼쳐놓은 눅눅해진 그리움들
오늘도 발바닥에 밟힌 티눈을 뽑아낸다.

* 뜨개부부 : 정식으로 결혼하지 않고 우연히 만나서 함께 사는 남녀.

가시버시 : 부부를 정답게 이르는 말

곰비임비 : 물건이 거듭 쌓이거나 일이 자꾸 계속되는 모양을 나타내는 말

너설 : 험한 바위나 돌 따위가 삐죽하게 나온 곳

이랑뜨기 : 뜨개질 방법의 하나

에멀무지 : 북한 말로 "에멀무지로"가 맞는 말이다.
물건을 단단히 묶지 않은 채 헛일을 하는 셈 치고

이 시조 역시 낯설게 하기를 시도 하였지만 문장이 낯선 게 아니라 사장된 낱말 또는 북한어 등을 가지고 쓴 시조이다. '에멀무지'라는 말은 없고 '에멀무지로'가 쓰이고 있는 낱말이다.

예문 5)

꿈꾸는 쌀/이가은
(세수 중 첫 수)

동사무소 현관 입구 사랑의 쌀 항아리
'필요한 만큼 가져가요' 늘 뚜껑 열려 있는
운조루[5] 타인능해(他人能解)[6]를 다시 보는 느낌이다.

– 이 시조는 정격에서 약간 벗어났지만 주석을 달아 독자의 이해를 돕고 있다.

요점 정리

- 독자가 알기쉬운 문장을 써야한다. 부득이한 경우에는 반드시 주석을 달아 독자의 이해를 돕는다.
- 이해를 돕기 위해 괄호 안에 한자를 부기한다.
- 지명인 경우에는 반드시 주석을 단다.
- 사장된 낱말이나 지방 고유한 사투리는 피한다.

---

5) 운조루 : 전남 구례군 토지면 오미리에 있는 한옥으로 영조 52년 무렵 삼수 부사를 지낸 류이주의 99칸짜리 집.

6) 타인 능해 : 류이주의 집 뒤주에 "他人能解"라 써 붙이고 가난한 이웃이 언제나 가져 갈 수 있도록 열어 두었다고 함.

16

제목 붙이기

우리 속담에 '시작이 반'이라는 말이 있듯이 제목을 정하면 시조는 반을 쓴 것이다. 즉 "시조(시)는 제목이 반이다." 해도 과언은 아니다. 이만큼 제목이 중요하다는 말이다. 우리가 사람을 만날 때 첫 인상이 중요한 것처럼 시조도 제목을 참신하고 멋지고 주제에 걸맞게 지어야 우선 독자의 관심과 흥미를 이끌어 내게 된다. 새롭고 참신해야 독자의 상상력을 자극하여 호기심을 발동시키게 되며 글을 읽고 싶은 욕구를 유도해 낼 수 있는 것이다. 진부한 것, 평범한 것, 이미 수십 번씩 남이 사용한 것, 이런 것들은 첫 인상에서 부터 "또 뻔 한 얘기"일 것이라는 선입견을 갖게 만들기 때문이다.

구체적이고 의미를 증폭시키는 것이 좋다. 본문에 나오지 않는 제목을 붙임으로서 독자로 하여금 본문을 읽으며 제목의 시사점을 찾아내게 만들어야 한다. 시의 3대요소가 운율과 심상 그리고 주제라면 시조의 3대 요소는 율격(규칙)과 삶으로부터 습득한 체험, 상상력의 동원이라 할 수 있다.

상상력이란 눈으로 볼 수 없는 사물의 이미지를 5감을 통하여 만들어 내는 정신적 능력이다. 시조 창작이란 삶의 철학에서 배운 과거의 체험을 바탕으로 상상력과 결합시켜 날줄과 씨줄로 아름다운 비단을 짜 내듯이 율격(규칙)있는 새로운 예술 작품을 만들어 내는 창작물이라 하겠다. 따라서 제목을 보고 독자는 여러 상상력을 발동할 수 있다. 또한 제목은 주제를 암시하는 구체적인 것이 좋다. '우주' '꽃' '나무' '보석' '물고기' 등과 같이 정하면 그 범위가 너무 넓고 종류도 다양하기 때문에 축약된 글이나 상징성 있는 글을 쓰기가 힘들고 글의 내용을 한약 달이듯이 몇 시간씩 끓여 만든 고농도의 농축액을 빼내는 일은 참으로 어렵게 된다. 다시 말해 쓰고자 하는 범주가 너무 넓고 방대해서 뼈대만 남는 맛있는 글을 쓰기가 어렵다는 얘기다.

제목은 작품을 맨 먼저 접하게 되는 얼굴이며 문이다.

참고로 좋은 제목을 달자면 어떤 방법이 좋을지 생각해 본다.

1. 시 제목의 중요성

첫 째 : 시의 내용과 맥을 같이 하는 어휘를 택할 것
　　　본문을 상징하는 단어 또는 하고픈 말을 함축적으로 빗대는 말

둘 째 : 신선한 것으로 독자의 관심을 유도할 것
　　　진부한 것, 일상적 표현, 너무 많이 써먹은 말 등은 피한다.

세 째 : 아주 구체적일 것
　　　'우주' 보다는 "별, 달 구름" "꽃"보다는 "무궁화, 진달래,

채송화"

네 째 : "무제"로 하기

다섯 째 : 동일 제목에 일련번호를 매겨 제목으로 하는 경우도 있다. (예: 어머니1, 어머니2, 어머니3, ... 등등)

여섯 째 : 가능하면 외래어를 피한다.

잘못된 제목은 의미의 절감, 긴장감의 상실, 극적 구조의 파괴를 가져온다. 하지만 작가의 의도에 따라 여러 가지 방법으로 제목을 택하기도 하고 요즘에는 한 문장이 제목이 되는 경우도 종종 본다. 자유시에서 많이 보는 현상이지만 가끔씩 시조에서도 볼 수 있다.

예를 들면 자유시에서 〈꽃댕강나무는 말한다〉, 〈백일홍, 그 나무 아래서〉, 〈간이계산서에 얽힌 고무인〉 등과 같이, 시조에서도 〈소는 자주 울지 않는다〉, 〈희망을 선택하다〉, 〈맨발이면 더욱 좋다〉 같이 제목이 긴 것도 있고 어느 것이 진짜 제목인지 아리송한 〈겨울 편지, 일몰〉 과 같이 두개의 명찰을 달고 나오는 경우도 있다. 심지어 〈BIG TREE Canada Ancient forest에서〉 와 같은 영문 제목과 국적 불명의 혼용(영어와 한글)된 이상한 제목도 가끔 보인다.

물론 외래어를 제목으로 단다고 해서 안 되는 것은 아니지만 아름다운 우리말을 더욱 가꾸고, 세계에 널리 알리려면 우리 스스로 우리말과 글을 아끼고 사랑해야 한다. 이런 취지에서 가능하면 외래어를 피하고 순수한 토종 언어를 써야 한다고 생각한다.

모두 영문으로 쓴 것도 아니고 한글을 섞어 쓴 혼혈 제목을 보면서 시조의 전통성, 순수성, 순혈주의를 상실한 것 같아 씁쓸함을 금할 수 없다.

2. 좋은 제목의 조건

* 시조의 주제, 소재(제재), 의미 정서, 분위기, 이미지와 부합되는가.

* 무디어진 감각 경험에 충격을 줄 수 있는 참신성 있는 것으로 독자의 관심과 호기심을 유발시키는가.

* 독자의 상상력을 자극하고 상상력을 발동시켜 궁금증을 갖게 하는가.

* 시의 제목은 추상적이고 한정 범위가 넓은 것보다 구체적인가.

예문 1)

참회하는 맹꽁이/***

강물 빛 하도 고와
돌멩이를 던졌더니

하늘에 금이 갔다
산허리가 부러졌다.

고기떼 분을 못 이겨
팔딱팔딱 뛰고 있다.

– 돌멩이를 던지고 난 뒤 후회하는 자신을 표현한 시조이다.

– 제목과 본문의 내용이 별개의 것처럼 보일 소지가 있다.

– 제목을 '후회' 정도로 하면 무난할 것 같고 '맹꽁이'는 자기 자신을 표현한 것이지만 지나치게 겸손한 비유이거나 자기비하의 표현 같기도 하다.

예문 2)

프리프리(free)/***

프리이 프리프리 딱새가 수상하다
몸 달은 숫딱새들 종일 허망만 짚는
연리목 물오른 우듬지 몸살 앓는 짝사랑

– '프리'가 (free)의 의미로 '자유'에 한정 된다면 제목과 어울리기가 어렵다.

초장을 보면 딱새 이름으로 오해할 수도 있다. 그렇다면 (free)를 써서는 안 된다.

– "프리이 프리프리"라는 말은 딱새가 내는 소리, 즉 의성어로 보인다.

예문 3)

프로프라놀롤/***

과학이 가지고 논다
인간을 가지고 논다
나쁜기억 못 잊는 사람
다 모여라 잊게 하마
과학이 의시대며 떠든다
귀가 솔깃해 진다.

– 프로프라놀롤(Propranolol)은 대웅제약에서 만든 고혈압, 협심증, 부정맥 치료제를 말한다. 그런데 영문표기가 없을 뿐 아니라 주석도 없어 본문의 내용만 가지고는 이해하기 어렵다.

– '귀가/솔깃해 진다.//' 는 종장 후구 4≧3의 원칙을 깬 것이다.

예문 4)

□빼고, ○더하고/***

꽃이 핀다,
생의 절정
모란이 몸을 푼다.

'사람' 그 아랫몸에서
ㅁ 빼고, ㅇ 더하고,

사랑은
모나지 않는
가이없는 꽃의 말씀.

– ㅁ와 ㅇ이 무엇을 의미 하는지 알기 어렵다. 더구나 ㅁ는 빠짐을 나타내는 문장 부호(빠짐표)이고 ㅇ는 숨김을 나타내는 문장 부호(숨김표)이다.

예를 들면 오래된 비문 같은데서 글자를 알 수 없는 경우 "ㅁㅁ은 무슨 글자인지 알 수가 없다." 또 "ㅇㅇ부대(군사기밀) ××씨(개인 신상)"처럼 쓴다.

초장에서 모란 얘기가 나오다가 중장에서는 별안간 사람 얘기가 나와서 혼란스럽다. 낯설게 하는 방법의 하나로 했겠지만 제목에 이처럼 문장 부호를 달아도 되는지 의심이 된다.

제목은 시조의 얼굴이다. 독자가 추리 가능하도록 해주는 게 맞는다고 본다.

예문 5)

AI/***

동림지 칼끝 수평선
비상하는 가창오리

하늘 나는 죄도 있나
지상에서 정죄한다

빛 고운
황금빛 사랑
새들만 아득하다.

– 2수 중 첫 수로 가창오리가 고병원성 인플루엔자를 옮기는 조류로 지목된 것을 보고 쓴 시조인 것 같다. AI는 (Highly Pathogenic Avian Influenza)의 약자로 줄여서 보통 AI라고 하지만 '조류독감' 정도로 해도 다 아는 일이다.

예문 6)

쉿!/***

마른 수수깡 같은 수사修辭쯤은 내려놓고

반쯤 몸을 비운 건가, 운문사 누운 소나무
쉿! 쉬이 입술을 다문 늙은 처사 몸짓이다.

– "쉿"이라는 제목의 타당성 여부를 보면 이는 일어문(一語文)으로 안 될 이유는 없다. 문제는 제목 '쉿!'의 의미와 본문이 연결성이다. 여기서는 그냥 느낌을 나타내는 감탄사이기 때문이다. 종장 첫 마디 "쉿! 쉬이"는 3자 불변의 규칙에 맞는가 안 맞는가 하는 문제가 대두된다. "쉿"을 일어문(一語文)으로 인정하면 "쉿/쉬이 입술을 다문/늙은 처사 몸짓이다."처럼 이해 될 수 있으므로 "쉿, 쉬이!" 같이 표기하여 오해를 막아야 한다.

이 시조에서는 운문사 소나무가 주체이다. 즉 "소나무는 처사의 몸짓이다."로 종결되는데 "쉿! 쉬이"라는 어휘로 인하여 어색한 느낌을 받게 된다.

– '수사修辭'는 수사(修辭)처럼 ( )안에 부기한다.

이 외에도 〈OB광장〉 〈Ulsan for you〉 등 외래어를 제목으로 쓴 사례도 있고 〈노을지는 숲에서 바람으로 쓴 일기〉 〈흔적, 돌아오지 않는 만년 일등병〉 〈미국 보스턴과 아틀란틱시티〉 〈세월호 거듭 나야 할 영혼을 위한 기도〉 등 긴 문장의 제목도 있고 〈꽃, 아다지오〉처럼 전혀 관련이 없는 어휘의 조합으로 만든 제목도 있다.

예문 7)

꽃, 아다지오/홍오선

보챔도 서둠도 없이 달그림자 걸음으로
벙글 듯 눈썹이 젖는 꽃잎의 여린 어깨
첫사랑 내게 오듯이 그렇게 물이 드네

몰래 앓던 몸살처럼 저 붉은 꽃의 나이
밤 새워 손잡아 줄 그리운 그 얼굴만
천천히 아주 느리게 기척으로 다녀가네

– 아다지오는 악보에서 안단테와 라르고 사이의 느린 속도로 연주하라는 말이고 안단테는 느리게, 라르고는 매우 느린 속도로 폭 넓게 연주 하라는 말임을 감안하면 느리게 여유를 두고 천천히 연주를 하라는 의미일 것이다.

'꽃이 천천히 서둘지 않고 피다' 의 의미를 함축하고 있다고 본다.

요점 정리

- 본문에 나오는 어휘는 제목으로 사용치 않는 것이 좋다.
- 시조 전체의 상징이나 이미지를 찾아 제목으로 한다.
- 외래어는 제목으로 하지 않는다. 다만 우리말로 일상화 된 것은 예외이다.

17

품격 지키기

시조의 품격은 작가의 인품이다. 시인의 품격은 언제나 존경받아야 하고 한 작품은 많은 사람들에게 감명을 주어 그 여운이 오래 남아 있도록 해야 한다.

고시조 예문 1)

태산이 놉다하되 하늘아래 뫼히로다.
오르고 또 오르면 모 오를 리 업건마는
사람이 제 안이 오르고 뫼흘 놉다 하나니

〈양사언/청구영언진본〉

예문 2)

청산은 엇제하여 만고에 프르르며
유수는 엇제하여 주야에 긋지 아니는고
우리도 그치지 마라 만고상청(萬古常靑) 하리라

〈퇴 계/청구영언 진본〉

예문 3)

이몸이 주거가셔 무어시 될꼬하니
봉래산 제일봉에 낙락장송 되야 이셔
백설이 만건곤할 제 독야청청 하리라

〈성삼문/청구영언 진본〉

위의 1.2.3 모두 옛시조이기는 하지만 작가의 정신세계를 들여다 볼 수 있는 작품이다. 선비의 품위 기개 절개 등을 나타 낸 작품이라 할 수 있다. 현대 시조에 있어 품위나 품격은 반드시 작가의 사상이나 관념, 철학 등을 말하는 것은 아니다. 예를 들면 외형적 측면에서 보면 정격을 파괴한 시조를 우선 꼽을 수 있다. 형식파괴가 마치 새로운 문학의 개척이나 되는 양 쓰고 있는 작가들을 많이 볼 수 있다. 3장을 무시한 채 쭉 붙여 쓰는 것부터 띄어쓰기를 안 하는 것, 별 의미 없이 행갈이를 하는 것, 이상한 기호를 쓰는 것, 장난기 가득한 시조를 쓰는 것, 비하 투나 저속한 표현을 하는 것, 완전히 사장된 언어나 고어를 찾아내어 독자에게 사전한권씩 들고 보게 하는 것 등 그 품위를 떨어뜨리는 것이 너무나 많다.

글의 질적 수준에서 보면 문장이 성립되지 않는 글, 지방 사투리, 3장이 각각 따로 노는 글, 같은 어휘를 몇 번씩 반복해서 쓰는 글, 읽어도 무슨 말을 하려는 것인지 알 수 없는 글 등도 품위를 떨어뜨리는 글이라 하겠다.

현대시조 예문 1)

가뭄/김옥중

오는 비 실꾸리에 서리서리 감았다가
농부의 한숨 소리 어루만져 꿰매고자
엄니는
촛불을 밝혀 금강경을 외운다.

– 시조의 형식을 완벽하게 지키었다.
– 옛 시조의 맛이 약간 난다.
(서리서리 감았다가, 꿰매고자 등)
– '엄니는' '어머니는'의 줄인 말로 비표준어이긴 하지만 매우 정감이 가는 표현이다.

예문 2)

오동꽃을 보며/박기섭

이승의 더딘 봄을 초록에 멱감으며
오마지 않는 이를 기다려본 이는 알지
나 예서 오동꽃까지는 나절가웃 길임을

윗녘 윗절 파일등은 하마 다 내렸는데
햇전구 갈아 끼워 불 켜든 저 오동꽃
빗장도 아니 지른 채 재넘이길 열어놨네

하현의 낮달로나 나 여기 떠 있거니
오동꽃 이운 날은 먼데 산 뻐꾸기도
헤식은 숭늉 그릇에 피를 쏟듯 울던 것을

** 위 작품은 가람이병기 시조문학상 수상작품으로

– 낯설게 하기를 잘 한 작품이다.

– '나절가웃' 하루의 3/4 으로 '반나절' 이 표준어이다.

예문 3)

공정거래위원회/***

공정거래 위원회엔 공정거래가 없다.(4.4.5.2)
기름진 펜과 인장만 있다.(3.2.3.2)
사람 간 오가는 정도 권위 아래 있다(3.5.4.2)

– 공정거래위원회가 있으나 마나 한 존재라는 의미로 쓴 것이지만 이것은 시조 형식을 크게 벗어나 있다. 음수, 음보 율격, 등
– '공정거래위원회'는 고유명사로서 음보로는 한 음보이지만 음수로는 7자가 첫 마디에 오므로 처음부터 형식을 무시한 것이다. 중장도 '기름진/ 펜과 인장만 있다.'가 되어 음보로 따지면 2음보이다. 그러나 음수로 보면 한 음절이 모자라는 시조가 되는 것이다. '기름진 종이위에/펜과 인장만 놓여 있다.//'로 하면 3.4.5.4가 되는데 이와 비교해 보면 그 차이를 쉽게 이해할 수 있다.
이를 다시 정리해 보면

공정거래위원회엔/공정거래가 없다//(8.5.2)
기름진 펜과 인장만/ 있다//(3.5.2)
사람 간 오가는 정도/권위 아래 있다//(3.5.4.2)

요점 정리

- 글은 작가의 인품이다.
- 잘 쓴 글은 우리말 우리글의 우수성을 알리는 계기가 된다.
- 누가 보더라도 비유로 쓴 것임을 암시적으로 드러내야 한다.

18

비하, 모욕, 비난 투의 시조

우리의 일상 언어에서도 상스런 말은 품위를 떨어뜨리는데 하물며 시조에서야 더 말 할 필요도 없다. 아름다운 말, 격조 높은 말로 써야 생명력이 오래 지속될 것이다.

- '조지다' '서울 경기 깍쟁이들, 경상도 문둥이, 전라도 개똥쇠들' 같은 비속어
- '입 좀 다물라' '말귀를 못 알아먹다' 같은 막말
- '서방질' '계집질' '바람둥이' 같은 저속어
- '그래유-그래요' '그랬당게-그랬다니까' '돗괴기-돼지고기, 독세끼-계란' 등 지방 사투리
- '안아 보곡 소랑호젠-안아보고 사랑하려고' 같은 특수한 방언
- 쪽발이, 떼국놈, 병신, 비럭질, 깜냥 과 같은 저속어나 욕
- 까다, 까발리다 같은 속된 말
- 무시하거나 비하하는 말 : 지지리, 제 까짓게, 꾀죄죄한

- 짐승에 빗대어 하는 나쁜 표현 : 개나 돼지 늑대 여우 등
- 신체의 약점을 표현하는 것 : 들창코, 애꾸눈, 절뚝발이,
- 욕설, 음담패설 등

예문 1)

아줌마/***

작은 눈, 납작한 코
지지리도 못난 얼굴

제 발로 고약한 냄새
코 찌르는 꼴불견

다음 번 선거판에서 상판대기 보자구.

– '꼴불견' '상판대기' 등은 노골적으로 상대를 비하하는 말이므로 삼가야 할 낱말이다. 특히 이 시조에서 '아줌마'라는 낱말은 통상적으로 나이든 여자를 편하게 부르는 말인데 본문에서처럼 비난을 하면 작가가 본 어느 특정인물이 아니라 '아줌마'라 불리는 여자는 모두 다 못나고 고약하고 꼴불견이라는 의미가 되므로 사리에 맞지 않을뿐더러 여성들로부터 거센 항의를 받을 지도 모른다. 제목을 구체화 시켜야 한다.

예문 2)

왜인왜곡/***

조센진 빠가야로
악담하던 쪽바리들

독도를 제 땅이라
다께시마 이름하니

왜인들
도로보더냐
기타나이 도둑심리

– 이 글은 일본사람한테 당한 보복 심리가 깔려있는 시조이다. 제목이 '왜인왜곡'이다. 왜인은 일본사람이고 왜곡(歪曲)은 '사실과 달리 그릇되게 하거나 진실과 다르게 하는 것'을 의미하는 말이고 왜곡(矮曲)은 '아주 볼품없이 작달막하고 굽다'의 의미인데 한자로 부기를 하지 않아 '사실과 다르게 일본사람을 잘못 표현하는 것 또는 잘못 알고 있는 것이라는 뜻인지' 아니면 '볼품없는 일본인'이라는 뜻인지 분명치가 않다. 희언법(喜言法)으로 썼다 하더라도 정보전달의 오류를 막기 위해서 한자로 부기해 주는 것이 필요하다.

왜냐하면 본문에서는 일본사람을 비난하고 있기 때문이다.

우리말에 '촌철살인(寸鐵殺人)'이라는 말이 있다. 짧은 비유 하나로 상대를 뉘우치게 만들고 감동시킬 수 있는 시어를 찾아 써야 한다.

예문 3)

살만한 세상/***

조선팔도 칠 천 만
히쭉삐쭉 얼룩덜룩

어른 둘
아이 하나가
뒤죽박죽 떡판 개판

천지는 뒤집어져도 한번은 살만한 세상

– 이 시조는 누구를 비웃는 듯한 느낌을 준다. 초장과 중장의 결과를 보면 살만한 세상이 못 되는 것 같은데 제목과 본문이 어울리지 않는다. 히쭉삐쭉은 띄어 써야 하고, "조선 팔도 칠천만"은 재고해야 할 표현이다.

예문 4)

개새끼 낯짝에다 침이나 콱 뱉어 줄까
배때기를 째버리고 발로 뭉개 버릴까
못된 놈 생각만 해도 이가 북북 갈린다.

– 이 시조는 아예 욕과 저주로 된 시조이다. 시조의 품위를 다 망치고 있다는 느낌이다.

예문 5)

개 세상/***

사람 값은 해마다 내리는데 개 값은 점점 올라가는지
길에서도 집에서도 개를 안고 있는 사람들
사람들 어깨 축 쳐졌는데 개만 날뛰는 개같은 세상

– 사회가 비정상적으로 돌아간다 해도 모두가 그런 것은 아니다. 소수의 사람들만 그렇다. 아름다운 일도 얼마나 많은가. 그런데 세상 전체를 개 같다고 하면 그것은 지나치다. '사람 값은'은 붙여 써야 되고 '개같은'은 띄어 써야 한다. 정격에도 어긋나 있다. 초장은 기본 규칙에 어긋난다.

예문 6)

파고다공원 단상/***

기미년 함성자리
꾀죄죄한 노인들

지갑 속 비상금이 꼬깃한 천원 두 장

하루해 보내는 길에
여비로 보태 쓴다.

– 위 시조는 노인을 비하한 작품이다. 이 역시 드러내놓고 비난이나 저속한 표현을 하지는 않았지만 공원에 모인 노인들을 가난뱅이로 비하한 것은 올바른 마음가짐이라 하기 어렵다.

예문 7)

물수제비/***

물의 낯바닥을 돌멩이로 때리더니
물의 감옥에 돌멩이를 수감시키더니
이런 걸
저도 모르게 지은 죄라 부르나.

– 얼핏 보면 괜찮은 것 같지만 '낯바닥' 이라는 표현이 비하 투의 어조이다. '낯바닥' 은 '낯' 을 비속하게 부르는 낱말이다.

– '수감시키다' 는 시어로서 적절하지 못하다. 앞에 '감옥' 이라는 낱말이 와서 중복되었기 때문이다.

초장 중장 모두 '물의 낯바닥(2.3)', '물의 감옥에' 의 음수를 2.3으로 알고 쓴 것이지만 이 때 '의' 는 다음 말에 붙어 다니는 관형격 조사이다. 많은 시조시인들이 이를 무시하고 쓰는 경우가 많은데 가능하면 피한다.

위 시조에서 '물의' 라는 어휘가 반복되어 어색한 문장을 만들고 있다.

요점 정리

- 내가 쓴 글은 나의 인품이다.
- 저속어, 비난, 욕 등의 낱말은 사용치 않는다.
- 소설 같은 얘기도 피한다.

19

희망적인 시조

현실이 아무리 어둡고 비관적일망정 시조는 이를 극복하고 마침내는 보람을 느끼는 희망적인 글을 써야 한다. 글 중에 '죽는다.' 든지 '왔다 간다.' 와 같은 절망적이고 비감한 어휘는 가급적 피하여야 한다.

'죽을 지경이다, 곤란하다, 괴롭다, 암흑의 세상 같다' 이런 절망적 느낌을 주는 시어들은 배제해야 할 어휘들이다.

시인은 희망이며 기쁨이기 때문이다. 환희이며 행복이기 때문이다. 걸림돌을 디딤돌로 바꾸는 지혜를 가져야 한다.

세 줄의 짧은 글로 이 세상을 밝고 살맛나게 만드는 책무가 시인에게 주어졌기에 언제나 희망적이고 밝은 글을 쓰도록 노력해야 한다.

예를 들면

그녀는 비명에 간 남편의 무덤에서

하늘이 무너지고 땅덩이가 꺼져 내리는
슬픔을 꿀꺽 삼키며 은장도를 꺼냈다.

누가 이런 시조를 지었다고 하면
이 얼마나 절망적이며 슬픈 장면인가?
초장 중장에서는 아픔을 말하다가도 종장에 와서는 이를 반전시키는 희망적인 말로 종결을 지어야 한다.

예문 1)

봉정재에서/***

말리는 노래하나 빈 하늘 메아린가
집안은 거덜 나고 나라는 쓰러지니
큰 새는 둥지를 떠나
샛바다에 숨었네.

– 이 시조 역시 쓸쓸하고 현실 도피적이다. 물론 현실 고발도 시의 의무중의 하나이긴 하지만 절망적인 현실을 희망적으로 바꾸는 힘을 가진 이들이 시인이 아닌가?

예문 2)

윤회/***

허공에 턱을 괴고
한 생을 돌아본다.

봄 햇살 가을 서리
하나 같이 보시였네.

이제는 내어줄 차례
소신공양 까치밥

– 삶의 허무를 느낀다.

예문 3)

울지마 톤즈/***
(네 수 중 셋째 수)

그렇구나 사람이 백년을 산다 해도
사는 게 무엇이리 살아 무슨 소용이리
봄 한철 부신 모습으로 피었다 진 꽃이여

– 이 역시 쓸쓸하고 허무하다.

예문 4)

비상을 기다리는 새/임연혁

한옥 담장 너머 매달린 동그란 집
웅크린 죽지에도 물안개에 젖어 있고
사방에 웃자란 비애 무성하게 번진다.

아침이 밝아 와도 초점 잃은 저 눈동자
허기를 달래면서 남쪽하늘 응시하는
물 젖은 외줄을 타며 흔들리는 길 낸다.

언젠간 찾아 가리 가뭇한 하늘 날아
풀벌레 이슬 털고 하루를 열어 갈쯤
뒤엉킨 시간의 타래 매듭 풀고 날아보리.

– 이시조는 첫째, 둘 째 수에서는 절망적인 마음을 드러냈다가 셋째 수에 와서는 희망으로 반전시키는 효과를 가져왔다. 즉 절망을 희망으로 승화시킨 시조이다.

**종장에 쓰기 어려운 표현들

• 아직은 막을 내리면 안 됩니다, 안됩니다.

- 염장(艶粧)의 단두대위에 나를 불러 세운다.
- 가야할 구만리 길이 서천 밖에 떠 있다.
- 목숨은 잠시 드러나는 한 장 구름인 것을
- 제 길을 잃은 바람이 숨 고르는 모퉁이
- 좌우에 다시 일어서는 내 삶의 끝소리들

요점 정리

- 시조를 쓰는 목적은 독자에게 즐거움을 주기위한 것이다.
- 밝은 글은 사회를 밝게 만들고 힘을 준다.
- 시인은 영혼을 치유하는 의사이다.

20

우리말로 순화하기

어려운 한자나 고어, 비속어, 은어, 일본어에서 유래된 말은 가급적 쓰지 말고 우리말로 순화하여 쓴다. 또 현재 잘 쓰지 않는 사장된 말도 가능하면 피하는 것이 좋다. 특히 고어 및 사장된 언어들은 특별한 경우를 제외하고는 사용하지 말아야 할 어휘들이다. 특별한 사유가 있어 부득이 내용에 합당한 어휘를 사용했다면 반드시 주석을 달아 이해를 도와야 한다.

고시조 예문)

강호(江湖)에 봄이 드니 미친 흥(興)이 절로난다
탁료계변(濁醪溪邊)에 금린어(錦鱗魚) 안쥐로다
이 몸이 한가(閑暇)하옴도 역군은(亦君恩)이샷다

〈맹사성/청구영언진본〉

– 江湖, 濁醪溪邊, 錦鱗魚, 亦君恩, 이샷다 등은 요즘엔 잘 안 쓰는 말이다.

> 이화(梨花)에 월백(月白)하고 은한(銀漢)이 삼경(三更)인제
> 일지춘심(一枝春心)을 자규(子規)야 아랴마는
> 다정(多情)도 병인 양하여 잠 못 드러 하노라
>
> 〈이조년/청구영언 진본〉

– 梨花, 月白, 銀漢, 三更, 一枝春心, 子規, 多情, 병인 양 등도 거의 안 쓰는 말이다. 이 시조는 고시조로 한문 쓰는 것을 자랑으로 여기던 시대의 작품이다. 그럼에도 이조년의 다정가(多情歌)는 명시조로 꼽힌다. 그러나 현대는 우리말 그 중에서도 고유어를 잘 살리는 것이 우리민족의 꽃인 시조를 아름답게 가꾸는 길일 것이다.

현대시조 예문 1)

춘작(春鵲)/***

桃花流水 응내강 가
연푸른 능라버들

강마을 一枝桃花
방그레 곱–다랗다

가시내
냇둑의 봄을 캐며
꽃댕기를 자랑한다

– 이 시조는 제목부터 춘작(春鵲)이다. 잘 쓰지 않는 말이다. 그냥 '봄 까치'로 해도 좋을 것 같은데. 도화유수(桃花流水), 능라버들, 일지도화(一枝桃花)와 가시내 같은 말도 순화해서 써야 된다.

예문 2)

자엽송(子葉頌)2/***

네 씨눈 하나로도
산야(山野)는 다 들렌다

그 때 살갗 아릴 적의
삭풍(朔風)도 접문(接吻)하고

흥건한
열락(悅樂)의 마당
깃발 함께 나붓겨라.

– 요즘 별로 안 쓰는 어려운 말이 많이 쓰였다. 특히 한자어가 많고 '들레다' 같은 일상어에서 잘 안 쓰는 말도 사용되었다. 꼭 필요

한 경우에는 써야겠지만 주석을 달아주는 것이 좋다고 생각한다.

* 자엽(子葉) : 씨앗이 움틀 때 처음 나오는 잎
삭풍(朔風) : 겨울철에 북쪽에서 불어오는 바람
접문(接吻) : 남의 입술이나 손등에 입을 맞춤
열락(悅樂) : 크게 기뻐함
들레다 : 아주 어수선하고 시끄럽게 떠들다.

예를 들면

(1) 순화된 말들

- 접근하다 → 다가서다
- 뇌리 속에 → 머릿속에
- 요약하다 → 줄이다
- 같은 동포(민족)끼리 → 한 핏줄끼리
- 해변가 → 바닷가
- 곤색 → 감청색
- 아나고 → 붕장어
- 엑기스 → 농축액

** 뜻은 같으나 느낌이 다르며 고유어나 한자어와 뜻이 같은 단어가 많이 있을수록 발달된 언어, 풍성한 언어라 할 수 있다.

(2) 어려운 한자어

- 수유(須臾): 매우 짧은 시간
- 삭풍(朔風): 겨울에 북쪽에서 불어오는 바람
- 궁륭(穹窿): 활이나 무지개처럼 높고 길게 굽은 형상
- 성좌(星座): 별자리
- 긍휼(矜恤): 가엽게 여겨 도와주다.

(3) 잘 쓰지 않는 언어(고어나 사장된 말)

- 살피꽃밭 : 건물, 담 밑, 도로 등의 경계를 따라 좁고 길게 만든 꽃밭
- 샘바리 : 샘이 많은 사람
- 덜퍽지다 : 푸지고 보기에 탐스럽다.
- 나뱃뱃하다 : 자그마하고 나부죽하며 덕스럽다.
- 댕가리지다 : 됨됨이가 깜찍하고 야무지다.
- 부르대다 : 거친 말로 남을 나무라는 것처럼 야단스럽게 떠들어대다.
- 가뭇하다 : 전혀 안 보여 찾을 길 없다.
- 가멸다 : 재산이 많고 넉넉하다.

(4) 조심해서 써야할 외래어

- TV → 텔레비전
- 패닉상태 → 정신이 멍멍한 상태, 공포에 질린 상태, 비정상적 상태
- 카센터 → 자동차 정비업소, 수리 점

• ATM기 → 현금자동입출기

• 커피머신 → 커피 자판기

• 사라 → 접시

• 사시미 → 생선회

• 앙꼬 : 떡이나 빵 속에 들어 있는 팥의 속된 말 (예 : 앙꼬 없는 찐빵)

• 지리: 맵지 않게 말갛게 끓인 탕 (예 : 대구지리탕, 복지리탕)

• 찌라시 → 전단지

외래어를 사용하는 것이 흠은 되지 않지만 우리말과 혼용해서 쓰는 경우가 대부분으로 아름다운 우리말이 자꾸 설 자리를 잃어가기 때문에 조심스럽게 써야 한다.

(5) 비속어

• 쌍판대기, 낯짝, 면상 : 얼굴을 속되게 이르는 말

• 사바사바하다 : 겉으로 드러나지 않도록 은밀히 해결하는 뒷거래

• 땡깡피우다 : 생떼질하다

• 삐까뻔쩍 : 휘황찬란하거나 훤하다.(예: 구두가 삐까뻔쩍하다)

• 무데뽀 : 신중함이나 대책없이 함부로 덤비는 사람 또는 그런 태도

• 머저리 같은 : 하는 짓이나 말이 얼뜨고 투미한 사람을 얕잡아 이르는 말

• '개 같은' 처럼 '개' 와 비교하는 표현(뱀, 원숭이, 쥐새끼 기타)

일일이 다 열거 할 수는 없으나 이 외에도 너무나 많은 한자와 외래어, 은어, 비속어, 고어, 사장된 말들이 판을 치고 있다. 특히 일본어에서 유래된 말 들은 우리의 일상생활에서 무의식중에 쓰고 있는 경우가 대부분이다. 더구나 요즘엔 국적불명의 외래어나 우리말과의 조합 또는 우리말의 첫 자를 따서 만든 암호 같은 언어들이 범람하고 있어 자칫 이를 잘 못 사용했다가는 무식하다는 소리는 물론이고 시조의 고상한 품격과 품위까지도 떨어뜨리는 결과를 초래할 것이다. 순 우리말이라 하더라도 정확하게 써야 한다. 예를 들어 '우연히 그를 만나 사랑에 빠졌어요'와 '우연찮게 그를 만나 사랑에 빠졌어요'는 얼핏 보면 둘 다 맞는 말 같지만 사실은 전자가 맞는 말이다.

** 참고로 2014년 8월 29일 추가로 확정된 표준어 13개

〈둘 다 인정 되는 표준말임〉

삐치다 삐지다, 장난감 놀잇감, 속병 속앓이, 눈두덩 눈두덩이, 구안괘사 구안와사, 작장초(풀이름) 초장초, 굽실거리다 굽신거리다, 개개다 개기다, 꾀다 꼬시다, 사그라들다 사그라지다, 섬뜩하다 섬찟하다, 허접스럽다 허접하다

고상한 말을 쓰는 것은 언어에 대한 예의이며 인격이다.

늘 국어사전을 찾아보는 습관을 가져야 한다.

요점 정리

- 아름다운 우리말로 글을 쓴다는 자부심과 소명의식을 가져야 한다.
- 우수한 한글을 세계에 알리는 계기가 된다.
- 국어사전을 찾는 습관을 기른다.

알아두기

① "~ 고 또"

예문 "먹고 또 먹어보아도 질리지 않는 햇 쌀밥"

종장 첫 수에 위 예문처럼 "~고 또"로 3자불변의 원칙을 지켰다면 이를 어떻게 볼 것인가 하는 문제가 발생한다.

"~고"는 용언 뒤에 붙어 대등한 자격을 나타내는 말로 연결어미이다.

여기서 "또"의 의미는 "먹다"의 거듭 됨을 나타내는 말이다. 뒤에 나오는 "먹어보아도"는 강조의 의미로 쓸 수는 있으나 운율 상 "먹고/ 또 먹어보아도/처럼 읽히므로 이 때 "또"는 뒤에 오는 말을 돕는다고 본다. 그러나 "또다시" 같은 어휘는 사용 가능하다고 본다.

② "가다가 뒤돌아보니"

종장 첫 마디 3자는 되나 "뒤돌아본다"라는 어휘 자체가 "가다가"라는 의미가 내포된 낱말이다. 결국 겹친 말이 되는 것이다.

21

다듬기(퇴고)

완성된 원고를 다시 읽어가며 미숙한 데를 고치는 일이다. 아무리 글쓰기의 달인이라 해도 단 번에 훌륭한 글을 쓰기란 쉽지 않은 일이다.

명품은 쉽사리 나오지 않는다. 모든 예술이 다 그렇듯이 시조라고 예외는 될 수 없는 것이다. 이런 과정은 잘 쓰는 이나, 못 쓰는 이나, 선임이나, 초보자나 다 똑 같다. 퇴고(다듬기)의 중요성은 문장의 흐름, 맥, 이미지의 창출과 전달 방식, 무엇보다도 작가가 의도하는 바가 충분히 반영되었는지를 살피는 중요한 일이며 맞춤법까지도 주의 깊게 보는 과정이라 할 수 있다.

여러 번 다듬고 또 다듬는다. 장과 장, 구와 구, 마디와 마디는 물론이고 비유는 적당한지 무엇을 바꿀 것인지 몇 십 번씩 고쳐봐야 한다.

예문 1)

청령포에서/김남환

다시 영월에 와서 단종을 생각하네 (2.5.3.4)
그 칼날 비릿한 찬탈 피 흘렸던 하늘이여(3.5.4.4)
청령포 감도는 물 속 천의 달이 피고 있네.(3.5.4.4)

– 정형을 잘 지킨 시조이다. 비유도 잘 하였다. 그러나 초장 첫 수가 2자로 시작되어 좀 어색하다. 이것을 '영월에 다시 와서' 라고 고친다면 3.4가 되어 음수나 음보가 완벽하게 된다. 의미가 달라지는 것도 아니다. '영월' 보다는 '다시' 라는 말을 강조하기 위해서 취한 조치로 보인다.

예문 2)

고달사지 승탑의 깨어진 귀꽃/리강룡

적막이 사는 산천(3.4)
승탑 한 채 서 있었어(4.4)

우로풍상이야 그나마 견뎌 와도(6.3.4)
막막한 시간의 무게를 다스릴 수 없었어(3.6.4.3)

깨어져 더 빛나는 무심의 꽃 있었어(3.4 4.3)
남은 반송이 꽃잎마다 시간을 그어 놓은(2.3.4.3.4)
나이테 이지러진 금이 살아 돌고 있었어(3.6.4.3)

– 과거형 시조이다.
– '우로풍상' 은 우리말로 순화해야 하고 나누어 쓸 수 없는 말이다. 중장은 글자 수는 맞지만 구가 하나 없는 형태이다.
– "나이테 이지러진 금"은 "이지러진 나이테"가 어순이 맞으나 종장 첫마디 3자를 맞추기 위해 바꿔 쓴 것으로 보인다. "나이테의 이지러진 금"에서 관형격 조사 "의"를 생략한 형태이다.

예문 3)

씀바귀/김영애

전신이 찢어지게 땅을 헤쳐 나왔으니
삭아서 고인 눈물 쓰지 않고 어쩌랴
어머니 시집살이를 푹푹 찌면 이맛일레

예문 4)

화신(花信)/박봉주

어디서 보냈을까 발신인도 없는 편지

설레어 뜯어보니 뜻밖의 환한 웃음
겨우내
잊고 산 세월 꽃물 터진 봄소식.

– 시조의 형식과 비유가 잘 된 작품이다.

요점 정리

- 몇 번이고 다듬는다.
- 제목, 비유, 행갈이, 맞춤법은 맞는지 다시 살펴본다.
- 제3자의 입장에서 냉철하게 읽고 비판해 본다.
- 특히 연시조일 경우 제목과 각 수가 연결성을 띠고 있는지 살핀다.

22

종장 처리 시 유의할 점

1) 분리할 수 없는 시구

(1) 의미 체계는 분리할 수 없다

한 단어로 이루어진 낱말을 음수나 음보를 맞추기 위해 분리해서 쓸 수 없다.

가) 종장에 "어디서/부터인지/ 시작도/ 모르면서(3.4,3.4)"는 "어디서부터인지/시작도/모르면서(7.3.4)"가 되어야 하므로 종장 첫 마디가 7자로 시작하게 되어 3자 불변의 원칙이 무너지며 한 마디가 부족하게 된다. 또 "풀리지/ 않을 매듭 앞에/ 고민하는/ 저 사내"(3.6.4.3)는 "풀리지 않을/ 매듭 앞에/고민하는/저 사내"(5.4.4.3)로 보아야 맞으므로 종장 첫 마디가 5자로 시작되고 둘째 마디는 (4)가 되어 (5자 이상 7자)라는 형식을 벗어나게 된다. '풀다'에 보

조용언 '~지'는 그 다음에 '않다'라는 말이 따라 붙는 어휘이다.

따라서 "풀리지 않을/ 매듭 앞에"가 맞는 음수이다.

"들리지 않아 가끔씩 멈춰 서는 발길이여!"도 마찬가지로 "들리지 않아/ 가끔씩/ 멈춰 서는/ 발길이여!(5.3.4.4.)"가 되므로, 한 마디가 모자라는 형태인 "들리지/ 않아 가끔씩/멈춰 서는/발길이여!(3.5.4.4)"처럼 이상한 문장이 되지 않도록 써야 하고 읽을 때에도 우리의 호흡은 "들리지✓않아 가끔씩✓ 멈춰서는✓ 발길이여!"가 되어 이상하게 들린다.

참고로 "그래서인지", "언제부터인지", "어디에서인지"와 같은 "~ㄴ 지"의 용법은 "~이다"의 도움 없이는 "~ㄴ 지"에 결합 될 수 없는 말이나 모음으로 끝나는 말 뒤에 올 때는 "그래선지", "언제부턴지", "어디에선지"처럼 쓸 수 있다. 둘 다 사용 가능하다.

나) '꼿꼿이/서서 나는 너를/증언/하리라.(3.6.2.3)'이 아니라 '꼿꼿이 서서/나는/ 너를 증언하리라'(5.2.7)가 되므로 종장 3.5.4.3의 원칙이 무너진다.

다) 휘모리/장단 풀어서(3.5) → 휘모리장단/ 풀어서(5.3)

가오리/연 꼬리 흔드는(3.6) → 가오리연/꼬리 흔드는(4.5)

• '휘모리'가 장단을 푸는 꼴이거나 '가오리'가 연꼬리를 흔드는 꼴이 되므로 분리해서 쓸 수 없고 '휘몰이장단' '가오리연'까지를 한 단어로 봐야 한다. "눈물, 새해, 돌다리"처럼 '가오리연'도 통사적 합성 명사이다. 종장 첫 마디에서 이 같이 한 단어로 된 낱말은 분할해서 쓸 수 없다.

라) 통사적 합성동사 "되돌아가다" "되돌아보다" 이런 낱말들도 분리할 수 없다.

예를 들면 종장에 "되돌아/ 가는 인생아/손에 쥔 것/ 무엇인가// (3.5.4.4)" 로 하였다면 잘 못 된 것이다. "되돌아가는/인생아/손에 쥔 것/무엇인가//(5.3.4.4)"로 보는 것이 맞으므로 첫 마디 3자 불변 원칙이 깨지는 것이다.

'피어오르다' 와 같은 통사적합성동사 역시 갈라서 쓸 수 없다. (예 : '피어서/오르는 데' 와 같이 3.4 또는 '피어/ 오르는데' 처럼 2.4로 이해하면 안 된다. 이 단어는 분리할 수 없는 한 단어이기 때문에 6자로 보는 것이 맞다.)

마) 소리나 동작을 흉내 내는 말의 어미에 "~거리다" "~ 대다"가 붙은 합성동사도 나눌 수 없다.

예 : '비아냥거리다, 으르렁거리다, 만지작거리다, 비아냥대다, 만지작대다'

바) "안절부절/못하는 사람, 얼토당토/않은 짓거리, 어처구니/없는 말투, 헛구역질/ 하는 사람" 처럼 나누어 쓸 수 없다.

사) 합성명사 '도깨비바늘, 도깨비방망이' 등도 나눌 수 없는 낱말이다.

"비아냥/거리는 사람3.5"나 "으르렁/거리는 개3.4" "도깨비/바늘을 들고3.5" 등으로 분할해서는 안 되는 낱말이다.

(2) 의미상 붙어 다니는 말

가) 둘 이상의 것이 같은 상태임을 나타내는 보조사(~도 ~도)

- 명예도 권세도,

나) 어떤 사실이나 느낌을 나타내면서 뒤이어 다른 특성을 나타내는 연결어미(~ 고도)

붉고도/따뜻한 상처의 → 붉고도 따뜻한/ 상처의

- '붉은' 과 '따뜻한' 은 모두 상처를 수식하게 되므로 '붉고도 따뜻한' 까지를 한 음수로 보아야 한다. 종장 첫 수가 6자로 시작하게 되므로 그와 같은 어휘들은 종장 (3.5.4.3)의 규칙에 어긋남을 기억해야 한다.

'고' '도' 는 접속어이므로 다음에 나오는 말과 한 묶음으로 된다.

다) 둘 이상의 대상을 대등한 자격으로 이어주는 접속사 "과(와)"

시성과 영웅호걸을/ 절경에서/ 만나다. → 시성이/ 영웅호걸을 / 절경에서 만나다. 이 경우는 '과' 를 없애고 '시성' 을 주어로 하면 된다.

- 이처럼 자음으로 끝나는 체언 뒤에 붙어 둘 이상의 대상을 대등한 자격으로 이어주는 접속사와 '함께' '같이' 의 뜻을 지닌 '~과(~와)' 도 피해야 한다.

(예 : 형님과 밥을 먹는다, 친구와 영화를 보다. 이 경우는 '나' 또는 '제3자' 가 생략된 것이다. 즉 '형님과 나는', '친구와 나는' 이 된다.)

(3) 수식적 기능을 지닌 의미 단위의 낱말

가) 관형격 조사 '~의'

'전생의 인연 때문에', '나의 조국', '임금의 나라 사랑이/

• '전생의 인연' '나의 조국' '임금의 나라' 까지를 한 음수로 봐야 하므로 안 맞는 글자 수가 종장 첫수에 오게 된다. 따라서 종장 첫수에서는 반드시 3자로 된 어휘가 사용되어야 한다.

나) 협수보조사 '~도', '~까지', '~마저', '~조차'

예문) 바람도/ 햇볕도 숨죽인다. → 바람도 햇볕도/ 숨죽인다.

봄바람/ 까지 숨죽인다. → 봄바람까지/ 숨죽인다.

봄바람/마저 숨죽인다. → 봄바람마저 /숨죽인다.

봄바람/조차 숨죽인다. → 봄바람조차/ 숨죽인다.

다) 보조용언 '~되다', '~보다', '않다', '나다', '내다' 와 보조용언에 구속되는 '~아', '~게', '~지', '~고'

예문) 가지게/되다 → 가지게 되다/

추운가/보다 → 추운가 보다/

견디어/ 낸다고/하는 게 → 견디어 낸다고/ 하는 게

검붉게/ 되니 좋구나. → 검붉게 되니/ 좋구나

보이지/ 않는 고향을 → 보이지 않는/ 고향을

잘 뛰고/ 나서 쉬어야지. → 잘 뛰고 나서/ 쉬어야지

추운가/ 보다 양지 녘의 들 고양이

→ 추운가보다/양지 녘의 들 고양이

그렇지/ 않아도 말하려던/참이다

→ 그렇지 않아도/ 말하려던 /참이다

*견디어/낸다고 하는 게//에서 '낸다고'를 빼고 읽어본다.

견디어/하는 게// (문장이 안 된다.)

순하디/순한 어린이// → 순하디/어린이//(문장이 안 됨)

보이지/않는 고향을// → 보이지/고향을//(문장이 안 됨)

예쁘디/예쁜 꽃밭에// → 예쁘디/꽃밭에//(문장이 안 됨)

검붉게/되니 좋구나// → 검붉게/ 좋구나//(문장이 안 됨)

잘 뛰고/나서 쉬어야지// → 잘 뛰고/쉬어야지//

(말하려는 의도가 바뀜)

추운가/보다 양지쪽 강아지// → 추운가/양지쪽 강아지//

(의문문으로 바뀜)

이런 말들은 종장 첫 구3자 다음에 나오는 말을 빼고 다음 어휘에 붙여 읽어보면 문장이 어색하다는 느낌을 금방 알 수 있다. 이런 말들은 나누어 쓸 수 없다고 보면 된다.

라) 조사는 붙여 쓰고 의존 명사는 띄어 쓴다.

조사 : '여행만, 법대로, 남자뿐, 너만큼, 커녕(상금은 거녕)

의존명사 : 삼일 만에, 시키는 대로, 웃을 뿐, 노력한 만큼,

(것, 들, 지, 뿐, 대로, 듯, 만, 만큼, 차, 판, 데, 바)

만날 것 같은, 시키는 대로만, 도와 줄 데 없는,

어쩔 수 없는,

ⓐ "유배지 같은 /곳으로 /승진 발령/나자마자"(5.3.4.4)
ⓑ "유배지/ 같은 곳으로/ 승진 발령/나자마자"(3.5.4.4)
ⓐ는 유배지와 '닮은, 다름없는 또는 비슷한' 의 의미이고
ⓑ는 유배지가 동일한(같은) 장소라는 뜻이다.
ⓐ와 ⓑ는 휴지를 어디에 두느냐에 따라 전혀 다른 의미의 문장이 된다.

마) 형용사를 강조하는 "~디"가 붙은 말도 분리하여 쓸 수 없다.
일부 형용사의 어간 뒤에 붙어 그 뜻을 강조하는 말
예) 파랗디 파란, 섧디 설운, 숱하디 숱한, 곱디 고운

여기서 짚어볼 일이 음보 율이다. 예를 들어 초장에 '도깨비방망이를 든 도깨비가 대청에 올라서서' 라고 했다면 이 때 음수는 (8.4,3.4)가 된다.

음보로 따지면 4음보가 되지만 음수로 따지면 완전히 정격을 벗어난 시조이다.

이런 문제는 초, 중, 종 3장 어디서나 문제가 되는 음수이다. 음보를 주장하는 사람은 왜 안 되느냐 반문할 수도 있겠으나 이처럼 예외를 인정하면 구(句) 하나가 더 생겨도 한 음보로 읽으면 아무런 문제가 생기지 않게 된다.

우리말은 음성 구조가 영어나 일본어와는 다르기 때문에 우리말에 맞는 논리를 가지고 설명해야지 엉뚱하게 외국말의 음성구조를 들고 나와 설명을 하면 학문적인 연구라면 몰라도 시조를 짓는데 있어서만큼은 안 맞는 논리라고 본다.

우리는 우리 것만 가지고 말해야 한다.

예문 1)

다시 유월, 다부원에서/***
4연(수) 중 3연(수)

먼지 툭툭 털어
해마다 올리는 조기(弔旗)
조국 앞에 그대 앞에 부끄럽지 않겠다는
다짐도˘ 없이 올리는 내 손이 너무 부끄럽네.(5.3.3.6)

– 종장 첫 마디 3자 불변의 원칙이 깨진 시조이다. 이 때 "~도"는 부정을 나타내는 보조사이다. '다짐도 없이'는 따라다니는 한 어휘이다. 즉 나누어 쓸 수 없는 말이다.

예문 2)

공부/***

공부 중 가장 어려운 공부가 무업니까
그것은 마음을 공부하는 것입니다.
보이지˘ 않는 공부가 가장 어려운 공붑니다.(5.3.5.4)

– 역시 '보이지 않는' 은 떨어질 수 없는 어휘이다.

예문 3)

연꼬리 세월/***

바람이 끌고 가는가
회오리 몰고 가는가

세월은 바람개비
쉴 새 없이 돌고 도누나

<u>가오리</u>✓<u>연</u> 꼬리 흔드는(4.5.3.5)
허공에 바람결 무늬

– 종장 '가오리연' 은 한 단어이다. 쪼갤 수 없는 말이다.

예문 4)

팽이/***

쳐라, 가혹한 매여 무지개가 보일 때까지
나는 <u>꼿꼿이 서서</u> 너를 증언하리라(2.5.2.5)
무수한

고통을 건너 피어나는 접시꽃 하나

– '나는/꼿꼿이/서서 너를/증언하리라'가 아니라 '나는/꼿꼿이 서서/너를/증언하리라'이다. '꼿꼿이 서서'는 붙어 다니는 어휘이다.

종장 후구가 4<5 형태의 역진이다.

이 외에도 합성명사에 주의할 필요가 있다.

예를 들면 종장에 "영일만 해변 처마 끝에서 가만가만 속삭인다."라고 했을 때 "영일만/해변 처마 끝에서/"라고 하면 이상한 말이 된다. 그렇다면 "영일만 해변"은 '영일만해변'이라 붙여 써야 맞는다. 영일만해변에 있는 어느 집 처마 끝을 말하는 것이지, 영일만에 있는 해변의 처마는 아니다. 해변처마는 무슨 말인지 이해하기 어렵다.

'여의도 중학교' '여의도중학교' 둘 다 맞는 말이기는 하지만 다음에 오는 어휘와 합쳐질 때 이상한 말이 되어서는 안 된다.

'티본스테이크' '피렌체카페' '뉴욕성당' 등등

예문 5)

보물찾기/***

착각마라 귀한 보물 널려 있는 자연 보라
해와 달도 보물이나 최고 보물 누군가

깨닫지 못할 일 없다
잊지 마라 이 보물.

– 종장 처리를 잘 못하였다. “깨닫지 못할”은 항상 붙어 다니는 말이므로 종장 첫 수 3자 불변에 위배된다. 즉 ‘깨닫지 못할/일 없다/잊지 마라/ 이 보물//’로 첫 구를 5자로 시작하였다.

바) 종장 첫마디 3자는 3음절의 어절로 이루어져야 한다.
다음 예문을 본다.

마음의 독채/***
(3수 중 첫 수)

이승의 가슴에 얹힌 청돌 하나 눈을 뜬다
외할머니가 건져 올린 바다의 추운 심장
뒤란 빈 오지독 속에 해안선이 열려 있다.

“뒤란 빈/ 오지독 속에/ 해안선이/ 열려있다.”(3.5.4.4)
위 예문은 “뒤란/빈 오지독 속에/해안선이/열려 있다”(2.6.4.4)가 맞는다.
‘빈’은 앞의 ‘뒤란’을 꾸며주는 말이 아니라 ‘오지독’을 꾸며주는 관형어이다.
관형어는 체언 앞에 놓여 체언의 내용을 꾸며주게 된다.
그러므로 위 예문은 첫 마디가 2자로 시작 되어 3자 불변의 원칙이 깨지게 된다.

"빈 뒤란"이라고 하면 "빈"은 "뒤란을 꾸며주게 되어" 뒤뜰이 비어 있다는 뜻은 나타내지만 종장 전체로 보면 앞뒤가 안 맞는 표현이 된다. 뒤란에는 오지독이 있으므로 '빈 뒤란'이라는 표현은 모순이다.

따라서 종장 전구 첫마디 3자는 반드시 의미가 통하는 어절로 이루어 져야 한다.

예문 : "빈 잔, 빈 그릇"과 같이 쓰지만 "잔 빈, 그릇 빈"이라고 쓰지 않는 것과 같다.

아래 예문은 어느 일간지에 실린 시조로 다음과 같이 종장 처리된 것을 보았다.

"다 떠나/ 보내고 나서/나-무가/ 되는 나무"(3.5.3.4)

위 문장은 "다/ 떠나보내고 나서/ 나무가/ 되는 나무"(1.7.3.4)가 맞는 표현이다. '떠나보내고'는 분리될 수 없는 말이다. 따라서 시조의 종장처리 방법을 전혀 모르고 있는 것이다. 이 예문은 의미상 분리될 수 없는 낱말을 강제로 분리하여 글자 수만 맞춘 것인 반면, 아래 예문은 구(句)를 잘 못 이해하고 종장처리를 한 경우이다.

"둥기둥/ 거문고 맑은/노래가/되는 나무"(3.5.3.4)

위 문장에서 '맑은'은 '노래'를 수식하는 말이다. 그러므로 위 문장은 3.8.4로 종장 처리 규칙(3.5~7.4.3)에 상당히 어긋나 있다.

2) 종장 첫 구에서 접속어 또는 지시부사는 피한다.

가) 지시부사 '이렇게, 요렇게, 이토록, 이만치, 그만큼'과 같은 어휘가 종장 첫마디에 오는 것은 가급적 피하는 게 좋다.

예) 이토록 슬픈 밤을, 그렇게 아픈 사랑을, 요렇게 귀여운 애가, 이만치 다가와 서서, 등등 음수는 3자이나 구체성이 없으므로 피하는 게 좋다.

정도를 나타내는 지시부사 "저리도, 저다지, 저렇게 등"도 피하는 게 좋다. 이러한 어휘들은 구체성이 떨어지기 때문이다.

나) 접속 부사 '그리고, 그러나, 그러면, 그래서, 어찌나, 그런데 등등'도 안된다는 법은 없으나 가능하면 피하는 게 좋다. 왜냐하면 문장의 의미상 이런 어휘는 결론부분에서 숨어 있기 때문이다. (초장, 중장, 종장의 연결성의 연결성 참조)

예문)

- "그러나, 아직도 슬픈 지난날의 옥살이"
- "그러니 죽는 한 있어도 비굴하진 않겠다."
- "그러면 아픈 상처가 씻은 듯이 나을까."
- "그래서 이 한 몸 바쳐 조국 수호 하련다."
- "그래도 못 당할 때는 발을 살짝 들지요"

시조를 짓는데 있어 종장처리는 정말 중요하다. 종장처리를 어떻게 하느냐에 따라 그 시조의 생명력이 살아나기도 죽기도 한다. 그런데 종장 첫 구 3자를 잘못 이해하는 시인들이 많이 있으며 실수

또한 자주 하게 된다.

이 같은 오류를 미연에 방지하려면 우리말의 의미체계를 이해할 필요가 있다. 띄어 쓰는 관계로 문제 될 것 없어 보이지만 실은 반드시 함께 따라다니는 어휘들인 만큼 분리해서 쓸 수 없는 것이다. 아무리 시인이라 할지라도 의미체계를 무시하거나 논리에 맞지 않는 어휘들을 임의로 사용해서는 안 된다. 한글맞춤법 통일안을 반드시 따라야 한다. 그래야 우리말이 더욱 빛을 발하게 되며 한글이 자랑스러운 본래의 모습을 되찾을 수 있으리라 생각한다.

"그리고"의 뜻을 지닌 '~고'의 형태도 와서는 안 될 것이다

예를 들면 종장 첫 마디가 '기쁘고/서글픈 것도 / 팔고 살 수/ 없을까.'(3.5.4.3)로 했다면 이 역시 안 되는 형식이다. 즉 '기쁘고 서글픈/ 것도/팔고 살 수 /없을까'로 보아야 한다.

왜냐하면 '기쁘고'는 '기쁘다'의 용언 ~이다 뒤에 붙어 서로 상반되는 둘 이상의 말을 나란히 연결해 주는 말이기 때문이다.

예를 들면 '잘되고 못 되고는, 기쁘고 슬프고는, 오르고 내리는'과 같은 말 은 뒤에 오는 체언을 수식한다. 따라서 종장 첫 마디는 '기쁘고 서글픈'까지가 한 구가 된다.

① 접속 부사 예문 보기

a. **적정기술**/***

수많은 첨단기술용품이 쏟아져 나오지만
사용자는 열에 하나 꼴이니 얼마나 불균등한가

그래서 소비자를 위한 디자인은 숭고한 거다

b. **고래**/***

더 깊은 심해로
내려가라 차라리

바다의 생명답게
아가미도 진화하라

그래서 인간이 못 미칠 해저 속에 숨어라

c. **아내시편**/***

걷다보면 뭣 모르고 곁불도 쬐게 되고
꼬인 줄에 걸려 헛발질도 하게 되지
그러니, 잉걸불인들 아직 식지 않겠는가

d. **자화상**/***

해지는 산 언덕에
나 홀로 앉아 있네

살 같이 걸어온 길
속절없이 멀리 있네

<u>그리고</u>
세월의 뒤안길에서
낙엽 한 잎 줍고 있네

e. **꽃꽃이2**/***

삶이란 처음부터 무게가 없었으니
몸의 반이 잘린다고 손해 볼 일 아닐지도
<u>그러나</u> 조명 꺼지면 살아도 죽는다.

f. **키 자랑**/***

나는 왜 형아보다
만날 키가 작을까

매일매일 벽에다가
눈금을 그어보다

<u>그래도</u>
못 당할 때는
발을 살짝 들지요

② '그렇게, 저토록' 같은 구체성 없는 지시부사 예문

g. 인연/***

인연을 엮으면서 사는 일이 행운이다.
언제나 변함없이 살아가는 기쁨이다
<u>그렇게</u> 살아가다가 좋은 인연 만난다.

h. 어린 연꽃/***

죽은 죄
썩은 살
모여 사는
이
연못

아수라에
뿌리박고
꽃은
왜
못 피우리

<u>저토록</u> 찢긴 옷자락
그림자도
하얗다.

3) 종장 첫 구의 독립어 처리(감탄형, 명령형 등)

감탄사를 이용하여 효과를 높일 수도 있으나 신중을 기한다.
예 : 차라리, 아뿔사, 어머나, 또르륵, 보아라,

예문 1)

지렁이/박방희

눈먼 삽에 두 동강난 애먼 땅 속 지렁이
다시 한 몸 돼보려고 맹렬하게 꿈틀댄다
아뿔사,
너도 우리처럼 두 나라가 돼 부렀어!

예문 2)

삼월/양계향

목련꽃 봉오리가 살며시 눈을 뜨고

심술쟁이 꽃샘바람
잠든 나무 깨우는데

어머나,

깜짝 놀란 봄 기지개를 켭니다.

– 이 시조는 다른 예문과는 달리 '어머나'라는 감탄사를 종장 첫 마디에 차용하였다.

이런 예는 고시조에서도 많이 볼 수 있다. '어즈버, 아희야, 아서라' 등

감탄사는 독립어이므로 '아뿔사, 아이고, 아무렴, 어머나' 등과 같은 낱말로 종장 첫 구를 처리해도 별 문제가 없다고 본다.

그러나 "아! 그래"처럼 감탄사 "아!"와 "그래"라는 낱말이 모여 종장 첫마디를 만들었을 경우는 다르다고 본다. 감탄사 "아!"는 독립적으로 쓰인 일어문(一語文)이다. 문장의 한 구를 만들고 있다고 본다.

'아~아/파도를 넘어/밀려오는 그 시절//' 에서 첫 자의 3자 불변 원칙에 어긋난다. '~'은 글자가 아니고 기호이므로 그렇다.

감탄사로 시작하였다고 해서 모두 무난한 것은 아니다.

다음 예문은 의성어를 종장 첫마디에 응용한 예이다. .

예문 3)

이른 아침/***

갓 뽑은 향기에 취해 무작위로 잘랐던

내 안의 나를 향해 씨익 웃는 빗소리
좌르르 좌르르 좌르르
"지금 뭐해?"
"알았어"

– 시조로 보기 참 어렵다. 종장에서는 초장과 중장에서 이어 받은 시상을 확대시켜 전결(轉結)의 몫을 담당하지 못하고 있기 때문이다. '좌르르' 는 의성어일 뿐 특별한 의미가 없는데 종장 전구가 모두 '좌르르' 라는 같은 어휘로 구성 되었고 종장 후구에서 별안간 대화체의 목소리가 나오고 있어 상당한 혼란을 주고 있다.

의성어나 의태어는 동시조(동시) 사설시조 같은 데서 많이 볼 수 있고 시각적, 청각적 이미지를 효과적으로 나타내는 장점이 있는 반면 이를 잘 못 쓰면 시조가 가벼운 느낌을 받기도 한다. 즉 기승전결(起承轉結) 중 전환의 미(美)를 요구하는 종장이 자칫 밋밋해 질 수 있다는 얘기가 된다.

감탄사(아! 어! 다음에 '하고' 가 올 경우 즉 "아! 하고"와 같은 경우도 바람직한 표현은 아니다. '아, 하고' 처럼 쉼표를 찍는 것은 맞춤법에 어긋나는 것은 아니지만 (감탄의 정도가 약할 때는 느낌표대신 쉼표를 찍어도 됨) '아!' 하는 감탄사 자체가 독립적 일어문(一語文)을 이룬다는 점에서 보면 이는 좀 더 연구해 볼 필요가 있다.

이상 개략적인 종장의 종결 형태를 짚어 보았다. 이 외에도 여러 유형이 있을 수 있으나 보다 신중하고 세심한 주의를 기울여 종장 처리를 잘 해야 멋진 시조가 되리라 믿는다. 참고로 종결어미에는 평서형(~다), 감탄형(~구나), 의문형(~느냐), 명령형(~라), 청유형(~자, ~세) 등의 유형이 있는 만큼 각 사례별로 알맞은 유형을 택하면 될 것이다.

요점 정리

① 종장 첫마디 3자를 맞추기 위해 나누어 쓸 수 없는 말을 분리하여 쓰는 것은 반드시 피한다.
② 한글맞춤법에 따른다.
③ 국어사전을 늘 찾는 습관을 들인다.

제 3 장

시조의 분류

1

시조의 분류

(1) 시대별

① **고시조** : 개화기 이전의 시조

② **근대시조(개화기)** : 갑오경장 이후 1920년대까지의 시조

③ **현대시조** : 개화기 이후의 시조

일반적으로 갑오개혁(1894년)부터 1920년대까지를 개화기로 보는데 1896년에 독립신문이 생기고 1906년 「대한매일신보」에 대구여사라는 이가 쓴 〈혈죽가〉를 "한국시조시인협회"에서는 현대시조의 효시로 보고 있으나 일부 학자들은 1926년에 육당 최남선의 시조집 「백팔번뇌」를 현대 시조의 출발점으로 보고 있다. 1907년 「대한유학생회보」에 최남선의 국풍 4수가 실리기는 하였으나 고시조 형태로 된 시조이다.

참고로 대한매일신보에 실린 〈대구여사〉와 최남선의 시조집 〈백

팔번뇌〉 중에서 일부를 옮겨 본다.

혈죽가/대구여사
(3수중 첫수)

협실의 솟은 대는 충정공 혈적이라
우로를 불식하고 방중의 품은 뜻은
지금의 위국충심을 진각세계

– 1906년 7월 21일 대한매일신보 –

** 「백팔번뇌」 중 두 수

궁거워/최남선

위하고 위한 구슬
싸고 다시 싸노매라

때 묻고 이 빠진들
님은 아니 탓하셔도

바칠 제 성하옵도록
나는 애써 가왜라

혼자 앉아서/최남선

가만히 오는 비가
낙수져서 소리하니

오마지 않는 이가
일도 없이 기다려져

열릴 듯 닫힌 문으로
눈이 자꾸 가더라

** 〈혈죽가〉와 육당의 작품을 비교해 보면 어느 시조가 현대시조

와 더 근접했는지를 금방 알 수 있다. 〈혈죽가〉는 편의상 현재의 한글표기로 했으나 원문에는 글자의 표기가 옛 글자로 되어 있어 현대시조의 효시로 보기에는 무리가 있음이 확연히 드러난다.

(2) 형태별

① **평시조** : 3장 6구 12절(마디)로 된 45자이내 50자 미만의 단시조로 초장, 중장이 (3.4,3.4) 종장이 (3.5.4.3)의 율격을 지닌다.

② **엇시조** : 초, 중, 종장 중 어느 한 장의 음보수가 7음보까지 길어진 시조

고시조 예문)

기러기 떼떼 많이 안진 곳에 포슈야 총을 함부로 노치 마라
새북 강남 오구가는 길에 임의 소식 뉘 젼하리
우리도 그런 줄 알기로 아니 노씁네

〈미 상/남훈태평가〉

천세를 누리소서 만세를 누리소서
무쇠 기둥에 꼿 픠여 여름이 여러 따 드리도록 누리소서
그밖긔 억만세외에 또 만세를 누리소서

〈미상/청구영언 육당본〉

인의로 배를 무어 도덕으로 도츨 다라
공자 맹자 안자 증자 네 셩인 차즈려고
수강에 띄여 가니 양묵지도는 나도 너도 드자 하난고야

〈미 상/消憂雜說〉

③ **양장시조** : 초장과 종장만으로 된 시조
1926년 시조부흥운동이 일어나면서 주요한 등이 주창했다.

예문 1)

송년/주요한

남산에 푸른 솔 북악에 검은 바위
세운 뜻 그대로 있는데 한 해 간다 하더라.

예문 2)

소경되어지이다/이은상

뵈오려 안 뵈는 님
눈 감으니 보이시네

감아야
보이신다면

소경되어 지이다.

④ **단장시조(절장시조)** : 종장만 있는 시조

예문 1)

밭/문무학

호미로
밑줄을 긋던

울 엄마의
책
한 권.

예문 2)

새/강경주

나는 게
아니라니까 살아가는 거라니까.

⑤ **사설시조** : 산문형식의 긴 시조

예문)

> 사람이 몇 生이나 닦아야 물이 되며 몇 겁이나 轉化해야 금강에 물이 되나! 금강에 물이 되나!
> 샘도 강도 바다도 말고 옥류 수렴(水簾) 진주담(眞珠潭) 만폭동 다 그만 두고 구름비 눈과 서리 비로봉 새벽 안개 풀 끝에 이슬 되어 끝에 이슬 되어 구슬구슬 맺혔다가 연주담(蓮珠潭) 함께 흘러 구룡연(九龍淵) 천척절애(千尺絕崖)에 한번 굴러 보느냐
>
> – 조운의 "구룡폭포"

⑥ **연시조** : 같은 제목하에 두 수 이상으로 쓰여진 시조

** 시조가 3장 6구 12절(마디)로 된 우리민족의 전통문학이라고 한다면 단장시조, 엇시조, 사설시조는 비록 시조의 형식을 일부 취하고 있어 시조라는 이름의 꼬리를 달고는 있지만 시조로 보기는 어렵다.

(3) 내용상 분류

① **서정시조** : 개인적인 감정과 정서를 주관적으로 표현한 시조
② **서사시조** : 일정한 사건을 중심으로 객관적 시각으로 표현한 시조

③ **서경시조** ; 서정시 중 주로 경치를 표현한 시조

예문)

남해에서/이석규

작은 산들 곰실곰실 수평선에 둘러서고
비단물결 치마폭이 햇살 아래 반짝인다.
하늘이 그리던 그림 신께서 이루셨다.

바람마저 눈부시고 눈이 와도 포근한 땅
골짜기 갈피마다 눈길은 더 따듯했지
소박한 마음들 모여 詩의 마을 일구었네.

아기섬이 가물가물 물결위에 꿈을 꾸고
하늘은 파랗고 물결은 더 파랗고
그믐에 치마폭 쓰고 몸 던지고 싶어라.

(4) 목적상 분류

① **순수시조** ; 순수한 예술성만 추구한 시조

예문 1)

山딸기/이태극

골짝 바위 서리에
빨가장이 여문 딸기

가마귀 먹게 두고
山이 좋아 사는 것을

아이들 종종쳐 뛰며
숲을 헤쳐 덤비네.

三冬을 견뎌 넘고
三春을 숨어 살아

되약볕 이 산 허리
외롬 품고 자란 딸기

알알이 부푼 情熱이사
마냥 누려 지이다.

② **참여시조(앙가주망; Engagement)** : 목적의식을 가지고 쓴 시조로 정치, 사회문제 등 현실에 대하여 비판적 의식을 가지고 쓴다.

예문 1)

상황(狀況)/김광수

황소 머물다가
배설하고 돌아선 자리

쇠똥구리 말똥구리가
좌우로 편을 갈라

한 덩이
분구(糞球)를 두고
서로 엉겨 물고 뜯는다.

③ **해학시조** : 세상사나 인간의 결함을 익살스럽게 표현한 시조

예문)

가) 고시조

간밤의 꿈을 꾸니 님의게셔 편지 완네
일백 번 다시 보고 가삼 우의 언져두니
각별히 무겁진 아니해도 가삼 답답 하여라
〈미 상/해동가요박씨본〉

곳아 색을 밋고 오는 나뷔 금치마라
춘광이 덧업슨 줄 넨들 아니 짐작하랴
녹엽이 성음자만지하면 어니 나뷔 도라오리

〈미 상/청구영언 육당본〉

나) 현대시조

영광굴비/전병태

싱거운 놈이라고 소금으로 간을 하고
똑같은 놈이라고 한 두릅에 묶었다.
내 비록 묶여 있어도 수라상을 넘본다.

보신탕집 개/김 현

원하는 건 내 혼 아닌 다만 육신이건만
베풀고도 살아날 길이 그 어디 있겠는가.
꽉 막힌 화두를 들고 철창 속에 누워있다.

④ **풍자시조** : 사회의 부정적 현상이나 인간의 결점, 모순을 빗대어 비웃듯이 쓴 시조

예문)

가) 고시조

①
이리도 태평성대 저리도 태평성대
요지일월이요 순지건곤이로다
우리도 태평성대에 놀고 가려 하노라
〈성수침/청구영언진본〉

②
구름이 무심탄 말이 아마도 허랑하다
중천에 떠 이셔 임의로 다니면서
구태여 광명한 날빛츨 따라가며 덮나니
〈李存吾/청구영언진본〉

나) 현대시조

탈골 앞/이창규

(3수 중 첫 수)
절집에 들어서야 그림자를 벗는 내게
긴 순례를 마치고 이제야 돌아왔느냐
처마에 매달린 풍경 고개를 끄덕인다.

** **해학과 풍자의 차이** : 해학은 웃음과 익살이 묻어나는 문체이지만 풍자는 풍자는 냉소, 비꼼, 조소 등을 빗대어 비판하는 문체이다.

패러디(parody)와는 차이가 있다. 패러디는 잘 알려진 특정작가의 원작을 모방하여 코믹하게 새로운 작품을 만들어 내는 표현방식이다.

이때 모방이란 패러디의 대상 작품과 새로 패러디한 작품이 모두 새로운 의미를 갖는다.

알아두기

소괄호( )의 사용법
**한자등 외래어의 병기 방법

한글맞춤법 부칙에 문장부호 사용에 관한 내용 중 소괄호( )의 사용법을 보면

1) 언어, 연대, 주석 설명 등을 넣을 때 사용한다.

예) 커피(coffee), 3.1운동(1919년), 무정(無情)은 춘원의 소설이다.
니체(독일의 철학자)는 말했다.

2) 기호 또는 기호적 구실을 하는 문자, 단어, 구에 쓴다.

예) (1), (ㄱ), (~)

3) 빈자리임을 나타낼 때

예) 우리나라 수도는 ( )이다. ------ 시험문제 출제 등에서 종종 사용함.

이 맞춤법에 따르면 한자의 부기는 ( )에 넣는 것이 맞다. 가끔씩 "무정無情" 또는 "무정無情"처럼 쓰는 경우를 본다. 틀렸다고 단정하기는 어려우나 "무정(無情)"처럼 ( )안에 병기하는 것이 보기에도 분명해 좋다. 외국어도 마찬가지이다. 이는 우리가 오랫동안 사용해 왔기 때문에 눈에 익숙해진 탓도 있긴 하지만 맞춤법에도 부합되며 독자가 편리하게 느끼면 좋은 방법이 아닐까 하는 생각을 한다.

외래어 사용 시에도 ( )에 그 나라 고유어를 병기한다.

별표

종장 둘째마디 5~7자를 주장하는 이유

종장처리에 있어 첫마디 3자는 불변이고 둘째마디는 5~7자까지 허용해야 한다. 혹자는 9자까지 허용해야 한다고 하지만 필자는 다음과 같은 이유로 7자까지 허용하는 것이 타당하다고 본다.

회원 수가 가장 많은 사)한국시조시인협회에서 발간하는 2014년 하반기와 2015년 상반기 〈시조미학〉 작품에 수록된 천여수를 분석해 본 결과 총 1067수 중 5자가 775편으로 가장 많고 그 다음이 6자(233편), 그리고 7자로 된 시조는 46편이었다. 이 조사에서 5~7자까지는 1054수로 98%를 차지하고 있다. 8자 이상은 불과 13편으로 매우 적은 숫자였다.(단 연시조는 각 수를 독립된 시조로 보았음)

본 책자에 수록된 고시조는 대부분이 5~7자까지로 나타나 있을 뿐 아니라 시조 대전에 수록된 작품(총46,431) 중에서도 사설시조를 제외하면 8자를 초과한 작품은 극소수에 불과하다. 이로 미루어 볼 때 고시조나 현대시조나 모두 8자 이상을 쓰는 경우가 극히 미미하므로 표본으로 삼기는 미약한 측면이 있다.

따라서 현대시조를 짓는데 있어서 종장 둘째마디는 5~7자까지로 제한을 두는 것이 가장 합리적이라 여겨진다. 운율상으로도 끊어 읽기에 무리가 없는 글자수이다.

제 4 장

시조의 창작 단계와 실습(필자의 시조를 중심으로)

1

시조의 창작 단계와 실습

시조를 짓게 되는 동기유발과 한편의 시조가 탄생되기까지 그 단계를 알아보기 위해 실제 정형시조 두 편과 필자의 시조 두 편을 가지고 예를 들어가며 작품이 완성되기까지의 과정을 추적해 보도록 한다.

우선 시조는 다음과 같이 최소한 6단계를 거쳐야 한다. (5)(6) 단계는 자기 작품을 자기 스스로 해야 한다는 어려움이 있으나 제3자적 입장에서 냉철함이 없으면 별 효과를 거두지 못할 것이다. 거울에 자기 얼굴을 비추어 보듯 다시 한 번 더 살펴보라는 의미이다.

(1) 발상 단계　(2) 소재 수집 단계　(3) 구성단계　(4) 퇴고단계

(5) 평가단계　(6) 감상단계

건축물은 허공에 새긴 조각물이라고 말하기도 한다. 공간이라는 자리에 건축물이 들어서는 순간부터 시간이 흐르고 그 건축물은 생명을 얻게 된다. 물론 허공에도 시간은 존재 하겠지만 그 것은 큰 의

미가 없다.

우리가 처음 집을 짓겠다고 마음먹으면 제일 먼저 생각하는 것이 어떤 형태로 할 것인지, 재료는 무엇을 쓸 것인지 대충 이런 구상이 끝나면 설계도를 그리고 시공을 하게 된다. 비단 건축물 뿐 아니라 거미줄을 보더라도 그 원리를 알 수 있다. 거미가 큰 나무 사이에 거미줄을 어떻게 치는지 자세히 관찰해 본 적이 있는가?

거미 역시 단번에 거미줄을 치는 게 아니라 먹잇감을 많이 잡으려면 어떤 방법이 가장 효율적인지 계산해 가면서 거미줄을 엮는다고 생각한다.

거미는 바람을 이용해서 몸을 날려 원하는 곳에 실 하나를 뽑아 붙이고 거기를 몇 번 왔다 갔다 하면서 굵게(기둥 역할) 만들고 나서 몇 개의 이 같은 줄을 더 만든 후 그 줄을 잡고 당겨 가면서 그물 모양의 거미줄을 친다고 한다. 말하자면 거미도 기본 틀을 짜고 있는 것이다.

마찬가지로 우리가 시조를 짓는데 있어서도 이와 비슷한 단계를 밟아가게 되는데,

시조를 쓰고 싶은 동기(motive) 발상(동기유발)은 어떻게 이루어지나 살펴보면

첫째 어떤 사물을 보고 새로운 무엇을 발견 하거나, 느끼거나 했을 때

둘째 추억을 떠 올리거나

셋째 삶이란? 하며 철학적 질문을 던질 때

넷째 어떤 상황에서 심리적으로 묘한 감정이 일어날 때

이런 경우에 시조(시)를 쓰고 싶은 마음이 생긴다. 그러나 있는 사실을 보고 느낀 대로 진실하게 쓰되 그대로 써 놓는 것이 아니라 돌

려 말하기, 즉 비유를 함으로서 자기감정을 드러내게 되고 일상적이고 관념적인 언어가 구체적 감각적 언어로 변형되는 과정을 거치게 된다.

아름다운 장미꽃을 보고 시조를 지어야겠다고 생각하면 일차적으로 왜 이 작품을 쓰고자 하는지 그 원인이 있어야 하고 어떻게 쓸 것인지 생각해 보게 되는데, 장미꽃을 본 모습 그대로 사실적 표현을 할 것인가 아니면 빗대어 말함으로서 다른 의미를 지닌 장미로 표현할 것인가, 아름다움인가 향기인가, 장미꽃의 특성은 무엇인가, 벌레 먹은 장미인가, 멀쩡한 장미인가, 향기는 있는가, 없는가, 빨간 장미인가 흑장미인가, 등등 많은 생각(소재, 구상)을 하게 된다.

다음으로 장미에 관련 된 시조를 쓰고자 마음을 굳혔다면 세밀한 관찰이 필요할 것이다. 꽃의 특성을 잘 살펴 찾아내야 상투적인 낱말을 쓰지 않게 될 테니까. 소재를 찾아보면, 빨간색, 혹은 다른 색, 튼실하게 자란 것, 벌레 먹은 것, 바람에 잎이 찢어진 것, 가뭄에 시들시들 말라 버린 것, 담장에 핀 것, 장미 묘원에 핀 것, 가시가 있는 것, 없는 것, 꽃에 벌이나 나비가 앉았는지, 없는지, 등 다양한 소재를 모은다.

이 수집단계가 끝나면 주제에 어울리는 소재들을 한 데 모아 짜깁기, 또는 수놓기를 해야 하는데 이 때 구성이 잘 되고 못 됨에 따라 시조의 맛이 달라지고 색깔이 분명해진다. 즉 형상화를 잘 해야 한다.

예를 들어 '신라는 왜 망했을까?' 하는 표현과 '신라는 어떻게 천년 역사를 가질 수 있었나?' 이 두 문장은 신라의 흥망성쇠를 말하고 있지만 두 문장을 접하고 느끼는 감정은 다르다.

이때부터 몇 번씩 고치고 또 고치는 퇴고를 거쳐 한 편의 시조가 탄생 되는 것이다. 한 편의 시조가 마무리 되고 나면 독자의 입장에서 평가를 해 봐야 한다. 비유는 맞는지(억지로 끌어다 붙인 비유는 아닌지), 맞춤법은 맞는지, 내 생각(의도)을 독자가 파악할 수 있는지, 독자에게 전달하고 싶은 메시지는 충분히 반영 되었는지 이런 점들을 다시 한 번 살펴봐야 한다.

마지막으로 감상을 해 봐야 한다. 완벽한 시조란 있을 수 없겠으나 완성된 시조를 읽고 어느 정도 고상하고 품위 있는 글이 되었다면 얼마나 좋겠는가?

먼저 필자의 졸작 두 편을 가지고 위의 몇 단계를 짚어보면서 실습을 해보기로 한다. 필자는 봄부터 가을까지 관악산을 즐겨 올라간다. 어느 날 산 중턱 쯤 있는 바위에 걸터앉아 쉬고 있는데 바로 옆에 산나리(벼슬나리꽃이라는 것은 나중에 알게 됨)가 피었어도 다른 풀 사이에 섞여있는 관계로 눈에 잘 띄지 않았던 것이다. 작은 꿀벌이 찾아와 꿀을 담고 있었는데 그 꿀벌은 토종 꿀벌이 아니라 양봉 꿀벌인지도 모른 다는 생각이 문득 떠올랐다. 양봉 벌은 사람이 영리를 목적으로 키우는 벌이다. 그래서 벼슬나리꽃은 들킬까 봐 수풀 사이에 숨어 있구나. 나리꽃은 깊은 산 속에 숨어 피었지만 꿀벌이 소문내면 너도 나도 덤벼들어 신선함을 망치겠다. 즉 꽃의 입장에서 보면 탁한 세상을 피해 청렴하게 살려고 하는데 소문이 나면 어찌하나 하고 느낄지도 모른다는 상상을 하기에 이르자 시조 한편 쓰고 싶다는 발상과 더불어 욕구가 생겨났다.

☞ 실습하기

예문)

벼슬나리꽃

수풀에 파묻혀서
청렴만 키운 뜻을

무시로 찾은 벌이
소문낼까 두려워서

발그레
얼굴 붉힌 채 풀잎 뒤에 숨어 핀다.

– 이 작품은 다음과 같이 처음으로 모습을 드러냈다.

관악산 깊은 산속에
외롭게 피어 있는 산나리꽃

벌 나비가 온 종일 찾아와
수시로 놀다간다.

발그레

얼굴을 붉힌 듯 청순하게 피어 있다.

여기서 '관악산'이라는 제한적 어휘를 삭제했다. 산나리꽃은 관악산에만 피는 꽃이 아니니까.

다음은 '산나리꽃'이라는 말이 주는 느낌인데, 옛날 벼슬하신 분들을 '나리'라고 불렀으며 그들은 특권 계층이다. 산나리꽃도 역시 나리꽃의 일종이지만 꽃의 생김새가 왕관을 닮아 붙여진 이름일 것이다. 그래서 벼슬한 나리라는 뜻 즉 선비라는 의미가 있는 꽃이라 할 수도 있다.

옛날 선비들은 청렴을 최고의 덕목으로 삼았지만 요즘 나리님들은 청렴과는 거리가 멀다는 생각에서 제목을 달고 본문 종장에 청렴이라는 낱말을 고의적으로 도입하였다. 이와 같은 의도를 가지고 보니 "중장에 놀다 간다."라는 말은 어울리지 않으므로 '소문낼까'로 바꾸고 '청순'이라는 말도 청렴으로 바꾸고 마치 생육신이 세상을 등지고 은둔해 사는 것처럼 이 나리꽃도 산속으로 피해 와서 산다는 느낌을 주기 위해 '숨어 핀다.'라고 고쳤다.

조정에서 보통사람들이 사는 속세로 들어와 온갖 특권을 다 내려놓고 오직 청렴만 키운 뜻을 알 것 같다. 이렇게 해 놓고 보니 산나리가 사람으로 의인화 하였다.

이 산나리 꽃이 청렴을 키우려고 산 속에 들어와 피는 것은 아니지만 요즘 혼탁한 세상, 돈과 권력이 사회 정의를 무너뜨리고 있다는 생각에서 마치 선비가 낙향하여 사는 것 같은 모습을 발견한 것이다. 그런데 벌이 그 향을 맡고 꿀을 따기 시작하면 인근에 있는 다른 벌들도 꿀 많다는 소문을 듣고 모여들 것이라는 우려를 하며 수풀에 몸을 숨기고 꽃을 피웠는데 욕심 많은 사람에게 들켰으니 얼마나 당황스러웠을까. 붉은 꽃 색깔이 마치 들켜서 홍당무가 된 것 같다는 상상을 하면서 종장과 같은 표현을 해 본 것이다.

잘 쓰고 못 쓰고는 독자가 판단할 일이고 필자는 단지 이 시조 한 수를 쓰게 된 동기와 형상화 과정을 설명하고 있는 것이다.

물론 보는 이의 관점이나 감정 등 여러 요인에 의해 다른 각도의 시조가 얼마든지 나올 수 있지만 필자는 이 글을 통하여 현재 이 나라의 공직자, 사회지도층에게 비리와 부정을 저지르지 말라는 경고를 하고 싶었던 것이다.

그러나 현실도피적인 느낌이 없는 것도 아니다. 잘못된 것을 바로 잡겠다는 강력한 의지는 부족하다고 하겠다.

이 간단한 한편의 서정시조가 작가의 의도에 따라 또는 읽는 독자의 느낌에 따라 각각 다르다는 점도 생각해야 한다.

이 시조는 "그래서"형의 시조로 앞의 초장과 중장의 사건으로 종장에서 그래서 어떻게 되었다는 식이라 할 수 있다.

예문)

이산가족 상봉을 보며/김흥열

얼싸안은 가슴사이로 카메라 지나가며
넘지 못 할 선 하나를 무색으로 긋고 있다.
사무친 피눈물마저 갈라놓는 이념의 벽.

잃어버린 반세기가 사진 속을 걸어 나와
떨리는 손끝으로 제 반쪽에 맞춰본다.
들고 온
조각들 둥둥 떠다니는 눈물바다.

상기 예문 역시 필자의 졸작이다. 이 예문을 놓고 작품이 되기까지의 과정을 더듬어 본다.

TV로 생중계 된, 금강산에서 이루어진 이산가족 상봉장면을 보면서 쓴 시조이다. 이산가족이 아니라도 이산의 아픔은 통절히 느낄 수 있다.

반세기가 넘도록 그리워하며 살아온 가족에게 이념이라는 넘지 못할 벽이 가로막고 있는 현실 앞에 같은 테이블에 앉아 이야기를 나누면서도 카메라가 그들을 촬영할 때면 무엇을 의식한 듯 대화가 중단되거나, 느닷없이 체제 선전을 한다든가, 누구누구 덕분에 잘 살고 있다는 둥 엉뚱한 말을 하는 모습에서 또 다른 장벽하나를 발견하게 되었는데 바로 이념의 벽이 가로 막고 그들로 하여금 마음속에 진심으로 담겨있는 애환을, 애틋한 그리움을 말하지 못하도록 강요하고 있다는 것을 발견했다. 눈에 보이는 것만이 장벽은 아니며 두려움의 장벽도 있다. 이 두려움은 목숨과 직결 되어 있어 지금 제 앞에 와 있는 현실을 무시할 수가 없는 것이다. 그래서 카메라가 지나갈 때마다 보이지 않는 장벽이, 넘어서는 안 되는 선 하나가 그어지고 있다는 느낌을 받았던 것이다.

기억도 가물가물한 추억들, 그런 아련한 사연들이 되살아나는 것을 보고, 마치 그들이 테이블에 꺼내놓고 더듬는 사진 속에서 걸어 나오는 것 같다는 상상력을 동원하여 '걸어 나온다'라고 표현하였고 '제 반쪽'이라는 것은 서로의 기억을 찾아내 마치 퍼즐 게임하듯 더듬어 맞추어 본다는 느낌으로, 그리고 '조각들 둥둥'은 서로는 사라진 기억이 있을 것이고 그 남은 기억조차도 희미하게 반쪽짜리로 남아 있을 것이다. 부서지고 깨진 아련한 기억이 엉엉 울고 있는 눈물바다에 떠다니는 것 같다는 상상을 하면서 당시 상황을 느낌으로 표현한 것이다.

이 시조를 다듬기 전에는 다음과 같은 구상을 먼저 해 보았다.

이산가족이 금강산 이산가족 상봉소에서
울며불며 옛 추억을 더듬는 순간마다
감시하듯 카메라만 지나가면 표정이 바뀌고 굳어진다.

반세기가 지난 탓에 기억도 아련하고
빛바랜 사진을 꺼내 보면서 옛 추억을 더듬으니
만남의 그 장소는 눈물바다가 된다.

이제 줄기가 잡혔고 어느 정도 구성이 되었으므로 본격적으로 시조를 만들고 예술의 옷을 입혀 보기로 한다.

여기서 무엇을 비유법으로 쓸 것이며 어떻게 표현 할 것인지를 생각해 내야 한다. 시조는 알다시피 3장 6구에 글자 수까지 생각해야 하므로 형식의 틀 속에 집어넣자면 우선 글자 수를 맞춰야 하는데 초고는 글자 수가 많아서 다 들어가지 못하고 엉거주춤한 상태이므로 우선 글자 수를 맞추고 난 다음에 초, 중, 종장을 어떻게 배치해야 효과적일까 하는 생각을 해야 했다.

초장 첫 마디에 '얼싸 안은 가슴사이로' 라는 표현을 했는데 '얼싸안다' 라는 말은 너무나 반가워 끌어안는 모습이고 가슴과 가슴을 댄다는 것은 피를 나눈 혈육이라는 점을 강조한 것이다. 이 때 카메라만 지나가면 어느새 행동들이 어색해지며 제약을 받는 것을 보고 바로 '이념이라는 벽' 이라는 커다란 장벽이 눈에는 보이지 않지만 자연스럽게 양측 사이에 경계선처럼 그어지고 있구나 하는 생각에서 '넘지 못할 선하나' 라는 표현을 한 것이고 그 선을 넘는 순간 상봉이 끝난 후면 어딘가로 불려가서 조사를 받거나 의심을 받게 되니 얼마나 불안할까? 요즘엔 '잃어버린 10년' 등과 같은 말이 유행하고 있는바 거기에서 힌트를 얻어 '잃어버린 반세기가' 라는 비유와 함께 의인화 하였다. '반세기' 는 고통의 시간이다. 그 시간은 아픔이며 고통의 삶이었고 바로 이산가족 자신들이다. 추억이, 희미한 기억이 되살아나고 있는 것, 그러니까 죽었던 시간 속에서 각자의 기억이 살아나 걸어 나오고 있는 모습을 상상하면서 시간을 사람으로 만든 것이다.

'떨리는 손끝' 은 기억이 안 맞으면 어떻게 하나 하는 두려움을 나타낸 말이고 '들고 온 조각'은 사진뿐만 아니라 온갖 추억들을 가지고 한 핏줄, 같은 살부치라는 점을 찾고 싶은 가족들의 애틋한 모습을 그린 것으로 그런 기억들, 추억들, 잡다한 생각들이 살아나서 그동안 못 나눈 정, 또는 원망, 서러움 등에 눈물바다를 이룬 현장을 표현한 것이다. 이 한 편의 시조를 −어설프지만− 창작하기 위해서 지우고 쓰고 또 지우고 다시 쓰기를 몇 번씩 반복하며 고뇌와 고통을 감수해야 했다.

위에서 말한 6단계를 짚어가며 어떻게 형상화 과정을 거쳤는지 살펴보면

첫 째 착상 시점은 이상가족 상봉장면을 텔레비전에서 보고

둘 째 재료수집단계는 카메라, 자유, 장벽, 이념, 사진, 시간, 눈물 등등

세 째 구성단계는 얼싸안은 가슴, 넘을 수 없는 선, 무색잉크, 이념, 생동감(걸어 나오다), 반쪽, 떠다니다, 바다 등 비유와 상징, 의인법을 활용

네 째 퇴고 단계는 시조 형식은 지켜졌는지, 맞춤법은 옳은지, 이미지 전달은 괜찮은지, 논리의 모순은 없는지, 낯설게 하기는 하였는지 등을 살핌

다섯째와 여섯째는 읽고 소리 내어 읽어 봄

꼭 이런 단계를 거쳐야 하는 것은 아니지만 대체로 한 편의 시조가 완성되기까지의 과정을 설명해 본 것이다.

서정주 시인의 '한 송이 국화꽃을 피우기 위해 소쩍새는 봄부터 그렇게 울었나 보다' 처럼 한 편의 시조를 탄생시키는 일이 식은 죽 먹듯이 쉽게 써지는 것은 아니라는 점을 강조하고 싶은 것이다.

다음은 최언진님의 〈아버지의 미소〉와 박희옥님의 〈쪽방의 겨울〉 두편을 예로 들어본다.

예문)

아버지의 미소/최언진

아버지의 미소가 헛간에 걸려 있다
삼태기며 맷방석 망태기며 가마니가
힘겨운 삼남매 등을 다독이고 계시다.

삶이란 꼬이는 거 꼬이는 게 삶이라고
멍석이 되기 위해 둥구미가 되기 위해
수많은 지푸라기들 꼬여 있지 않느냐.

– 아버지가 살아생전에 즐겨 쓰시던 물건을 보며 아버지의 애틋한 사랑과 가르침을 다시 한 번 생각하면서 쓴 시조로 엄격하게 정격을 유지한 명작이 아닐 수 없다.

– 첫 수 중장이 전구와 후구가 반복되었지만 강조하는 의미로 쓰인 것이다.

– 이글을 읽으면서 아버지의 찌든 삶 또는 땀 냄새가 나는 듯 한 상상을 하게 되고 아버지의 가르침을 새삼 느끼게 된다.

– 중장 '삼태기며 맷방석 망태기며 가마니가'는 마치 명사의 나열 같으나 '~며' '~가'로 한 주어부를 형성한 문장으로 종장 '계시다'를 술어로 하고 있기 때문에 문장 구성에는 전혀 문제가 없다.

– 본문에 아버지라는 말이 나오므로 제목을 '어떤 말씀. 또는 '그리움'이라 하면 어떨까 하는 생각을 한다.

– '삶이란 꼬이는 것이다.' 라는 철학적 사상이 배여 있다.

– 둥구미도 수많은 지푸라기가 꼬여서 만들어낸 삶이라는 비유도 훌륭하다.

– 초장에도 마침표(.)를 찍어야 한다.

이 시조를 작가의 마음속으로 들어가서 시작을 해보기로 한다. 작가의 상상력 속으로 들어가 보면, 이것은 어디까지나 작가의 얘기가 아니라 필자의 상상임을 밝혀둔다.

아버지가 평소에 사용하시던 삼태기, 맷방석, 망태기, 가마니 같은 물건들이 헛간에 걸려 있는데 어느 날 갑자기 그들을 보며 아버지를 생각해 냈을 것이다. 착상 단계에 들어온 것이다.

작가의 생각 속으로 들어가서 그 상황을 써보면

"어느 날 헛간에 들어가 보니
아버지 살아생전에 늘 아껴 쓰시던
삼태기며 망태기가 그대로 걸려 있고
평소에 자식들에게 열심히 살라고 이르시던
그리운 아버지 목소리가 들리는 듯하다."

시 한편이 만들어졌는데 이 시를 시조로 바꾸어 보기로 한다.

1차 손질 :

"헛간에 걸려 있는 삼태기며 망태기에서
손때 묻은 아버지 냄새가 지금도 나는 듯하다.
힘들게 사는 자식들에게 힘내라며 웃고 계신 것 같다.

아직은 서술적이다. 그러면 비유법을 불러다가 화장을 시키고 시적 옷을 입힌다.

2차 손질 :

헛간에 걸려 있는 아버지의 미소가
삼태기며 맷방석 망태기며 가마니가
힘이 든 삼남매 등을 어루만져 주신다.

아직도 좀 어색하다. 초장, 중장 모두 끝마디가 "가"로 되어 있어 운율도 어색하다. 어순을 바꿔서 초장 전구와 후구를 바꿔치기 해 보고, 종장 '힘이 든'은 '힘든'을 글자 수를 맞추기 위해 억지로 만든 글자이므로 여기서 착안 한 것이 '힘겨운'이라는 낱말이다. 정말 멋진 시어 하나를 낚아 올린 것이다.

아버지의 미소가 헛간에 걸려있다.
삼태기며 맷방석 망태기며 가마니가
힘겨운 삼남매 등을 다독이고 계시다.

이로서 멋진 시조 한 편이 탄생되었으며 일상적 언어가 시적 옷을 입고 멋진 예술로 다시 태어난 것이다. 초장에서 '아버지의 미소가 걸려 있다'라는 발상이야말로 값 비싼 시적 옷이 아닌가? '아버지의 체취 또는 아버지의 흔적' 등과같이 일반적인 표현을 피하고 '미소'라는 시어를 도입함으로서 아버지가 자식을 사랑하는 온화한 얼굴을 독자들로 하여금 떠오르게 한 발상이 뛰어나다 하겠다.

중장에서는 명사의 나열을 피하기 위하여 '~며, ~가'로 주어부를 만들고 종장에서 '계시다'라는 술어를 끌어 들임으로서 완벽한 문장의 구조를 이루고 있는바 정말 절창이라 하지 않을 수 없다.

'등을 다독이고 계시다.'에서 따뜻한 아버지의 체온과 정이 느껴지며 '어루만지다'는 손으로 살살 쓰다듬어 주는 것으로 귀엽다는 의미가 강하고 '다독이다'는 감싸거나 편들어 두둔해주는 것으로 용기와 힘을 북돋아 주는 의미이므로 아주 적절한 시어를 선택했다고 볼 수 있다. 아무리 힘든 삶이어도 그 말씀 한 마디에 어찌 힘과 용기가 솟아나지 않겠는가?

이렇게 하여 구성 단계를 마무리 하였다.

〈아버지의 미소〉 작품을 감상하면서 작가가 형상화 한 과정 6단계를 짚어 보면

첫 째 발상 단계는 아버지가 늘 아끼시던 농기구를 보고 돌아가신 아버지 생각이 났다.

둘 째 재료 수집단계는 헛간, 삼태기, 맷방석, 망태기, 가마니, 삼남매

세 째 구성단계는 미소, 힘겨운, 다독이다. 부정(父情), 오감의 동

원, 상상력 등을 동원하여 비유와 상징, 또는 의인화하기
네 째 퇴고단계는 형식, 율격, 이미지의 전달, 맞춤법, 논리의 모순 여부를 살펴보고
다섯째와 여섯째는 스스로 읽고 평가한다.

다음의 시조를 가지고 창작 과정으로 다시 들어가 본다.

쪽방의 겨울/박희옥

천변 후미진 곳
두어 평 반 지하방

각성바지 폐품들이
널브러져 낮잠 자고

볕뉘만 손끝에 앉아 남은 겨울 꿰고 있다.

헐렁한 자투리 시간
햇살 흩던 노모가

삐걱대는 두 무릎 뼈 니은(ㄴ)으로 꺾고 앉아

한 삼년
소식 없는 외아들 낡은 사진 보고 있다.

이 시조를 읽으면 민초의 아픔이 거울처럼 들여다보인다.

천변 어느 허름한 집, 그것도 두어 평 정도의 반 지하방 안에 잡다한 물건들이 여기저기 흩어져 있는 광경이 그려진다. 여기서 "두어 평"은 아주 비좁은 생활공간이다. 반 지하방이라 햇살도 잘 들어오지 않는 옹색한 그 곳에서 집 나간 외아들을 그리워하고 있는 노모가 낡은 사진을 보고 있다.

비좁은 문틈으로 들어오는 작은 햇살의 온기라도 잡고 싶은 노인의 정경이 잘 그려져 있다.

아마 처음에는 이런 모습을 그려보면서 시조를 짓기로 했을 것이다.

처음엔 이렇게 줄기를 잡았으리라 생각된다.

> 쌀쌀한 어느 겨울 천변에 있는 지하방에
> 잡다한 물건들로 발 디딜 틈 없는 거기
> 할머닌 볕뉘를 쬐며 아들 사진을 본다.
>
> 할 일 없는 오후 시간 볕드는 쪽에 앉아
> 두 무릎 세우고 앉아 집 나간 아들 생각에
> 손끝에 걸린 겨울이 빨리 가길 고대한다.

이 정도로 시조의 틀을 짜 놓고 여기에 비유와 상징의 옷을 입혀본다.

천변에 있는 집이니 세간의 관심 밖으로 밀려난 곳이다. 여기서 '후미진 곳'이라는 어휘로 관심 밖의 세상을 그려내면서 '천변에 있는' 에 조사 '에' 와 '있는' 까지 모두 생략해도 되는 효과를 얻어냈다. 발 디딜 틈 없고 별 쓸모도 없는 잡다한 물건들로 꽉 찬 공간을 '두어 평' 이라는 말로 좁은 공간을 표현하여 함축성을 이끌어냈다. 그리고 '잡다한 물건' 하면 일상적 언어의 표현이므로 '각성바지 폐품들' 이라고 은유로 표현했다. '각성바지 폐품들' 은 민초일 수도 있다. 좁은 틈사이로 들어오는 햇살을 의인화 하여 '손 끝에 앉아 겨울을 꿰고 있다' 로 하였다. '겨울을 꿰고 있다' 는 말은 손끝만으로도 들어오는 햇볕을 쬐기에 충분하다는 의미이니 얼마나 적고 약한 햇볕인지 알만하다. 그 적은 일조량이지만 놓치기 싫어서 하나하나 꿰어 모으고 있는 상상을 하면서 '볕뉘만 손 끝에 앉아 남은 겨울 꿰고 있다.' 라고 표현 한 것이다.

'할일 없는 오후 시간' 을 '헐렁한 자투리 시간' 으로 비유하였다.

또한 방안에 일고 있는 먼지가 햇볕에 떠다니는 모습이 마치 햇볕을 방안 여기저기 훑는 것 같다는 시각적 효과를 거두기 위해 '햇살 훑던 노모가' 로 움직일 때마다 할머니의 무릎 뼈가 삐걱거릴 것 같은 상상과 한 쪽 무릎을 세운 모습이 (ㄴ)자를 닮았다는 생각, 그리고 정확하지는 않지만 어림잡아 집 나간 지 삼년은 된 것 같은 아들을 그리워하는 할머니의 모습에서 쓸쓸함과 그리움을 함께 읽어낸 것이다. 그래서 종장 첫 구에 '한 삼년' 이라는 시어를 생각해 냈다.

이제 다시 첫수와 다음 수를, 전구와 후구를, 다시 조합하고 비유하며 완성된 작품을 내놓게 된 것이다.

그리고 '쪽방의 겨울' 이라 제목을 달아 본문에서 표현 못한 "쪽방"이나 "겨울"이라는 시각적 촉각적 이미지를 살려 냈다.

이 시조는 시각적, 촉각적 효과를 아주 잘 활용하여 거울을 보듯이 머릿속에 선명히 그려지고 있는 시조다.

이 시조를 가지고 작가는 어떤 과정을 거쳤는지 살펴보면

첫 째 발상단계는 천변에 있는 쪽방에서 독거하는 할머니의 아픔을 발견함

둘 째 재료 수집단계는 겨울, 잡다한 살림살이, 반지하방, 무릎, 외아들 사진

세 째 구성단계는 두어 평, 각성바지, 볕뉘, 손끝, 꿰매다, 헐렁한, (ㄴ)자, 삐걱대다, 삼년, 무소식 등등 비유와 상징 또는 의인화하기

네 째 퇴고 단계는 형식, 율격, 맞춤법, 다듬기 등을 거침

이러한 형상화 과정을 거쳐 〈쪽방의 겨울〉이라는 한 편의 시조가 완성된 것이다.

〈부 록〉

부록

알아두면 좋은 한글 맞춤법

① 의존 명사는 띄어 쓴다.

예) 갈 데가 없다. 어디로 갈 지 모른다. 과일 따위는 안 먹는다.

② 서술어로 쓰는 의존명사는 띄어 쓴다.

예) 기쁠 따름이다. 주는 대로 먹어라.

③ 숫자는 띄어 쓴다. 단위를 나나낼 때는 띄어 쓰고 순서를 나타낼 때는 붙여 써도 된다.

예) 한 개, 일 년, 한시(한 시), 삼십분(삼십 분)

④ 등, 내지, 격, 및, 겸, 대 는 띄어 쓰고, 등등은 붙여 쓴다.

⑤ 한 음절로 된 단어가 연거푸 나올 때는 붙여 쓴다.

예) 그곳, 그때, 좀더

⑥ 보조용언과 결합된 말은 띄어 쓰는 것이 원칙이나 붙여 써도 된다.

예) 할 만하다. 또는 할만하다. 비가 올 듯하다. 비가 올듯하다.

⑦ 비슷한 음절이 반복 될 때는 붙여 쓴다.

예) 똑딱똑딱, 딸랑딸랑

⑧ '~으로서' 는 신분이나 지위를 나타 낼 때(~사장으로서)

'~으로써' 는 수단 방법 등(~권력으로써)

⑨ '~에' 와 '~에게'

~에는 무생물, ~에게는 사람이나 동물

⑩ '던지' 와 '든지'

'던지' 는 지난 일, '든지' 는 사물이나 일의 내용을 가리지 않을 때

예) 오래 되었던지, 사과든지 배든지

⑪ 조사는 붙여 쓰고 의존명사는 띄어 쓴다.

예) 할 수 있다(의존 명사). 보조용언은 둘 다 됨.(할만하다, 할 만하다) 체언 뒤에 오는 의존명사는 붙여 쓴다.(둘걸, 되는걸, 말걸)

⑫ 사람의 이름과 관직, 호는 띄어 쓴다.

예) 이순신 장군, 홍길동 선생, 포은 정몽주

⑬ 고유 명칭은 붙여 쓰는 것이 원칙이다.

⑭ 보조용언 ~지다, ~들다 는 반드시 붙여 쓴다.

예) 슬퍼지다, 스며들다

⑮ 용언 어간에 붙어 어미처럼 굳어진 말은 붙여 쓴다.

예) 밥먹듯이, 굶을지언정, 가지마다, 참다못해

⑯ 명사나 명사의 성질을 가진 말에 "~없다"를 붙여 합성할 때는 붙여 쓴다.

예) 어림없다, 거침없다, 틀림없다, 어처구니없다

⑰ 아라비아 숫자 뒤에 붙는 의존 명사는 붙여 쓴다.

예) 35원, 20마일, 1년2개월15일

⑱ 수를 적을 때는 만(萬)단위로 띄어 쓴다.

예) 1,234,567,892 → 12억 3456만 7892

참고문헌

① 시조문학원론; 원용우 지음, 백산 출판사
② 현대시조의 창작기법; 이광녕 지음, 국학자료원
③ 운율의 매력을 찾아; 김광수 지음, 해인문화사
④ 임종찬 교수의 〈접속관계에서 본 시조〉 논문
(사)한국시조문학진흥회 가을 세미나 자료집 중에서
⑤ 〈시화〉: 김재황지음, 그늘나무
⑥ 고시조대전: 고려대민족문화연구원
⑦ 시론: 현대문학
⑧ 시조창작의 실제: 김광수 〈교원대학교 특강자료 :2003.1〉
⑨ 표준 국어대사전: 국립국어원
⑩ 현대시조바로세우기: 이봉수 평론집 2013. 5
⑪ 사)한국시조시인협회 연간집
⑫ 사)시조문학 및 시조문학100인 선
⑬ 사)시조사랑연간집
⑭ 도전 시조암송 100편
⑮ 동인지 : 경기시조, 대전시조, 월하시조 등
⑯ 작가 개인 시조집
⑰ 문학은 끝나는가 : 유종호 저 세창출판사 2015

현대시조 창작지침서
정형(定型)의 매력

인쇄일 | 2015년 6월 30일
발행일 | 2015년 6월 30일

지은이 | 김흥열
펴낸곳 | 도서출판 조은
발행인 | 김화인
편집인 | 김진순
디자인 | 김진순
주소 | 서울시 중구 인현동1가 19-2 대성빌딩 405호
전화 | (02)2273-2408
팩스 | (02)2272-1391
출판등록 | 1995년 7월 5일 등록번호 제2-1999호
ISBN | 978-89-94329-67-3 (03810)
정가 | 20,000원